BIBLIOTECA DE FILOSOFÍA DEL DERECHO

Carlos Alarcón Cabrera
(Director)

Carlos Antonio Agurto Gonzáles
Sonia Lidia Quequejana Mamani
Benigno Choque Cuenca
(Coordinadores Generales)

OTTO BRUSIIN
Profesor de la Universidad de Turku
(Finlandia)

EL PENSAMIENTO JURÍDICO

Edición al cuidado de
Carlos Antonio Agurto Gonzáles
Sonia Lidia Quequejana Mamani
Benigno Choque Cuenca

Ediciones Olejnik

Título de la obra original ÜBER DAS JURISTISCHE DENKEN cuya traducción al español se publica con la debida autorización de la *Societas Scicntiarum Fettnica* de Helsinki

Traducción del alemán por: JOSÉ PUIG BRUTAU

Título: EL PENSAMIENTO JURÍDICO

Huérfanos 611, Santiago - Chile
E-mail: contacto@edicionesolejnik.com
Web site: http://www.edicionesolejnik.com

Primera edición en ediciones Olejnik: 2019

ISBN: 978-956-392-426-8

Diseño de Carátula: Ena Zuñiga
Diagramación: Luis A. Sierra Cárdenas

Impreso en Argentina 2019 Printed in Argentina

ÍNDICE

PRÓLOGO DEL AUTOR PARA LA TRADUCCIÓN ESPAÑOLA DE ESTA OBRA

La teoría general del derecho es una ciencia internacional y sus representantes forman una gran hermandad que no reconoce fronteras nacionales. Los une el esfuerzo *común para alcanzar la verdad con el espíritu de la autocrítica científica más rigurosa. La diferencia entre las atmósferas espirituales en las que viven y piensan investigadores de diferentes regiones culturales —por ejemplo, España y Escandinavia— crea una tensión peculiar, pero que significa riqueza y ampliación del horizonte.*

Cuando hace algunos años un amigo y colega español me facilitó el ingreso en la vida cultural española, descubrí poco a poco un rico mundo espiritual, maravillosamente inspirador. ZUBIRI y LEGAZ Y LACAMBRA, ORTEGA y RECASENS SICHES... *No se trataba de un mundo uniforme, sino vivaz y diverso. Estos pensadores me han hecho ver con nueva luz la dimensión de profundidad de la vida humana.*

Mi pequeño estudio sobre El pensamiento jurídico, *fue concebido en los escatológicos años 1950 y 1951, como un testamento tal vez excesivamente personal.*

Pero la amenazadora catástrofe mundial quedó diferida y la labor internacional en común de los teóricos occidentales del derecho prosigue bajo nubes de tormenta que no se disipan.

Semejante época cultural confiere actualidad a los más fundamentales problemas de la filosofía del derecho. Sentimos hasta qué punto está amenazada nuestra existencia terrenal. Pero no por ello olvidamos las palabras de PASCAL: *«L'homme n'est qu'un roseau, le plus faible de la nature, mais c'est un roseau pensant».*

Helsinki, 3 de noviembre de 1957.

OTTO BRUSIIN

I

EL HOMBRE Y SU DERECHO

En este estudio se intenta considerar el derecho y el pensamiento jurídico bajo un aspecto antropológico unitario, refiriéndolo a la constitución espiritual del hombre. Con ello formulamos una hipótesis de trabajo con la esperanza de que será fructífera para realizar nuestro estudio de investigación. No afirmamos que con ello quede esclarecida de manera agotadora la «esencia» del derecho o del pensamiento jurídico.

Cuando se considera detenidamente la imagen del hombre de la moderna antropología filosófica puede comprobarse que en muchos rasgos fundamentales se parece a la de la antigua teología cristiana. ¿Cómo nos lo podemos explicar? La imagen del hombre de la llamada antropología filosófica, ¿no es más que un pálido reflejo procedente de aquella época transida de espiritualidad en la que ocupaba una posición dominante la teología y utilizaba a la filosofía como a su sirvienta? La antropología filosófica de nuestros días, ¿no pasa de ser un débil sustitutivo de una teología que en otro tiempo dominaba solitaria?[(1)].

Nuestra actual época de cultura secularizada, ¿tiene necesidad de conservar, por lo menos, una imagen del hombre espiritual? No vamos a entrar ahora con más detalle en esos problemas, sino que formulamos una nueva

---

(1) MARTIN BUBER, *Dialogisches Leben* (Zürich, 1947), pág. 391, hace notar que la antropología de KIRKEGAARD *es* teológica y afirma: «Pero la antropología filosófica de nuestro tiempo ha sido posible gracias a ella. Esta antropología filosófica debería renunciar a su antecedente teológico para lograr una base filosófica. El problema consiste en saber si podría hacerlo sin perder también el presupuesto metafísico del enlace del hombre concreto con lo absoluto». La antropología filosófica de BELA VON BRANDENSTEINS, *Der Mensch und seine* Stellung *im All* (Einsiedeln, 1947), manifiesta completamente la influencia teológica. Por ejemplo, págs. 56I y sigtes., y páginas 585 y sigtes. (el hombre ante Dios). Uno se pregunta si las teorías que afirman la existencia de valores «objetivos», una ordenación de valores con validez objetiva, no son más que un reflejo de la concepción del mundo cristiano en otro tiempo dominante. F. B. CICALA, *Corso di filosofía del diritto,* páginas 267, 269; LUIGI BAGOLINI, *Valutazioni morali e giuridiche nella crisi del E'etica individuale*, pág. 19; ALF ROSS, *On the logical nature of propositions of value (Theoria,* XI/1945).

pregunta: la semejanza de la imagen del hombre de la teología y de la antropología filosófica, ¿no puede significar que la teología poseía en el fondo un profundo y en muchos aspectos realista conocimiento del hombre? Esta imagen del hombre fue «de nuevo» descubierta por la antropología filosófica de nuestro tiempo y quedó expuesta como una doctrina filosófica, sin la tradicional superestructura religiosa[2].

Hemos hablado de la antropología «filosófica». Pero cuando se establece una división radical entre la investigación científica y la especulación filosófica (metafísica)[3], surge la pregunta: ¿cómo podemos lograr una eficaz hipótesis de trabajo a base de la antropología filosófica que nos sirva para un estudio científico? ¿No sería preferible dirigir para ello nuestra atención a una antropología «científica»? Lo haríamos de buen grado si verdaderamente existiera. La antropología biológica, que se ocupa de la marcha vertical del hombre, de su desarrollo embriológico, de su mano y de problemas parecidos, ciertamente llenos de sentido, nos puede brindar muy poca ayuda para nuestro estudio. El pensamiento antropológico que penetra en el problema que consideramos central todavía no ha abandonado la fase filosófica[4]. Incluso

---

(2) Cabe percibir ecos teológicos en Karl Jaspers, *Der philosophische Glaube* (Zürich, 1948), págs. 64-65. «Lo esencial es que el hombre, como existencia en su libertad, se sienta entregado a lo trascendente. Entonces la libertad del ser del hombre se convierte en el punto central de todas sus posibilidades en la guía por lo trascendente, a través de lo único hacia su propia unidad. Esta *conducción* es radicalmente distinta de cualquier conducción en el mundo».

(3) Karl Jaspers, *Philosophie,* I (Berlin, 1932, 2ª ed., no modificada, de I-III-1948), págs. 130-135, 213; Martin Heidegger, *Über den "Humantsmus»* (en *Platons Lehre von der Wabrbeit,* Bern, 1947), pág. 55; Gabriel Marcel, *Du refus a l'invocation* (Paris, 1940), pág. 109: philosophie est une surélevation de rexpérience», pág. 158: «... le travail philosophique... réside avant tout dans l'approfondissement de certaines situations spirituelles. . . Helmuth Coing, *Grundzüge der Rechtsphilosophie,* pág. 1: El objetivo de toda filosofía es la interpretación del sentido de la existencia humana. Compárense las observaciones críticas de Ludwig Klages, *Die Sprache als Quell der Seelenkunde* (Zürich, págs. 68-101. Una afirmación completamente metafísica encontramos en Karl Jaspers, *Der philosophische Glaube,* pág. 55: «Todas las conexiones terrenales y procesos de desarrollo biológico se refieren igualmente a la materia del hombre y no al hombre mismo».

(4) Karl Jaspers, *Philosophie,* I, pág. 132: «La metafísica como proyección del ser ha sido repetidamente en la historia, la comadrona de la ciencia orientadora del mundo»; Alois Dempf, *Theoretische Anthropologie* (Bern, 1950), página 13: «La gran época de la antropología filosófica fue a comienzo del siglo XXX. La filosofía de la nueva época entró entonces en su fase antropológica»; Martin Buber, *Dialogisches Leben,* pág. 381: «Solo en nuestra época ha llegado a su madurez el problema antropológico, es decir, ha llegado a ser conocido y tratado como un problema filosófico independiente». Lo que expresan Dempt y Buber pone de relieve dos fases de un proceso evolutivo. Una etapa llena de sentido en la indagación de una antropología científicamente empírica, la constituyen las investigaciones de Helmuth Plessner. Por ejemplo, *Die Stufen des Organischen und der Mensch* (Berlin und Leipzig, 1928), *Lachen und Weinen - Eine Untersuchung nach den Grenzen menschlichen Verhaltens* (2ª ed., Bern, 1950), págs. 7-28, 185-211; Eric Rothacker, *Die Schichten der Persönlichkeit* (Bonn, 1948), págs. 18-30, 500-56, 75-101. Cfr. la obra colectiva *Personality in Nature, Society and Culture* (editado por Clyde Kluckhohn y Henry Murray, New York, 1950).

cabe preguntar si una antropología que se ocupa de cuestiones que el hombre vive significativamente como un punto central no tendrá que quedar siempre en el terreno «filosófico». La actitud que adopta un hombre cuando convierte al hombre, en si mismo, en objeto de investigación parece altamente filosófica[(5)]. No vamos a exponer ningún sistema antropológico. Para nuestro estudio bastará tener en cuenta algunos rasgos constantes del hombre, cuya existencia pueda quedar comprobada en todo momento con una observación empírica. Esta prudente formulación también resulta exigida por ser sumamente dudoso que, en definitiva, pueda construirse una antropología de validez general. Razones poderosas abonan el criterio de que el hombre, unido de manera indisoluble a la forma cultural de cada momento, se limita a estar en función de esa totalidad temporalmente condicionada y que, por ello, solo puede hablarse de antropología en el sentido de una antropología cultural [(6)].

El hombre es un ser que experimenta la necesidad fundamental de referirse a una realidad supraempírica, que no puede comprobarse objetivamente[(7)]. Lo supraempírico, no comprobable[(8)], es vivido como algo de importancia capital. Desde el punto de vista biológico resulta enigmático que el hombre siempre haya estado dispuesto a sacrificar su existencia por esas «realidades» supraempíricas, no susceptibles de comprobación (mártires, héroes de la fe). A lo que está más allá de toda posibilidad de comprobación empírica enlaza el hombre los más poderosos afectos: por estos fines está dispuesto a sacrificar,

---

(5) Leopold von Wiesse, *Das Problem einer Wissenschaft vom Menschen (Zeitschrift für öffentliches Recht.* XX/1940), pág. 15, habla de «una antropología general del futuro»: No puede limitarse (como la sociología) a lo empírico, sino que debe constituir el eslabón de enlace de las ciencias del conocimiento del hombre con la metafísica. Su último y definitivo tema es el del hombre en su relación con la divinidad; Karl Jaspers, *Der philosophische Glaube*, págs. 45-67; David Bidney, *On the philosophical Anthropology of Ernst Cassirer and its Relations to the History of Anthropological Thought* (en la obra colectiva *The Philosophy of Ernst Cassirer*, Evanston, 1949).

(6) Erich Rothacker, *Probleme der Kulturanthropologie* (Bonn, 1948), págs. 7-9, 138-144; Gabriel Marcel, *Du refus i Vinvocation*, págs. 232-233.

(7) Luigi Bagolini, *Valutazioni morali e giuridiche nella crisi dell'etica individuale*, pág. 32; «Il puro Assoluto trascendente è il misterio divino. L'ateggiamento religioso, nella sua essenza peculiare, è l'atteggiamento che l'uomo assume di fronte a ciò che dal punto di vista storico è in sè e per sè misterio». Pags. 34, 35; Giorgio Del Vecchio, *Lezioni de filosofia del diritto*, págs. 329-330: «La coscienza dei limiti del nostro inteletto permette e, anzi, impone un sentimento di religioso respetto verso i misteri che ci circondano e ci trascendono»; Martin Heidegger, *Was ist Metaphysik?* (Frankfurt a. M., 1949), pág. 35: Metafísica es la pregunta dirigida a lo que es para recuperarlo como tal y en su totalidad para la comprensión.

(8) Karl Jaspers, *Philosophie*, III (Berlin, 1932), pág. 130: «*La experiencia metafísica no es susceptible de ninguna comprobación* que pueda darle validez para todos. En ella se da una trasposición del ser del simple estar ahí en eternidad, sin que lo exija ninguna esencia» (el subrayado de Jaspers). Nicolai Hartmann, *Das Problem des geistigen Seins* (Berlín und Leipzig, 1933), pág. 98: «El pensamiento especulativo siempre recae en el atavismo de orientar el mundo con referencia a sí mismo. En las oscuras necesidades metafísicas radica precisamente la atávica atadura de la conciencia a su forma más primitiva».

no solo su propia vida, sino incluso la de otros hombres (persecuciones de herejes, guerras religiosas). Con la expresión «vivencia metafísica» nos referimos en este estudio a una vivencia humana acentuadamente afectiva que se refiere a lo supraempírico *y* objetivamente no comprobable [9]. Por su acento afectivo *y* su importancia como realidad vivida, es un elemento que ocupa un puesto central en la visión del mundo del hombre de que se trate [10].

Como un hecho social, históricamente condicionado, una religión se levanta sobre una gran cantidad de vivencias metafísicas de hombres diversos, explicadas de manera parecida y con una dirección unitaria. Por aparecer casi siempre las vivencias metafísicas enmarcadas en una religión, también podría hablarse de vivencias religiosas. En este estudio preferimos hablar de «vivencia metafísica» por dos razones. En primer lugar, las vivencias humanas individuales son la base de la religión como superestructura social, históricamente condicionada. En segundo lugar, porque en la cultura de una época tan secularizada como la nuestra, las vivencias metafísicas individuales aparecen con frecuencia de manera independiente, separadas de toda determinada iglesia y religión [11].

La necesidad fundamental del hombre de sentirse en relación con lo supraempírico, no comprobable objetivamente, también le lleva a superar espiritualmente la muerte humana. La muerte del hombre es un hecho empírico inconmovible y solo algo cuya esencia sea metafísica puede empeñarse en «superar» a la muerte. Bajo determinado aspecto, metafísica y religión pueden tener el sentido de una seguridad espiritual contra la muerte[12]. Un animal

---

(9) FRANCISCO ELÍAS DE TEJADA, *Introducción el estudio de la ontologia jurídica,* pág. 27, distingue tres clases de criaturas: los seres infrahumanos, los ángeles y los hombres. Las cualidades de los ángeles se comparan con las de los hombres (pág. 28). Entre otras, los ángeles no sienten angustia, ni actual ni futura. Han pasado triunfalmente por la prueba en el proceso de creación y ahora existen «en gloria para siempre».

(10) MARTIN HEIDEGGER, *Über den «Humanismus»,* página 64: «...lo peculiar de toda metafísica... se manifiesta... en que es 'humanística'». Conforme a ello, todo humanismo es metafísico.

(11) Pensamos en las profundas palabras de Francesco Carnelutti, *Arte del diritto,* pág. 50: «Più che di ogni «ltra cosa l'uomo ha bisogno di eternità». Las palabras «metafisico» y «religioso» no las entendemos con la diferenciación de sentido que les da, por ejemplo, AUGUSTO COMTE, *Cours de philoscphie positive* (2ª éd., Paris, 1864), I, pág. 9; F. B. CICALA, *Corso di Sociologia* (Firenze, 1950), pág. 48: una exposición critica de la doctrina de COMTE. RUDOLF OTTO, *Das Heilige* (Gotha, 1929), págs. 5 y 78; ROBERT F. DAVIDSON, *Rudolf Otto's lnterpetation of Religion* (Princeton, 1947), pág. 179.

(12) El gran humanista y pensador español, MIGUEL DE UNAMUNO, manifiesta en *Del sentimiento trágico de la vida* (8ª ed., Buenos Aires, 1947), pág. 37: «Y ese punto de partida personal y afectivo de toda filosofía y de toda religión es el sentimiento trágico de la vida». Pág. 40: «...la voz del misterio me susurra: ¡dejarás de ser!, me roza con el ala el Angel de la muerte». Cfr. *ob. cit.,* pág. 254. INGEMAR HEDENIUS, *Tro och vetande* (Glauben und Wissen, Estocolmo, 1949): un análisis agudamente racionalista de la creencia en la inmortalidad. «La mayoría de esas razones sentimentales a favor de la inmortalidad son la expresión de un deseo más o menos respetable de encontrar la justificación y el sentido de la existencia»

está encadenado a la vida en la que lo ha situado su nacimiento. El hombre, en cambio, puede lanzar fuera de sí su propia vida. Un animal es, por tanto, un prisionero de su vida, como si ésta fuese una cárcel cerrada desde fuera; por el contrario, el hombre puede abrir la puerta después de haber superado el temor animal a la muerte. Sería difícil explicar esta superación con un criterio biológico[13]. Pero no cabe duda que son fenómenos que están en correlación con la necesidad típica del hombre de superar espiritualmente a la muerte y su posibilidad de liberarse de las ataduras de la vida. En especial, posilabilidad de restituir el billete de entrada en la vida (DOSTOYEVSKI) nos parece el símbolo más elevado de la libertad humana[14] [15].

Si la conducta humana es contemplada desde el punto de vista empírico, también nos aparece lieada causalmente con todo lo demás que existe en la realidad empírica[16]. Según la situación, cada hombre particular adopta una actitud empírica o metafísica en relación con su pronia manera de proceder y con los actos de otro hombre. Cuando comparece, por eiemplo, como acusado

---

(pág. 260). «Podemos librarnos de la angustia metafísica. Para ello el primer paso debería consistir en darnos cuenta hasta el fondo de su carácter irracional (*vettlöshet*), de tu absoluta falta de sentido» (pág. 267 traducido por el autor, del sueco al alemán). Sin embargo, hemos de ponerlo en duda. Cuando LUIGI BAGOLINI, *Valutazioni morali e giuridiche nella crisi dell'etica individúale,* pág. 5, afirma: «Existen hombres que creen en un principio religioso sobrenatural y trascendente y hombres que no creen», tal vez ello es algo que es exacto como una comprobación psicológica de carácter empírico. Pero la necesidad metafísica podría existir en todo hombre. La juventud soviética orientada en un sentido marxista metafísico puede creerse libre del «opio» de la religión y de la metafísica, y a pesar de ello *se* trata de una creencia *viva* que recuerda la gran época de la Edad Media cristiana. Un contacto personal con los hombres soviéticos permite advertir con especial fuerza esta orientación.

(13) MAX SCHELER , *Die Stellung des Menschen im Kosmos* (Darmstadt, 1930), pag. 46 . «Lo que de un hombre hace un hombre es un principio completamente opuesto a toda la vida. pag. 47; «... su libertad, liberacion, desligamiento existencial — o en todo caso el del centro de su ser— del anatema, de la presion, de la dependencia de lo organico, de la vida». MIHAI RALEA , *Explication de l'homme* (Paris, 1949), página 38.

(14) Con especial respeto hemos de recordar en este lugar tres nombres: FELIX SOMLÓ , LEÓN PETRAZYCKI , WALTHER BURCKHARDT.

(15) M . OSVI LAHTINN , *Naturgeschehen und Verhalten des Menschen;* MIHAI RALEA , *Explication de Vhomme,* página 298: «Tous nos rêves exoriment le désir de briser les límites de notre existence finie», pág. 182-238: « La religion ou l'élimination de la détermination de l'existence»: CARLOS COSSIO, *La teoría egológica del derecho y el concepto jurídico de la libertad,* pág. 287; LUÍS LEGAZ Y LACAMBRA, *La triple misión de la filosofía del derecho (Revista da Faculdade de Direito de Lisboa,* 1950), págs. 211-212: «La vida humana es libertad metafísica frente al determinismo de la ley causal y es libertad fáctica frente al imperativo de la norma».

(16) A los modernos teólogos les gusta especialmente aparecer como conocedores de la física atómica y declaran que la causalidad ha quedado «eliminada» y sustituida por la «mera probabilidad». Que se trata de un mal entendido, puede verse en EINO KAILA, *Zur Metatheorie der Quantenmechanik* (Helsinki, 1950), pág. 82. Interesantes consecuencias de la física atómica para la teoría del derecho, pueden verse en BARNA HORVATH, *Recht und Wirtschaft,* pág. 348.

ante el tribunal y se ha de enfrentar con el resultado de diligencias probatorias que le afectan, o cuando en calidad de recluso habla con el director de la prisión, lo que intenta es explicar su conducta anterior como debida a un encadenamiento causal (factores hereditarios y del medio ambiente). Pero, como ser metafísico, muchas veces siente que el obrar de otros y ante todo su propio obrar no está determinado por la ley de la causalidad. Tiene la impresión de que él y los demás son «libres» y cuando alguien opone que se trata de «una ilusión», lo rechaza despectivamente por parecerle que con ello está en entredicho La dignidad humana[17].

La psicología orientada como una ciencia natural ha logrado importantes resultados al estudiar el hombre con un criterio biológico[18]. El hombre particular nada tiene que objetar cuando son sus semejantes los que así aparecen observados. Pero a sí mismo no se siente como algo que se agote con un criterio biológico y propio de las ciencias naturales. Si alguien le dice que, en el fondo, no es más que «un animal entre los demás animales», tiene una desagradable impresión, cuando no se siente gravemente ofendido. Desde cierto punto de vista apenas cabe discutir que el hombre es un ser viviente entre los demás. Pero tiene la *vivencia* de ser algo distinto porque, al mismo tiempo, es un ser metafísico, esto es, que siente la atracción de lo supraempírico. Como es sabido, la tradicional teología cristiana estableció una separación radical entre el hombre y el animal. Ello responde en cierto modo a un fundamento empírico, del que el hombre deriva su sentido de la vida. Pero no cabe recurrir a semejante vivencia cuando se trata de comprobar objetivamente la posición del hombre en el cosmos.

Por animal de presa hay que entender el animal que, para su nutrición, se sirve de la sustancia de otros animales, a los que mata para tal finalidad. Existen animales que son animales de presa y que, al mismo tiempo, también se alimentan de plantas. Cuando damos la denominación de «animal» a todo ser viviente que no es una planta (prescindimos en este lugar de posibles formas intermedias), no podemos evitar esta comprobación empírica: considerado con un criterio biológico, el hombre es un ser afín a los animales de presa.

---

(17) NICOLAI HARTMANN, *Das Problem des geistigen Seins*, pág. 140: «La libertad moral... es un profundo problema metafísico. El hombre como ser moral tampoco puede permitir que se discuta este punto central de su humanidad si no quiere abandonarse a sí mismo». Pag. 143: «La libertad de decisión, el poder de adoptar una decisión soberana, es el don supremo del que participa el hombre, el auténtico milagro de su esencia, lo que en él existe con carácter más metafísico y que lo asemeja a Dios». HANS KELSEN, *Causality and Imputation* (separata de la revista *Ethitc* LXI, 1 de octubre de 1950), págs. 8-9; F. B. CICALA, *Il concetto di libertad* (sacad del *Commentario sistematico alla Costituzione italiana,* I Firenze, 1949); MORRIS STOCKHAMMER, *Was beisst Willensfreiheit? Zinc Kant-Studie,* I-II *(Archiv für Rechts — und Sozialphilosophie*, XXXVIII/2 y 3/1949 y 1950); GOFFREDO QUADRI, *Necessità e libertà (Rivista internazionale di filosofia del diritto*, XXVII /I/1950).

(18) J. J. VON SCHMID, *Rechtsphilosophie*, pág. 47; KARL ENGISCH, *Vom Weltbild des Juristen,* pág. 29.

La mayor parte de los hombres sentirán el impulso de reaccionar contra semejante caracterización. Consideremos nuevamente la imagen del hombre que nos proporciona la teología: el hombre es un ser abatido por el pecado original que solo puede levantarse por la gracia de Dios. Nos parece que el concepto de «pecado original» es una profunda expresión religiosa de aquel hecho fundamental que simbolizamos con la frase «naturaleza del hombre como animal de presa». Si el teólogo habla de la gracia redentora de Dios y de la resurrección del hombre, nosotros elegiremos otros símbolos en consonancia con nuestro diverso criterio. Podría hablarse de una total readaptación espiritual del hombre cuyas circunstancias se hallan arraigadas en su constitución. Los procesos anímicos que así se producen seguramente pueden ser esclarecidos de manera sobria y sin necesidad de toda la dogmática religiosa, con una investigación psicológica empírica[(19)].

La actitud contra la caracterización del hombre como «animal de presa» no descansa simplemente en una base antropológica afectiva. También es un fenómeno cultural condicionado históricamente. Desde la época de la Ilustración ha conquistado paulatinamente una posición dominante, una falsa y optimista imagen del hombre. El hombre era considerado como un ser fundamentalmente pacífico, bonacible y «progresivo». Los últimos decenios han puesto fin a este sueño idealizador. Hemos de referirnos a un hecho que pertenece a la historia de las ideas. Desde que los hombres viven en las llamadas comunidades de alta cultura, se forjan utopías acerca de la manera de alcanzar una paz duradera. Puede considerarse perfectamente como una cualidad típica del hombre que se entregue a semejantes especulaciones. Pero también le corresponde como un rasgo típico que su naturaleza de animal de presa siempre lo impulse a nuevas guerras. Debe existir alguna razón más profunda que pueda explicar por qué el hombre, a pesar de todos sus buenos propósitos y utopías, siempre se encuentra de nuevo impulsado a la matanza en masa y organizada de su propia especie[(20)].

---

(19) Que este conjunto de problemas de importancia central en la moderna psicología no ha sido objeto de la atención que merece, puede explicarse por obstáculos de naturaleza emotiva. El conocido psicólogo y lógico danés, Jorgen Jorgensen, hace constar que se trata de un problema del que «solo se ha obtenido un conocimiento superficial y que su investigación más detenida debe quedar para la ciencia futura» *(Psykologi paa biologisk grundlag,* Copenhague, 1946, pág. 562). Cfr. Eino Kaila, *Persoonallisuus* (3ª ed., Helsinki, 1946) págs. 361 y siguientes.

(20) Cuando se intenta dar una explicación de la guerra fundada en «causas económicas», no debería olvidarse que la fijación de un objetivo económico, con todos los fenómenos destructivos que de ello se siguen, representa la fijación de una finalidad *humana.* Por tanto, nos lleva nuevamente al problema del hombre. Giorgio Del Vecchio, *Diritto ed economia* (Roma, 1935), 26: «Aquella especie de actividad que brevemente se llama económica ... presupone, por tanto, al hombre, con toda su compleja naturaleza *Materialismo* e *psicologtsmo storico* (estratto dalla *Rivista Internazionale di filosofia del diritto,* XXIV/II-IV/ 1947), pág. 3.

En los animales de presa en sentido propio apenas podría suceder que mataran a individuos de su propia especie en gran escala. También otros animales matan, principalmente para satisfacer el hambre[21]. Pero sucede que el hombre persigue fines espirituales —por ejemplo, económicos— cuando emprende la matanza en masa de su propia especie. Esto significa que desaparecen todos los límites biológicos que podrían contener la matanza. Es notable, antropológicamente, que el hombre, en los llamados estadios culturales elevados, rechace el canibalismo como algo abominable, a pesar de que solo se trataría de una matanza de la propia especie condicionada biológicamente (alimentación); por tanto, en la escala más pequeña.

Para tratar de poner en claro la posición del hombre como ser viviente entre los demás, podemos señalar que, en gran parte, ha exterminado a los animales que se hallan dentro del alcance de su poder, sin necesitarlos para su sustento o para otros fines económicos. Si se objeta que ello es una consecuencia de la «cultura», recordaremos que la cultura también es una emanación del hombre. En los Estados culturales de la actualidad, con su desarrollada división de trabajo, la mayor parte de los hombres no matan ellos mismos los animales que comen. De tal menester se ocupan profesionales especializados que actúan de manera maquinal y en masa. Desde un punto de vista antropológico tampoco carece de significación que la gran mayoría de los hombres manifieste con una tranquila sonrisa, el concepto que le merece el vegetarianismo. El hombre considera como cosa evidente que, para alimentarse, ha de utilizar la sustancia de animales que haya matado expresamente para tal finalidad.

Nos hemos entretenido expresamente en el aspecto biológico del hombre. Es cierto que existen obstáculos de una extraordinaria fuerza afectiva que impiden que el hombre perciba, de manera sobria y sin idealización, lo que existe en él de típico[22]. No queremos construir una teoría del derecho y del pensamiento jurídico sobre una idealización del hombre con una acentuación afectiva. Por otra parte no debe olvidarse que el aspecto biológico solo es *un* aspecto que no debemos tener la monomanía de exagerar. La peculiaridad del

---

(21) La cacería no deja de tener interés desde el punto de vista antropológico. En una época llamada primitiva era una condición indispensable para la subsistencia biológica del hombre (alimentación, vestido). Si se pregunta qué necesidad humana satisface la caza en una moderna sociedad cultural, en el caso de que no se ejercite por motivos económicos, es preciso ante todo hacer referencia a los instintos de animal de presa del hombre. Razones de orden secundario: hacer deporte al aire libre, belleza de la naturaleza, ocasional compañía.

(22) LEOPOLD VON WIESSE, *Ethik in der Schauweise der Wissenschaften vom Menschen und der Gesellschaft* (Bern, 1947), pág. 12: «Puesto que el codicioso y a la vez temeroso carácter de animal de presa del hombre se manifiesta incomparablemente mucho más fuerte que el deseo puro e incorruptible de conocimiento, todo saber acerca del sujeto humano es un conocimiento de animal de presa, aunque, por supuesto, que no *solo* como tal, sino constantemente mezclado con productos que están fuera de la codicia y del temor».

hombre consiste en que, al mismo tiempo, es un ser metafísico que dirige su mirada a las eternas estrellas y a la muerte[23].

Con toda razón ha subrayado la antropología filosófica que, en contraposición a los animales, el hombre posee el don de la objetivación y de la ideación[24]; es decir, vive en el mundo que le circunda de una manera fundamentalmente diferente que el animal[25]. El animal se encuentra totalmente envuelto en su mundo circundante, sin que le sea posible mantenerse «aparte» para obtener una imagen objetiva de la realidad. En cambio, el espíritu humano se desprende del contacto inmediato con la realidad vivida empíricamente para elevarse hasta las más atrevidas abstracciones y construcciones mentales. En este sentido la matemática puede ser considerada como el símbolo poderoso de la fuerza creadora del espíritu humano, como un sector en el que el hombre puede experimentar muy intensamente la vivencia de libertad[26].

La objetivación, la ideación, la referencia a lo supraempírico son manifestaciones de una unidad indivisible, de la constitución espiritual del hombre[27].

Hemos puesto de relieve algunos de los rasgos humanos más significativos para el desarrollo de nuestro pensamiento y estamos en condiciones de formular la siguiente pregunta: ¿qué consecuencias se desprenden del hecho

---

(23) NICOLAI HARTMANN, *Das Problem des geistigen Seins*, pág. 13: «El hombre es un ser de múltiples estratos...»; FRANCISCO ELIAS DE TEJADA SPINOLA, *Introducción al estudio de la antología jurídica*, págs. 13-56, 109: «Si es posible una filosofía jurídica existencialista acristiana» (Salamanca, 1950).

(24) MAX SCHELER, *Die Stellung des Menschen im Kosmos*, págs. 48 y siguientes; 60 y siguientes.

(25) Por supuesto que el hombre no puede averiguar nunca directamente cómo experimenta la vida un animal en su mundo circundante. Éste es un problema todavía más difícil que el del psiquismo ajeno entre los hombres. Pero con una minuciosa observación de la conducta de animales puede llegar a la conclusión de que, entre el hombre y el animal, existe una diferencia fundamental.

(26) MAX BENSE, *Konturen einer Geistesgeschichte der Matbematik. Die Mathematik and die Wissenschaften* (Hamburg, *1946)*, pág. 231: «Nuestro sentido es tan leibniziano que, para nosotros, la matemática es una ideologia, una ideología para la comprensión de nuestro propio espíritu, porque nos colocamos entre el propio conocimiento de aquellos matemáticos y filósofos que afirman que el espíritu tiene una forma y que esta forma consiste en la pura matemática»; pág. 140: «solo por medio de la matemática el hombre comprende lo que es el espíritu». CASSIUS JACKSON KEYSER, *Mathematics as a Culture Clue and Other Essays* (New York, 1947), pág. 31: «...nada posee más títulos para ser considerada como una de las grandes humanidades que la misma matemática...»

(27) ALOIS DEMPF, *Theoretische Anthropologie*, pág. 141: «Por lo menos debe intentarse explicar el pensamiento lógico y ontológico del hombre a base de su constitución». Pág. 146: «... es inevitable formular la pregunta fundamental acerca de cómo piensa el hombre los conceptos esenciales»; SUSANNE K. LANGER, *Philosophie in a New Key* (New York, 1949), pág. 32: «La necesidad fundamental que, por cierto, solo aparece en el hombre, es la necesidad de simbolización.». Pág. 33: «...el cerebro... lleva a cabo un constante proceso de ideación». LANGER sigue elaborando en este punto a base de las ideas de ERNST CASSIRER. ERNST CASSIRER, *An Essay on Man* (New Haven, 1948); KARL ENGISCH, *Vom Weltbild des Juristen*, pág. 28.

de que semejantes seres vivientes coexistan en sociedad?[28]. La fundamental diferencia entre sociedad animal y sociedad humana, puede expresarse de la siguiente manera: las sociedades de animales se mantienen unidas por el instinto, mientras que las sociedades de hombres lo están, en cambio, por las normas[29]. El obrar del animal que vive en una sociedad sigue por su instinto patrones de vida biológicamente condicionados que, con referencia a cada especie zoológica y dentro de su mundo peculiar, permanecen inmutables en lo esencial de generación en generación. El hombre no carece por completo de los patrones de vida que le marcan los instintos[30], pero solo desempeñan un papel secundario en su vida social. En su lugar dominan normas sociales cuya existencia es una emanación de la posición objetivada e idealizada del hombre, referida a lo supraempírico[31]. Por tanto, las normas son algo específico para el hombre y están condicionadas por su vida en sociedad. Las normas contienen esquemas para la acción proyectados hacia el futuro y fundamentalmente variables, a diferencia de los patrones de vida que representan los instintos.

Cabe preguntar quiénes dictan las normas sociales. No cabe duda que es procedente formular esta pregunta, pero no parece ser un punto de vista adecuado para nuestro presente estudio. Norma y mandato deberían mantenerse

---

(28) O. SOLNÖRDAL, *Individ, stat og rett,* págs. 56-94; RUDOLF STAMMLER, *Theorie der Rechtswissenschaft,* página 51; *Lehrbuch der Rechtsphilosophie,* pág. 75 y sigtes.

(29) OTTO STORCH, *Zoologische Grundlagen der Soziologie* (*Österreichische Zeitschrift für öffentliches Recht,* Nueva Serie, III/3/195I), pág. 388.

(30) Acerca del problema hombre/animal, OTTO STORCH, *ob. cit.,* pág. 361: «Todo animal desarrolla su vida tegún un característico esquema regular, que abarca todos sus ámbitos funcionales, como la clase de alimentación, la elección del medio adecuado, conducta frente a los enemigos, relaciones entre los sexos, manera de moverse y muchos, muchos otros aspectos. Pero siempre basta estudiar concienzudamente la total manera de comportarse, la total «manera de actuar» de una especie animal solo a base de unos pocos ejemplos, para obtener con ello una imagen vital con la que se puede confiar porque resulta adecuada para toda la especie». Página 366: «El animal posee un repertorio de acciones, mientras que el hombre para vivir debe empezar por adquirirlas una por una para su propia persona». Cfr. RUDOLF BLUHDORN, *Die soziologische Bedeutung der biologischen Beständigkeit der Menschen und Völker Österreichische Zeitschrift für offentlisches Recht,* Nueva Serie, II/2/1949); MARGARET MEAD, *Anthropological Data on the Problem of Instinct* (en la obra colectiva *Personality in Nature, Society and Culture,* editada por Clyde Kluckhohn y Henry A. Murray, New York, 1950); BERTRAND RUSSELL, *Authority and the Individual* (London, 1949), pág. 12: «En todos los animales sociales, incluyendo al hombre, la cooperación y la unidad del grupo está de alguna manera fundada en el instinto...». Pág. 20: «... los viejos instintos que han llegado hasta nosotros desde nuestros antecesores tribales...». ERNST CASSIRER, *An Essay on Man,* pág. 66, rechaza el concepto de instinto por ser poco claro; WERNER SOMBART, *Vom Menschen. Versuch einer geistwissenschaftliehen Anthropologie* (Berlin-Charlottenburg, 1938), páginas 8, 55, 81.

(31) Por supuesto que nosotros no afirmamos que cualquier norma particular de la convivencia humana esté condicionada por la referencia a lo supraempírico; pero sí que la personalidad típica del «hombre» es la base para toda formación normativa. En esta personalidad la referencia a lo supraempírico es un elemento necesario.

radicalmente separados. En la situación creada por un mandato tenemos a alguien que manda y a otro a quien se dirige lo ordenado. Por el contrario, las normas sociales se desarrollan en la sociedad como una manifestación de la permanente vida en común de los hombres(32). Un mandato puede dar lugar a una norma válida para el futuro, pero no es indispensable que así suceda. Nos parece indudable que la colectiva cualidad humana de producir normas en común se halla ligada a la capacidad del hombre de configurar el mundo a base de su conocimiento. Un animal carece tanto de normas como de conocimiento objetivo.

Las sociedades humanas tienen distinto alcance y duración. Cuando comprende a varios miembros y tiene cierta duración, manifiesta una íntima tendencia a organizarse. Deberíamos tomar precauciones contra un falso planteamiento del problema: la organización no le es impuesta a la sociedad humana desde fuera, sino que se manifiesta hacia el exterior surgiendo de la misma sociedad. ¿Acaso es la organización, la facultad de organizarse, algo específicamente humano? ¿No podemos observar en varias de las sociedades de animales —por ejemplo, hormigas, abejas— que también poseen organización?(33). Así es, en cierto modo. Pero creemos que no tiene sentido afirmar: los animales «organizan» su sociedad. Sería más procedente expresar lo mismo diciendo que, en este caso, es la naturaleza la que impone la organización por medio de estructuras biológicas en «eterno» retorno(34). Solo al hombre le es dado configurar a su sociedad de manera activa en conformidad con los fines que se haya propuesto. En este sentido, una organización creadora presupone la capacidad de pensar en contenidos normativos. Mediante las normas la sociedad humana se eleva por encima de la sociedad animal estereotipada. De

(32) También una norma formulada puede ser concebida como una función de la situación social en su conjunto. La maquinaria jurídica de un moderno Estado es tan complicada que en las normas de derecho promulgadas solo raramente puede hablarse de un verdadero «mandato» o «voluntad». En la mayor parte de los casos, semejantes giros no son más que puras ficciones. Cfr. Jan-Magnus Jansson, *Nagra synpunkter pa begreppen «rattsordning» och «stat»*, páginas 7-8.

(33) David Katz, *Mensch und Tier* (Zürich, 1948); W. C. Allee: *Social life of animals;* Caryl P. Haskins: *Of Ants and Men.*

(34) Esa «eternidad» únicamente significa que las estructuras que solo están condicionadas biológicamente se transforman a un compás mucho más lento que cuando se trata de las estructuras culturalmente condicionadas de una sociedad humana. En este caso nos encontramos ante la contraposición entre historia natural e historia cultural. Por supuesto que el hombre que vive en sociedad también puede ser objeto de observación desde el punto de vista de la historia natural. Otto Storch, *Zoologische Grundlagen der Soziologie,* página 374: «La invención libre de herencia, propulsora de adquisición ... da lugar a un progreso en un sentido completamente diferente, a un nivel muy distinto, por ser el elemento constructivo de lo que puede llamarse *historia humana*». Pág. 375: «La historia humana es historia adquisitiva, y precisamente historia inventiva *plus* historia de la tradición». Vinding Kruse, *Retslaeren,* I, págs. 5-II, 461; Giorgio Del Vecchio, *Lezioni di filosofia del diritto,* págs. 272-273; Ernst Cassirer, *An Essay on Man,* pág. 223; Mihai Ralea: *Explication de l'homme,* págs. 97-116; Alois Dempf, *Theoretische Anthropologie,* págs, 39, 45, 126, 226.

la misma manera que el hombre con su conocimiento transforma el caos del mundo en un cosmos[35], igualmente convierte a su sociedad condicionada por la naturaleza en una comunidad jurídica por medio de su pensamiento normativo[36].

Es característico de una sociedad humana organizada que algunos de sus miembros —por separado o varios conjuntamente— actúen como sus representantes, como sus órganos, *y* sean reconocidos como tales por los demás miembros de la sociedad. La competencia de los órganos está regulada por las normas sociales. Resulta difícil imaginar que en una sociedad animal uno de sus miembros actúe como representante de la sociedad y sea reconocido como tal por los demás animales. La idea de «representante» excede de la capacidad animal.

Las normas de la sociedad humana pueden dividirse en dos grupos. La mayor parte son normas que no se hallan en ninguna relación directa con la organización social, es decir, no están formuladas por los órganos, ni éstos se ocupan de su eventual incumplimiento. Pero otra parte de las normas se halla relacionada hasta tal punto con la organización social que los órganos reaccionan cuando no se cumplen. También pueden formular normas de esta clase y darles el carácter que resulta de su autoridad. Cabe afirmar, por tanto, que detrás de esas normas, se halla la sociedad organizada. Son las que calificamos de normas jurídicas[37]. En su conjunto, forman el complejo normativo que

---

(35) OSVALD SPENGLER, *Der Untergand des Abendlandes,* II (Munich, 1922), pág. 593: «El hombre es propiamente hombre según el grado en que su intelección se ha separado de la sensación, y, constituida en pensamiento, interviene creadora en las relaciones entre el microcosmos y el macrocosmos.

(36) Sobre el problema de la organización JAN-MAGNUS JANSSON, *Hans Kelsen statsteori mot bakgrunden av hans ratsfilosofika askadningy* págs. 111, 153; THEODOR GEIGER, *Vorstudien zu etner Soziologie les Rechts,* y sigtes.; GEORGES GURVITCH, *Sociology of Law,* pág. 203; O. SOLNÖRDAL, *Indiv, stat og rett,* págs. 46-55; J. N. LEHTINEN, *Mita oikeus on?* pág. 8; LUIS LEGAS Y LACAMBRA, *Direito e politica* (Lisboa, 1950), pág. *6:* «... a vida humana, por o ser tamben social, *é sempre vida em forma,* vida con estructura normativa»; ALESSANDRO LEVI, *Teoria generale del diritto,* págs. 15 y sigtes.; GIORGIO DEL VECCHIO, *Lezioni di filosofia del diritto,* págs. 271 y sigtes.; *Evoluzione ed involuzione nel diritto* (Roma, 1945), págs. 23 y sigtes. Al aplicar la expresión «comunidad jurídica» (*Rechtsgemeinschaft*) no le atribuimos el significado que aparece en la conocida contraposición sociológica de TÖNNÍES (sociedad/comunidad). También JANSSON, *ob. cit.,* pág. 188, aplica en un sentido neutro la breve y cómoda palabra *rattsgemenskap.*

(37) K. N. LLEWELLYN: *The Normalive, the Legal, and tht Law-Jobs, The Yale Law Journal,* vol. 49, pág. 1366: «Es cierto que, en las culturas más simples, lo que ante todo posee una sociedad es —«lo que se hace»—, una matriz general: la perla de lo 'legaloide', y después la del derecho, se segrega lentamente en torno a alguna irritación. Las líneas de la evolución que se presentan de manera más clara parecen incluir la línea de la lenta especialización personal y la línea de la lenta especialización de procedimientos para tratar de los agravios y las disputas»; ERWIN RIEZLER, *Das Rechtsgefühl,* pág. 76: «Las normas jurídicas, incluso las consuetudinarias, tienen como punto de partida una comunidad *organizada* provista

llamamos ordenamiento jurídico. Cuando contemplamos a la sociedad humana organizada desde el punto de vista jurídico, le atribuimos la denominación de «comunidad jurídica».

El derecho se halla, pues, en íntimo enlace con la «organización», con el hecho de «organizar»[38]. Cuando se observa el derecho de una determinada sociedad humana desda una amplia perspectiva histórica, esto es, si se comprende en su continuo desarrollo, puede explicarse como un continuo proceso de organización mantenido durante siglos[39]. Con toda claridad se advierte en un campo jurídico que todavía se halla en formación. El derecho internacional público se halla en la actualidad en una fase de desarrollo histórico que otras materias jurídicas ya han recorrido. Pero también con el *ius gentium* sucede que solo puede ser comprendido en toda su profundidad si regresamos a la base antropológica común a todas las disciplinas jurídicas. También aquí se trata en definitiva de un derecho del hombre, que debe darle protección frente a otros hombres[40]. Para nada se altera este hecho fundamental por la circunstancia de que en el derecho de gentes se trate ante todo de la contraposición entre sociedades humanas organizadas de manera peculiar (Estados).

Lo único que sucede es que, en este caso, la estructura de las figuras jurídicas es más complicada que el derecho interno de los Estados[41].

---

de fuerza coactiva, cuya finalidad principal (cuando no la única) es la formulación del derecho». VINDING KRUSE, *Retslaeren,* I, 12; GEORGES GURVITCH, *Sociology of Law,* págs. 198-203; J. J. VON SCHMID, *Rechtsphilosophic,* págs. 56 y sigtes.: fenomenología del Estado; RUDOLF STAMMLER, *Lehrbucb der Rechtsphilosophie,* pág. 130.

(38) PITIRIM A. SOBLORIN, *The Organized Group (Institution) and Low-Norms* (en la obra colectiva *Interpretations of Modern Legal Philosophies,* New York, 1947).

(39) Nuestro estudio: *El arbitrio judicial en los casos de lagunas* (en finlandés, Helsinki, 1938), págs. 1 y sigtes., 254 y sigtes. Es una de las ideas directrices de F. B. CICALA, *Corso di filosofía del diritto.* Por ejemplo, págs. 62, 78 y sigtes., 80, 84, 92, 97 y sigtes., 173, 175, 204, 222, 225, 253, 257, 273 y sigtes., 290, 302. CICALA hace destacar, en esas tan interesantes y concentradas prelecciones, que el aspecto dinámico del derecho es precisamente el filosófico: «el pensamiento del filósofo observa y capta el devenir en si, en cuanto proceso, dinamismo o actualidad continua, mientras que el jurista (lo mismo que el historiador del derecho), por la necesidad teórica y práctica de su ciencia, observa y percibe solo esta o aquella fase del mismo proceso...» (pág. 290). WIDAR CESARINI SFORZA, *Cuida allo studio della filosofia del diritto* (Roma, 1949), págs. 85-89; OSWALD SPENGLER, *Der Untergang des Abendlandes,* II, pág. *26:* Pero la historia es lo que brota del oscuro pasado y viene al encuentro del *espectador,* con la tendencia a proseguir tras él, en dirección hacia el futuro.

(40) BARNA HORVATH, *Rechtssoziologie,* pág. I52: «El derecho procesal y el derecho de gentes son claramente resultado de la evolución que de la lucha armada y de su prueba con la publicidad, formalismo, regulación, delimitación, decisión, hasta convertirse en pugna jurídica».

(41) HANS KELSEN, *Reine Rechtslehre,* págs. 132-133: «Que el derecho de gentes obliga a los Estados y les confiere derechos, simplemente significa: que a los hombres singulares no les obliga ni confiere derechos de manera directa —como hace el ordenamiento jurídico de cada Estado particular— sino únicamente *de* una manera indirecta...»; PHILIP C. JESSUP, *Modernes Völkerrecht* (Wien, 1950, págs. 28-31, 320-325; J. HAESAERT, *Préalables du*

Subrayamos que las normas —y también entre ellas las jurídicas— se producen en la sociedad como una emanación de la coexistencia permanente de los hombres[(42)]. ¿Cómo se explica entonces que, en la mayoría de los Estados modernos, el derecho legislado haya alcanzado una posición dominante y, al mismo tiempo, el derecho de la tradición[(43)] haya descendido a la categoría de derecho de segunda clase? Cabría discutir el fenómeno y señalar que semejante cambio de preferencia es más aparente que real, que una ley o un decreto no pasa de ser un proyecto solemnemente anunciado de llevar a cabo una nueva regulación jurídica y que depende de muchos y muy complicados factores el hecho de que, la ley o el decreto, se convierta en derecho verdaderamente efectivo. Pero no cabe negar que nos encontramos ante una fase de la historia cultural tan importante como difícil de explicar, que es resultado del avanzado proceso de racionalización de la cultura occidental que, poco a poco, se manifiesta en los más diversos aspectos[(44)]. Considerado filosóficamente, semejante proceso de racionalización no significa de ninguna manera que el fundamental carácter biológico del hombre se haya alterado en el sentido de una más elevada «racionalidad» o «humanidad». El concepto de racionalización, en este caso, más bien significa que una crítica implacable se cuida de destruir los obstáculos tradicionales de índole metafísica y religiosa y que el hombre moderno así «liberado» apare-

---

droit international public (Bruselles, 1950); A. H. CAMPBELL, *Diritto internazionale e Teoria generale del diritto (Rivista Internazionale di filosofia del diritto* XXVII/II/1950) págs. 198-199; ALF ROSS, *Eine Österreichische Völkerrechtslehre (Jus gentium* 11/3-4/1951), págs. 218 y sigtes.; *General Legal Characterization of the United Nationty Jus gentium,* II/I-2/1951), págs. 63 y sigtes.; WALTER BURCKHARDT, *Die Organisation der Rechtsgemeinschaft,* págs. 329 y sigtes.

(42) MAX WEBER, *Wirtschaft und Gesellschaft,* II, páginas 397-412; EUGEN EHRLICH, *Grundlegung der Soziologie des Rechts,* prólogo; BARNA HORVATH, *Rechtssoziologie,* págs. 1 y sigtes.; THEODOR GEIGER, *Vorstudien zu einer* Soziologie *des Rechts,* págs. 8) y sigtes.; FRANCESCO CARNELUTTI, *Teoria generale del diritto,* pág. 49: fuente material del derecho lo es la sociedad. VINDING KRUSE, *Retslaeren,* I, pág 11: « ... la sociedad y el derecho han brotado en la vida instintivamente, no solo como una protección del hombre contra las fuerzas de la naturaleza y los animales de presa, sino como una protección contra lo que de animal hay en el hombre, contra todos aquellos que matan al prójimo, quieren dañar y taquear . . Los guardianes del orden jurídico tuvieron que usar su poder contra la fuerza de la bestialidad humana» (traducido del danés al alemán por el autor).

(43) RAGNAR HEMMER, *Suomen oikeushistorian oppikirja (Tratado de historia del derecho de Finlandia,* Helsinki, I950), págs. 5-12; POUL JOHS. JORGENSEN, *Dansk Retshistorie* (Copenhague, 1940), págs. 14-24; M. OSVI LAHTINEN, *Gewohnheit;* F. B. CICALA, *Corso di filosofía del drritto,* págs. 178; J. J. VON SCHMID, *RechtsPhilosophie,* págs. 17 y sigtes.: het gewonterecht; pág. 138 y sigtes.; JOSEF ESSER, *Einführung tn die Grvndbegriffe des Rechtesund Staates,* pág. 116, subraya que la expresión naturalizada de «derecho consuetudinario» no ha tenido mucho éxito.

(44) LUDWIG KLAGES, *Der Geist als Widersacher der Seele* (Leipzig, 1929-1932), págs. 453, 917, 1224; PHILIPP LERSCH, *Der Mensch in der Gegenwart* (Münich, 1947), págs. 17 y sigtes. Uni grandiosa exposición histórica y filosófica del proceso de racionalización occidental puede verse en JOSÉ ORTEGA Y GASSET: *Obras Completas,* III (Madrid, 1947), págs. 143-203.

ce como un ser libre de trabas, parecido a un animal de presa y con un poder inquietante a su alcance[45].

En el campo del derecho la incesante racionalización significa que todo se halla en estado de progresión. Existe el peligro de que, en un derecho legislado en continua aceleración, se pierda la efectiva seguridad que proporciona la convicción jurídica dominante. Esta tendencia evolutiva también se refleja en la teoría cuando, frente al concepto de «convicción jurídica dominante» y sus variantes, se ha formulado la exigencia de que debería desarraigarse por completo de la teoría del derecho[46].

La idea del Estado de derecho también se halla en estrecho enlace con la racionalización peculiar de la ideología occidental. Parece que toda la eficacia de un moderno gran Estado cultural debe producirse según normas jurídicas establecidas de antemano y muchas veces incluso con arreglo a un plan. Semejante ideal ofrece interés antropológico, pues advertimos la terrible sima que separa la sociedad humana de la sociedad animal. Aparece llevado a su límite de máxima tensión el pensamiento jurídico organizador que labora a largo plazo[47].

---

(45) OSWALD SPENGLER, *Aus dem Nachlass (Hamburger Akademische Rundschau,* 1948/3/212-214): «La inteligencia se agudiza como *arma* del hombre animal de presa... Es su *única* arma poderosa... Las transformaciones también crean formas que carecen de viabilidad o que casi no la tienen. Entonces desaparecen al cabo de pocas generaciones o logran imponerse duramente. *Quizá* es lo que sucede con el tipo hombre: un animal de presa sin armas»; PHILIPP LERSCH, *Der Meusch in der Gegenwart,* pág. 29: «El pensamiento conceptual-racional es el instrumento humano para poder disponer y tomar posesión del mundo circundante».

(46) THEODOR GEIGER, *Vorstudien zu einer Soziologie des Rechts,* págs. 312 y sigtes.; ERIK AF HALLSTROM, en *Tidskrift, utgiven av ju Juridiska Foreningen i ftnltmd,* 1950/5, pág. 306 (una recensión de nuestro libro *Über dir Obkektivitat der Rechtsprechung);* J. N. LEHTINEN, *Mita oikeus otti,* pág. 33; M. Osvi LAHTINEN, *Rechtsbeumsstsein;* MIKKO W. ERICH, *Laki ka oikeus* (Porvoo, 1947), págs. 15-25; BYÓRN AHLANDER, *Ar juridiken en vetenskap},* págs. 65 y sigtes.; ALESSANDRO LEVI, *Teoria generale del diritto,* págs. 143-146; *Comment peut-on attalyser la conscience juridique?* (*Theoria,* XV/1949); MARIO GIULIANO, *La comunità internazionale e il diritto,* págs. 223-224. A nuestro juicio, el concepto de «convicción jurídica dominante» expresa un hecho social fundamental que no debe quedar convertido en ninguna teoría jurídica empírica. Sin duda existe el peligro de que el jurista aislado —por ejemplo, el juez— eleve falsamente su convicción personal a la categoría de convicción «dominante».

(47) HANS KELSEN, *Reine Rechtslehre,* págs. 116-117, proporciona el siguiente dato ideológico: «Por el simple hecho de su poder, el Estado se convierte en Estado de derecho, lo cual se justifica porque es el que produce el derecho. En la misma medida en que resulta ineficaz una legitimación del Estado de naturaleza religiosa y metafísica, esta teoría del Estado de derecho debe convertirse en la única justificación posible del Estado». Desde el punto de vista antropológico tiene plena significación que muchos teóricos conciban el ordenamiento jurídico como una unidad lógicamente cerrada, en sí misma «completa». CARLOS COSSIO, *La plenitud del ordenamiento jurídico* (2ª ed., Buenos Aires, 1947), págs. 115 y sigtes.; ALESSANDRO LEVI, *Teoria generale del diritto,* págs. 44 y sigtes.: carácter completo de todo ordenamiento jurídico; F. B. CICALA, *Il rapporto giuridico,* págs. 394 y sigtes.; GIORGIO DEL VECCHIO, *Lezioni di filisofia del diritto,* págs. 292 y sigtes.

Cuando expresamos que el derecho es un incesante proceso de organización que se mantiene de siglo en siglo, partimos de un hecho fundamental: el hombre, y solo el hombre, tiene «historia» y precisamente en la medida en que, continuamente, contribuye a crearla[(48)]. Este infatigable trabajo creador se objetiva como cultura material y espiritual, desprendido del carácter episódico de la vida de un hombre[(49)]. También el derecho aparece en la forma de una objetivación semejante, compuesta de muchos elementos que surgieron separadamente. El sentido de las objetivaciones solo puede ser descubierto mediante interpretación[(50)]. Sentido, comprensión, historia, cultura: todas ellas son palabras llevadas por *una* sola y orgullosa palabra: *el hombre*[(51)].

(48) GIORGIO DEL VECCHIO, *Lezioni di filosofia del diritto,* págs. 303-322 (origen y evolución del derecho), págs. 333 y sigtes. y págs. 292 y sigtes.

(49) JULIUS BINDER, *Philosophie des Rechts,* Berlin, 1925, págs. 96 y sigtes.; RUDOLF STAMMLER, *Lehrbuch der Rechtsphilosophie,* págs. 61 y sigtes. Un tratado único en su clase en el que se acumulan los resultados de una vida humana rica y creadora. El lema que STAMMLER elige para encabezamiento de su *Theorie der Rechtswissenschaft* —«Non est mortale quod opto»— hemos de considerarlo nosotros como el símbolo de la labor de su vida.

(50) FRANCESCO CARNELUTTI, *Arte del diritto,* pág. 55: «la interpretación jurídica y la interpretación artística no son dos cosas diferentes, sino una misma cosa».

(51) SOPHOKLES, *Antígona:* «Mucho poder hay en la vida y nada es más poderoso que el hombre»; KARL JASPER, *Vom Ursprung und Ziel der Geschichte* (Zürich, 1949), págs. 293-346; J. E. SALOMAA, *Philosophie der Geschichte* (Turku, 1950), págs. 47-71: el hombre como ser histórico; NICOLAI HARTMANN, *Das Problem des geistigen Sems, págs.* 60-64; F. B. CICALA, *Corso di filosofía del diritto,* págs. 286-287, el ámbito del derecho es «un campo especial en el mundo del espíritu, de la actividad espiritual o de la cultura»; la relación jurídica, págs. 597-599; CARLOS COSSIO, *La coordinación de las normas jurídicas y el problema de la causa en el derecho* (Buenos Aires, 1948), pág. 100, nota 24: «Ontológicamente el hombre habla siempre de sí mismo y no puede hacer otra cosa. . .».

II

LA CLASE DE LOS JURISTAS Y LOS TIPOS EN QUE SE MANIFIESTA LA OCUPACIÓN CON EL DERECHO

Quien ha recibido una elevada formación de técnica jurídica será designado en el presente estudio con la palabra «jurista». Su formación se compone primordialmente de dos partes: una teórica y otra práctica. En la mayoría de los Estados culturales la primera parte se cursa en escuelas superiores[1]. La parte práctica de la formación presupone que la formación teórica ya ha precedido. Una sola de semejantes partes no basta para formar a un jurista: deben concurrir las dos.

No nos parece procedente determinar el concepto de jurista diciendo que solo lo es quien ha recibido una instrucción de técnica jurídica de carácter superior y que, al mismo tiempo, se ocupa profesionalmente de situaciones jurídicamente relevantes (aplicación profesional del derecho). Si dejáramos determinado el concepto de esta manera, tendríamos que la cualidad de jurista debería ser atribuida y negada a la misma persona varias veces sucesivamente durante su vida, según que estuviera o no en activo en una profesión jurídica práctica. La palabra «jurista» no designa, pues, en el lenguaje que empleamos, una profesión, sino algo que solo y únicamente se obtiene mediante una educación especial.

Cabe preguntar qué comprende semejante formación. Si comparamos lo que nos ofrecen diversos de los modernos Estados culturales, aparecen destacados de manera constante los siguientes rasgos[2]: la parte teórica proporciona al estu-

---

(1) En este punto pensamos ante todo en los Estados fuera del mundo jurídico angloamericano. Pero nos parece que, entre ellos, los Estados Unidos y los Dominios del Imperio Británico, en la actualidad ya no existe ninguna escisión insalvable por lo que se refiere a la educación jurídica. Sería un cautivador problema de cultura histórica poner en claro cómo la educación jurídica, también en la esfera angloamericana, poco a poco ha ido pasando, cada vez con más vigor, a las escuelas superiores. Sobre el concepto de «juristas» BJÖRN AKLANDER, *Ar Juridiken en vetenskap?*, págs. 11 y sigtes.

(2) A. H. CAMPBELL, *Comparison of Educational Methods and Institutions. General Report. Third International Congress of Comparative Law*, London, 1950 (un resumen se publicó en *The Juridical Review*, diciembre de 1950); ERIC F. SCHWEINBURG, *Law Training in Continental Europe* (New York, 1945); L. C. B. GOWER, *English Legal Training. A Critical Survey (The Modern Law Review*, 1950, págs. 137-205).

diante una visión sistemática del ordenamiento jurídico estatal vigente (quizá incluso del derecho internacional público), según el método de la jurisprudencia tradicional. Sobre la base teórica así lograda, la educación práctica proporciona al jurista la manera de atender a situaciones jurídicas importantes de diversa índole.

¿Qué significa que se hable de una educación «superior» en la técnica jurídica? Ante todo, que la primera parte de la formación se realiza con un espíritu científico. Aparece claramente si se compara la formación superior con la instrucción «inferior» en la técnica jurídica que encontramos en todos los Estados. Aunque se curse en una escuela superior —como sucede, por ejemplo, en Finlandia— el espíritu científico está representado más débilmente. A los estudiantes se les proporciona un mínimo de conocimientos jurídicos que debe servirles de base suficiente para una actividad jurídica de menos responsabilidad.

En el moderno Estado cultural, ¿cabe hablar de una clase unitaria de juristas? No puede darse una respuesta que tenga validez general. Pensemos, por ejemplo, en la diferencia que existe en Inglaterra entre *barrister* y *solicitor,* que se remonta a la Edad Media y que, incluso, repercute en la formación profesional. Igualmente cabe hacer referencia a la distinción francesa entre *avocat y avoué.* Sin embargo, nos parece que existe una tendencia evolutiva general que conduce a una unidad de la profesión jurídica, incluso en Inglaterra. En última instancia, la existencia de una clase unitaria depende de los valores que dominen en la sociedad de que se trate, aunque tampoco carece de importancia la unidad que exista en la manera de pensar y en la adaptación vital del mismo grupo. ¿Cuál es la situación, por ejemplo, en los cuatro Estados escandinavos que, en el aspecto cultural, constituyen un grupo muy homogéneo? ¿Diferenciamos en este caso la valoración dominante entre los no juristas y entre quienes lo son? Nos parece que los profanos de los países escandinavos juzgan efectivamente a los juristas en gran medida como una clase unitaria. Tal vez ello depende del hecho de que las comunidades jurídicas nórdicas no son muy grandes y que, en ellas, la diferenciación social aparece igualmente menos marcada en los demás sectores. Que los mismos juristas escandinavos se conciban como una clase unitaria es algo que no solo se manifiesta con los Congresos Internórdicos de Juristas, sino de manera primordial debido a su organización profesional. Así, por ejemplo, en Finlandia, junto a las asociaciones de juristas especializados (para jueces de diferentes instancias, para abogados, etc.), existen las propias de los no especializados. En ellas solo se admiten personas que han seguido una instrucción jurídica superior. Dentro de su asociación se sienten como representantes *de una* clase, como juristas, lo cual se manifiesta espontáneamente tanto en las discusiones profesionales como —de manera primordial— en las subsiguientes reuniones de camaradería[3].

---

(3) Sobre la profesión del jurista, JOSEF ESSER, *Einführung in die Grundbegriffe des Rechtes und Staates,* págs. 262-298; compárese *Las profesiones jurídicas en el pasado y en el presente,* publicado por ERICH BERNEKER (Mainz, 1948); JAMES WILLARD HURST, *The Growth of American Law. The Law Makers* (Boston, 1950).

La aparición de una clase de juristas en el mundo cultural de Occidente es un fenómeno que se refiere a un proceso histórico en el que no podemos profundizar en el presente estudio. Para el curso de nuestro pensamiento tiene primordial importancia el hecho de que la clase de los juristas, en el moderno sentido continental, no es imaginable sin la existencia de escuelas superiores(4). El tipo actual de escuela superior aparece en la historia de la cultura en una época relativamente tardía (en la alta Edad Media). Si contemplamos el derecho desde una amplia perspectiva de la evolución histórica veremos que la época de los juristas con una formación científica solo forma una pequeña porción que se desvanece(5). En las fases anteriores aparecen como conocedores y guardadores del derecho los hombres que ocupaban un puesto dirigente en la sociedad, personas de edad avanzada en la mayoria de los casos. Eran considerados como especialmente entendidos en derecho a causa de su posición social y de su experiencia de la vida(6).

Con la expresión de pensamiento jurídico entendemos en este estudio el pensamiento de un jurista en su ocupación práctica con el derecho. Por razones que

(4) MAX WEBER, *Wirtschaft und Gesellscbaft*, II, pág. 456: «Para el desarrollo de un curso de derecho especializado y con ello también de un pensamiento jurídico específico, existen dos posibilidades que, mutuamente, se presentan en oposición. O bien la doctrina empírica del derecho por los prácticos, mtediante la misma práctica de manera exclusiva o predominante, por tanto, 'técnica' en el sentido de 'empírica'; o la doctrina teórica del derecho en escuelas de derecho especiales y en forma de una elaboración sistemática obtenida racionalmente, por tanto, 'científica' en este sentido puramente técnico». ROSCOE POUND, *The Development of American Law and its Deviation from Englisb Law (Tre Law Quarterly Review*, 67/1950/enero), pág. 49: «...el derecho angloamericano es un derecho de los tribunales. Sus oráculos son los jueces. Fue enseñado en los *Inns of Court*, sociedades de abogados, por abogados prácticos y fue desarrollado en los tribunales. El derecho continental es un derecho de universidades. Sus oráculos son los profesores. Ha sido enseñado y desenvuelto en las universidades de la Edad Media. En consecuencia, el *common law* es poco sistematizado. Los principios que maneja están obtenidos con toda cautela y por vía de ensayo a base de los detalles. Por otra parte, el derecho continental está sistematizado en alto grado. Los detalles están subordinados a principios sumamente amplios». THEODORE F. T. PLUCKNETT, *The Place of the Legal Profession in the History of English Law (The Law Quarterly Review*, XLVIII/1932); FREDERICK POLLOCK, *The Origins of the Ins of Court* (ibídem); LORD RADCLIFFE, *Some Reflections on Law and Lawyers (The Cambridge Law Journal*, 10/3/1950).

(5) Sería una tarea fascinadora hacer una comparación entre las funciones sociales de la moderna clase de los juristas que ha brotado desde la Edad Media y el «experto en derecho» de la antigua Roma. Para no disgregar excesivamente nuestro estudio, en este lugar hemos de renunciar a ello. FRITZ SCHULZ, *History of Roman Legal Science* (Oxford, 1946), págs. 15-22, 49-59, 111-123.

(6) MAX WEBER, *Wirtschaft und Gesellschaft*, II, pág. 408; ALESSANDRO LEVI, *Teoria generale del diritto*, págs. 80 y tigres. *Panorama de la teoría egológica del derecho* (Buenos Aires, 1949), pág. 58: «... estilo de pensar que ejercita el jurista cuando está en su tarea»: *La teoría enológica del derecho y el concepto jurídico de la libertad*, págs. 131 y sigtes. ENRIQUE R. AFTALION, *Acerca del método jurídico* (*La Ley*, 11/11/1949, Buenos Aires), primordialmente sección 3. Con la palabra *Handhabvnx*, («manejo»), que etimológicamente aparece en conexión con «mano», nosotros queremos —en oposición a Cossio— destacar que ahora se trata exclusivamente de una actividad práctica.

luego veremos, nos parece adecuado delimitar el concepto «pensamiento jurídico» de tal manera que no comprenda el pensamiento de aquellos juristas cuyas actividades tengan carácter científico y pedagógico (profesores de derecho en las escuelas superiores). La labor científico-pedagógica de un profesor de derecho se diferencia marcadamente de la labor profesional del jurista práctico y ha de ser incluida en el grupo más amplio de las profesiones científico-pedagógicas. El concento de pensamiento jurídico» lo enlazamos con el tipo normalmente dominante de jurista que se ocupa prácticamente de asuntos de la vida del derecho.

En este estudio partimos del hecho empírico de que, en los modernos Estados culturales, existe un pensamiento jurídico cuyas raíces —según veremos— penetren hasta la alta Edad Media. No nos incumba trazar líneas de orientación acerca de cómo debió formarse semejante pensamiento. Tratamos de comprender el pensamiento jurídico de hecho existente, a base de sus propios supuestos, para esclarecer sus rasgos perdurables. Solo de manera excepcional adoptaremos posiciones valorativas.

En el sentido que hemos expresado, el pensamiento jurídico aparece siempre como parte de una actividad total[7]. El jurista práctico quiere alcanzar determinados fines y para ello, como medio apropiado, dispone del pensamiento jurídico. Por tanto, contemplamos el pensamiento jurídico como un instrumento. Es un pensamiento activista y no un ensimismamiento contemplativo en problemas jurídicos teóricos. La labor del jurista activamente práctico significa que, mediante una actividad continuada, trata de procurarse los medios materiales de existencia que necesita para sí mismo y su familia. En esta lucha económica, el pensamiento jurídico ocupa el lugar de un simple medio.

Cabe considerar a las profesiones jurídicas tanto desde un punto de vista sociológico como también histórico cultural. Desde el punto de vista sociológico, se trata de una división de trabajo cada vez más extremada en el tratamiento de las situaciones jurídicas[8]. La división del trabajo en las profesiones jurídicas aparece como manifestación parcial dentro de un proceso social de todos conocido. En este punto se trata de averiguar las relaciones teóricas generales que, de manera general, existen entre diversas estructuras sociales, por una parte, y las profesiones jurídicas por otra. ¿Qué variaciones se manifiestan en una de las partes cuando surgen variaciones en la otra? Este enfoque intenta principalmente liberarse de una vinculación temporal y local. Pero también cabe investigar el problema del pensamiento jurídico dentro de una o de varias comunidades jurídicas concretas, en un tiempo y lugar determinados. Entonces se trata de un aspecto de la historia de la

---

(7) Por estas razones, en lo que sigue analizaremos a menudo la *conducta* (*Verhalten*) del jurista práctico en la que está implícito su pensamiento.

(89) MAX WEBER, *Wirtschaft uni Gesellschaft*, II, pág. 412.

cultura. Semejante tarea investigadora no corresponde, en sentido estricto, a la esfera de la historia del derecho que, de manera primordial, se interesa por las instituciones jurídicas. Pero si la historia jurídica se concibe en un sentido amplio como una historia cultural del derecho, la evolución de la profesión de jurista se nos aparecerá como un tema fascinador dentro del cuadro de conjunto[9].

Al disponernos ahora a describir el pensamiento jurídico como una parte de una actividad total hemos de empezar por hacer una consideración. Hemos definido el pensamiento jurídico enlazándolo con la aplicación práctica del derecho. Por ello podría parecer natural que, para estudiarlo, tomáramos como punto de partida las profesiones jurídicas. Pero creemos que existe un camino más adecuado. Vamos a servirnos del concepto: «clase de ocupación con el derecho» *(Typ der Rechtshandhabung)*[10].

Si se procede a un análisis teórico resulta posible considerar a la comunidad jurídica bajo el aspecto de ciertos tipos de esta ocupación profesional con el derecho que siempre se repiten. Los tipos planteados a los fines de un análisis puramente teórico no se hallan en principio ligados ni a un tiempo ni en un lugar determinado. En las profesiones jurídicas pueden aparecer en las más diversas combinaciones, modificándose de múltiples maneras en el curso de la evolución histórica: «La profesión jurídica» es un concepto de la historia de la cultura; en cambio, «clase de ocupación con el derecho» es un concepto que nos brinda el análisis teórico[11].

---

(9) K. N. Llewellyn, *The Normative, the Legal, and the Law-Jobs:* de manera predominante el aspecto sociológico. Acerca del problema de la historia del derecho, Heinrich Mitteis, *Vom Lebenswert der Rechtsgeschichte* (Weimar, 1947), especialmente los capítulos I y II.

(10) N. S. Timasheff, *An Introduction to the Sociology of Law,* págs. 321 y sigtes.; Barna Horvath, *Rechtssoziologie,* pág. 257; Ch. Boasson, *Sociological Aspects of Law and International Adjustment,* págs. 66 y sigtes.

(11) Compárese Max Weber, *Gesammelte Aufsätze zur Wissenschaftslehre* (Tübingen, 1922), págs. 190-194, 201-202; Jan-Magnus Jansson, *Hans Kelsen statsteori,* págs. 307 y sigtes., pone de relieve la importancia de una formación jurídica a base de tipos ideales para la teoría del derecho y del Estado. Sobre Kelsen hace notar (pág. 311): «No es el menor mérito de la aportación de Kelsen a la doctrina del Estado el uso consecuente que hace de las figuras conceptuales idealmente típicas». K. N. Llevellyn, *The Normative, the Legal, and the Law-Jobs,* pág. 1373: «Las tareas del derecho en su más estricta realidad son fundamentales, son eternas... Nos parece adecuado caracterizar las clases singulares de ocupación jurídica de manera que se ajusten rigurosamente a la concepción 'natural' «. Con la expresión «*law-job*», Llewellyn no designa una profesión jurídica, sino que va por otro camino. Escribe: «... con fines de estudio es aconsejable escindir las tareas del derecho en fases menores... «, y de esta manera llega a la siguiente división: I, la solución de casos de conflicto; II, la orientación preventiva y la reorientación de la conducta y de las expectativas en forma que puedan evitarse los conflictos; III, la atribución de autoridad y la disposición de procedimientos que confieren a la acción el carácter legítimo de un acto de autoridad; IV, la neta organización de los grupos o de la sociedad como un todo de manera que se le provea de dirección e incentivo. Esos tipos no parecen muy claros y el análisis que Llewellyn realiza no hace más

Como ejemplos de clase de ocupación con el derecho hemos de mencionar: la actividad jurisdiccional, la actividad administrativa, la protección de intereses jurídicos ajenos, la formulación de normas de derecho(12). Los ejemplos de profesiones jurídicas son: el juez, el funcionario administrativo, el abogado, el especialista en la redacción de disposiciones legales. Cabe perfectamente que un juez, además de la jurisdicción, desempeñe una actividad administrativa o que se ocupe en la redacción de leyes. Así, el más alto Tribunal de Finlandia actúa en la esfera de la administración de justicia, pero, al mismo tiempo, redacta dictámenes sobre proyectos de leyes. Un funcionario administrativo —por ejemplo, un empleado de un ministerio— junto a su actividad administrativa puede estar ocupado con la formulación de disposiciones legales (proyectos de nuevas leyes y decretos, acuerdos ministeriales y circulares) e incluso ocuparse de la protección de los intereses jurídicos del Estado en un proceso (por ejemplo, en un procedimiento en materia fiscal en el que contienden un particular y el Ministerio de Hacienda).

Aunque en este estudio el concepto de «profesión jurídica» no adopta ninguna posición central, sería conveniente que nos detuviéramos un momento en el concepto. Si lo delimitamos de manera que solo comprenda aquellas profesiones en las que aparece como un requisito indispensable para ser admitido en su ejercicio el de tener el aspirante una educación superior de técnica jurídica, será pertinente preguntar si, en definitiva, existen profesiones jurídicas. Hay que tener en cuenta que también quienes no son juristas aparecen entre los empleados de la administración y los abogados. Incluso en la judicatura pueden aparecer profesionalmente activos quienes sean profanos. Incluso pueden intervenir éstos en la redacción de las leyes, trabajando en un ministerio o en una comisión.

Tal vez sería posible delimitar el concepto de «profesión jurídica» de la siguiente manera: son las profesiones en las que, con especial frecuencia, actúan los juristas porque su formación los hace especialmente aptos. Por ello

---

que fortalecer esta impresión. Contra el empleo de tipos ideales tal vez podría objetarse que no se compaginan con una rigurosa investigación empírica. Pero si la utilización de aquellos tipos promueve el esclarecimiento de conexiones empíricas, no cabe duda que, para el investigador, poseen una utilidad indudable.

(12) Utilizamos la expresión *Rechtshandhabung* («manejo deí derecho») intencionadamente en un sentido muy amplio; toda actividad del jurista práctico que se relaciona con el derecho. En tal caso cabe incluir en el concepto incluso la formulación de nuevos preceptos jurídicos, lo cual estimamos especialmente deseable para la perspectiva total de nuestro estudio. No podemos contar con un cuadro completo del pensamiento jurídico si aquella forma de actividad tan significativa teóricamente no entra en consideración. En cierto sentido, también la formulación de textos legales implica que se maneja el derecho ya existente: las nuevas disposiciones no nacen en el aire, sino que resultan necesarias por la insuficiencia del derecho establecido. Compárese WILHELM SAUER, *Juristische Methodenlebre*, pág. 10; LEÓN HUSSON, *Les transformations de la responsabilité. Étude sur la pensée juridique*, págs. 10-15.

esas profesiones reciben un sello jurídico. La posición social de la clase de los juristas es elevada[13]: con disgusto admitirían trabajos de poca importancia —por ejemplo, como funcionarios administrativos inferiores— o de poca responsabilidad y, por lo mismo, de escasa consideración. Y cuando ocasionalmente los jóvenes juristas que comienzan se ven obligados por imperiosas necesidades económicas a aceptarlas, tratan por lo regular de dejarlas cuanto antes y encontrar un trabajo más ajustado a su condición. Esas ocupaciones desempeñadas por necesidad no constituyen profesiones jurídicas. Por otra parte existen profesiones que gozan de elevada consideración social para las que resultan especialmente idóneos los juristas debido a su formación y en las que podemos encontrarlos muchas veces, pero que no por ello son profesiones jurídicas. Pensemos en el director de un gran banco. Un jurista que desempeñe semejante puesto se encontrará, en muchas oportunidades, enfrentado con problemas jurídicos, pero su principal ocupación es de naturaleza económica y no jurídica.

En algún caso también puede existir una actividad jurídica de naturaleza profesional sin que constituya la principal fuente de ingresos del jurista. Basta que la actividad tenga de manera continua una finalidad de lucro.

Aunque en una profesión jurídica pueden aparecer conjuntamente actividades de diversa clase, dentro de una determinada profesión aparecerá por lo regular como dominante *una* clase de actividad jurídica. Semejante clase o tipo confiere su sello a toda la profesión —por ejemplo, la actividad jurisdiccional de la profesión de juez— y ello hace comprensible por qué la diferencia que principalmente tiene tanta importancia entre una clase de ocupación con el derecho y una profesión jurídica no resulta igualmente esclarecedora[14]. Las distintas clases de ocupación con el derecho se distinguen entre ellas desde el punto de vista funcional; es decir, desempeñan diversas funciones en la comunidad jurídica. Recurriendo a una imagen, podríamos hablar de la «maquinaria jurídica». En un mecanismo funcionan varias partes como un todo orientado a una finalidad. Es un rasgo distintivo de un mecanismo que, al mismo tiempo, ha sido ideado y construido por el espíritu humano y también que solo puede trabajar con sentido conducido por este mismo espíritu. El mecanismo jurídico que trabaja de manera permanente se compone de las diferentes clases de ocupación profesional con el derecho. Al desempeñar cada una su función social, constituyen una totalidad funcional[15].

---

(13) FRANZ W. JERUSALEM, *Kritik der Rechtswissenschaft,* pág. 48, opina que el positivismo jurídico debilita la consideración del jurista.

(14) En lo que sigue no hablaremos con todo detalle del «pensamiento jurídico en el ejercicio de una actividad jurisprudencial» o del «pensamiento jurídico en la preservación de intereses jurídicos ajenos», sino que, como cómoda fórmula abreviada, emplearemos la yuxtaposición verbal de «pensamiento jurídico del juez» y «pensamiento jurídico del abogado».

(15) La imagen conceptual «maquinaria jurídica» la aplica especialmente la escuela sueca de HÄGERSTRÖM. Pero también aparece en otras direcciones de pensamiento completamente

A fin de disponer de una base para el análisis del pensamiento jurídico, a continuación vamos a tratar de algunas clases de ocupación profesional con el derecho.

En el caso normal, la actividad jurisdiccional desempeña la tarea de resolver conflictos de derecho; es decir, que tiene autoridad para hacer constar, a instancia de parte, si una conducta humana se ajusta al derecho o lo infringe[16]. En el caso de una acción de declaración, su misión termina al resolver el conflicto. Pero lo corriente es que, además, se le pida también otra cosa: a base de lo que ha declarado, debe dictar un mandato para la ejecución civil o penal. Lo que prácticamente ha inducido a obrar al demandante o a su abogado, cuando se han dirigido al tribunal, ha sido precisamente la finalidad de obtener semejante decreto de ejecución. La estructura de la sentencia aparece influida por esas consideraciones prácticas: es corriente que no se proclame expresamente que se ha obrado en contra o en conformidad con el derecho, a pesar de lo cual aquí radica precisamente el meollo de toda la jurisprudencia. A lo sumo, pues, una sentencia contiene cuatro elementos: 1), una comprobación de hechos (probados, no probados, irrelevantes); 2), una referencia a los preceptos jurídicos; 3), la aseveración de haberse obrado en contra o en conformidad con el derecho; 4), la concesión o denegación de una medida ejecutiva. En el caso de una acción puramente declarativa falta el punto 4. Una sentencia constitutiva —por ejemplo, una sentencia de divorcio— no tiene por primordial objetivo dar una respuesta a la pregunta acerca de la conducta contraria o conforme al derecho. El derecho positivo ha enlazado algunas medidas de especial importancia social —por ejemplo, la disolución o subsistencia del matrimonio— a la forma externa de la sentencia para que los supuestos que exige su adopción sean cuidadosamente comprobados por un tribunal imparcial e independiente (juramento judicial).

El pensamiento jurídico del juez en el conjunto de la trama de la ocupación profesional con el derecho adopta una posición clave. El particular cuyos intereses más vitales queden afectados por la sentencia, el abogado que gana o pierde el asunto según el contenido de la decisión, el funcionario adminis-

---

diferentes. Así, escribe FRANCESCO CARNELUTTI, *Teoria generale del diritto*, pág. 7: «... si el derecho se compara por comodidad didáctica con un mecanismo..». Sobre el «aparato procesal», BARNA HORVATH, *Rechtssoziologie*, págs. 275 *y* sigtes.; K. N. LLEVELLYN, *The Normotive, the Legal, and the Law-Jobs*, pág. 1392: «Las tareas del derecho que consisten en ocuparse con los casos de conflicto, de orientación, de atribución de la autoridad decisoria, de comunicar sentido a todo el conjunto (*Net Drive)*, requieren todas ellas una actuación y todas ellas conducen a la aparición de alguna clase de maquinaria institucional (vías y personal *e* ideología acerca de ambas)».

(16) WILHELM SAUER, *Allgemeine Prozessrechtslehre*, páginas 1-8; M. OSVI LAHTINEN, *Tätigkeit des Richters;* FRANZ W. JERUSALEM, *Kritik der Rechtswissenschaft*, págs. 7-45; JOSEF ESSER, *Einführung in die Grundbegriffe des Rechtes und Staates*, págs. 264 y sigtes.; F. B. CICALA, *Corso di filosofia del diritto*, págs. 196 y sigtes. PIERO CALAMANDREI, *Istituzioni di diritto processuale civile secondo il nuovo codice* (Padova, 1943), I, págs. 21-33.

trativo cuya resolución es impugnada ante un tribunal o que es demandado por una infracción cometida en sus funciones, el redactor de la ley que debe tener especialmente en cuenta la utilidad del texto legal que ha formulado, todos tienen en cuenta el pensamiento jurídico del juez. A la posición clave que ocupa el juez corresponde la posibilidad que existe en la actividad jurisdiccional de ejercer influjo educativo, no solamente sobre los profanos, sino también sobre los juristas. Este aspecto de la actuación y del pensamiento judicial destaca de manera especial en el derecho inglés. No solo la sentencia tiene valor educativo; también la dirección del litigio puede ser configurada con el mismo espíritu.

La actividad del abogado dirigida a la protección de intereses jurídicos ajenos se descompone en dos partes: judicial y extrajudicial. Esta última, aunque menos dramática y perceptible por parte del gran público profano, es de sobras la más importante y extensa(17). Cuando el cliente le confía su problema jurídico, el abogado puede darle consejos, redactar escritos de diversa clase y de importancia jurídica o adoptar diferentes medidas de igual trascendencia. Lo que ahora nos interesa especialmente es su actividad de consejero y el problema de cómo se adapta a tal tarea su pensamiento jurídico. Quien conozca por experiencia propia esta actividad del abogado, aunque sea en escasa medida, sabe que la actividad asesora solo en una pequeña medida se ocupa de problemas puramente jurídicos. Es cierto que también aquí resulta indispensable tener un perfecto conocimiento del derecho, pero de manera primordial hace falta tener experiencia de la vida —especialmente en el terreno económico, psicológico y moral—, así como la capacidad de juzgar con solidez las cuestiones prácticas y saber situarse en la posición del cliente. En la fase de asesoramiento, el abogado no es solamente un jurista, sino también un confesor y un médico experto en cuestiones psíquicas, especialmente en nuestra moderna sociedad secularizada. Con frecuencia el cliente acude al abogado hondamente preocupado, desesperanzado, y deposita en él toda su confianza. Nos interesa poner de relieve aquella especial atmósfera de confianza personal que llega mucho más allá que la perspectiva puramente jurídica, si queremos comprender la peculiaridad del pensamiento jurídico del abogado. En su actividad de consejero el abogado percibe claramente que el derecho solo constituye un pequeño sector de la inconmensurablemente rica realidad social(18).

Pero consideremos ahora el aspecto puramente jurídico de la actividad asesora de un abogado. Fundándose en sus conocimientos jurídicos y en su

---

(17) K. N. LLEWELLYN, *The Normative, the Legal, and the Law-Jobs*, págs. 1376 y sigtes.; AURELIO CANDIAN, *Avvocatura* (Milano, 1949), págs. 150-163. AXEL H. PEDERSEN, *Inledning til Sagfrorergerningen* (Copenhague, 1951), I, páginas 255-274: un estudio comparativo sobre la posición del abogado en los países escandinavos.

(18) El gran teórico del derecho y abogado FRANCESCO CARNELUTTI manifiesta acerca del derecho: «... es un aspecto del mundo y de la realidad...» (*Teoría general del derecho.* pág. 2). Sobre la relación entre abogado y cliente, AXEL H. PEDERSEN, *ob. cit.*, págs. 59-81.

minucioso conocimiento de los factores causales que intervienen en la maquinaria jurídica (incluyendo la psicología de las personas que actúan como órganos), expresa su criterio acerca de lo que es probable que suceda en relación con los futuros actos de los órganos estatales y de los particulares[19]. Su pensamiento jurídico trabaja tanto sobre una base normativa como causal. Los conocimientos normativos son simples medios para consideraciones causales sobre las que se apoya su juicio acerca de lo que probablemente sucederá. ¿De qué le sirve al abogado conocer con toda exactitud lo que disponen las leyes regularmente promulgadas, si desconoce qué posibilidades tiene realmente su cliente de lograr la realización de sus derechos sin incurrir en gastos desproporcionados? El pensamiento de un abogado ante los tribunales ha sido comparado con el de un jugador de ajedrez: lo que importa es adivinar las futuras jugadas del adversario. Es una comparación acertada, pero que debe extenderse a toda la actividad del abogado.

El pensamiento y la actuación de un abogado ante los tribunales tiene *una* finalidad: trata de influir sobre las personas que desempeñan funciones orgánicas en los tribunales para que la tramitación del proceso y la sentencia subsiguiente correspondan al interés de su cliente. La cuestión relativa a los medios que el abogado utilizará para semejante fin, en definitiva depende de su moralidad. Si no tiene el sentido de que también a él le incumbe la defensa del orden jurídico, apenas cabrá mencionar obstáculos dignos de mención que se opongan a su labor.

Ahora nos interesa el hecho de que la manera de pensar y de obrar de un abogado ante los tribunales adopta una actitud completamente causal, pues ha de influir en el pensamiento y, a través del mismo, en los actos de las personas que desempeñan funciones como órganos del tribunal[20]. ¿Qué papel desempeña en esta labor de influjo el conocimiento que tenga el abogado de hechos jurídicos normativos? El abogado experimentado conoce sobradamente qué momentos son jurídicamente decisivos en relación con el litigio de que conoce el tribunal. También le consta que los jueces, como juristas de experiencia, consideran que los mismos puntos son precisamente los decisivos. Por ello concentrará su actividad ante el tribunal —con la

(19) Björn Ahlander, *Ar juridiken en vetenskap?*, página 14; Jerome Frank, *Courts on Trial,* págs. 37-79; *Law and the Modern Mind,* prólogo a la sexta reimpresión y págs. 42-47: «Este libro se refiere primordialmente al «derecho» en cuanto afecta a la labor del abogado práctico y a las necesidades de los clientes que a él recurren» (pág. 47). Cabe preguntar si el vigor de la escuela jurídica realista en los Estados Unidos está en relación con el hecho de que el abogado en la ideología jurídica angloamericana ocupa —junto al juez— una posición tan central. La posición de esta escuela en relación con el derecho es la de un abogado. De todos los tipos con que se nos manifiesta la ocupación o manejo del derecho, la suya es por supuesto la que proporciona una visión más amplia en el efectivo funcionamiento de la maquinaria jurídica.

(20) Jerome Frank, *Courts on Trial,* págs. 186-189. Sobre la posición capital del abogado, Wilhelm Sauer, *Allgemeine Prozessrechtslehre,* págs. 122-129.

aportación de medios de prueba, de peritos, de declaraciones orales y escritas—, de manera que los jueces queden tan persuadidos de los puntos decisivos que la tramitación del litigio y, en definitiva, la sentencia sea favorable a su cliente. Tiene especial importancia el influjo que ya se refleja en la tramitación del litigio, pues, con ello (por ejemplo, con la recepción de prueba testifical), la sentencia puede quedar decisivamente prejuzgada. Todas aquellas maniobras tácticas debe meditarlas el abogado para formar un concienzudo plan estratégico, en lo posible antes del acto del juicio. Pero el arte de formar un plan no es suficiente: el abogado debe dominar de manera primordial el arte de improvisar. El proceso es algo que se desarrolla en continua progresión, con la posibilidad de sorpresas en cualquier momento. Cuanto en el mismo se produce debe valorarlo el abogado jurídicamente —de manera especial, todos los actos y manifestaciones del adversario— para calcular la eficacia causal de los mismos sobre el tribunal. También en este punto se nos aparecen los aspectos normativo y causal enlazados de manera indisoluble.

El abogado diestro, no solo es un jurista experimentado y que piensa con rapidez: no le faltan rasgos propios de un actor. Ante las personas que actúan como órganos del tribunal, debe presentar la causa de su cliente como moral y justa hasta el máximo límite posible. Esta puesta en escena general no solo influye en la dirección del litigio y en la sentencia, sino incluso en los representantes de la prensa que puedan estar presentes, lo cual tiene también importancia —cuando no la tiene toda— para el cliente. Para ello, si es preciso, el abogado debe mostrar ante el tribunal la más profunda indignación; pero, en todo momento, su claro pensamiento jurídico debe dominarlo todo.

Un proceso no es una obra de arte cuya fuerza dramática proporcione una visión de conjunto y la deje configurada de manera que todos sus detalles se reúnan en una unidad que tenga un pleno efecto armónico y artístico. Pero con frecuencia sucede que un proceso ofrece episodios dramáticos. Puede tratarse, ciertamente, de intereses que afecten de manera decisiva la vida de los litigantes. Toda la existencia social puede estar en juego y se concentra en unos breves acontecimientos que pasan veloces ante el tribunal: con ello se da la elevada tensión, la concentración a lo más esencial, que es indispensable para que se produzca la vivencia dramática.

Por lo dicho no debe extrañar que las partes en litigio incurran con facilidad en un estado afectivo que les imposibilita toda dirección racional del proceso. Cabría imaginar que el peligro es menor cuando el mismo demandado es un jurista. Cabría pensar que, como perito en derecho, puede estar en condiciones de dirigir su asunto con tranquilidad, sin la perturbación que aportan los factores emocionales. Pero la posición de parte en el proceso comporta el influjo perturbador de la excitación emocional. El jurista puede utilizar de la manera más efectiva su claro y frío pensamiento jurídico cuando dirige como abogado un litigio ajeno.

El arte de actor no solo le hace falta al abogado para influir sobre las personas que actúan como órganos de los tribunales y sobre los representantes de la prensa. También debe influir sobre el adversario, los testigos y sus clientes. La seguridad en la actitud adoptada ante el tribunal tiene siempre por finalidad hacer que el adversario y sus testigos sientan inquietud y que, en cambio, su cliente —si se encuentra ante el tribunal— experimente seguridad. La intranquilidad del cliente manifestada de manera perceptible ante el tribunal puede producir un efecto desfavorable sobre el juez y los representantes de la prensa.

En este punto hemos de hacer alguna breve referencia a la capacidad oratoria del abogado. Esta aptitud puede tener excepcional importancia ante un tribunal con jurado. Pero cuando se trata de un tribunal exclusivamente compuesto de juristas de experiencia, podemos afirmar que los efectos favorables de su retórica es igual a cero. Por ejemplo, si un abogado trata de impresionar a un tribunal municipal finlandés con excesos de retórica, los jueces considerarán de manera infalible que el abogado estima «débil» la razón de su cliente. Las demostraciones de oratoria de los abogados —en el caso de que no se trate de un tribunal con jurado— no están principalmente dirigidas al tribunal, sino al gran público profano, con inclusión de los representantes de la prensa. Al abogado se le ofrece entonces una buena oportunidad para hacerse propaganda entre gente que, sin embarco, no comprende nada de su verdadero trabajo. Es frecuente que después de tales discursos, que no tienen ninguna importancia para el desenlace del asunto, el abogado reciba los más calurosos elogios de su cliente y del público. Pero también *puede* el abogado influir con éxito sobre un tribunal experimentado si acierta a combinar sus sugerencias con una argumentación jurídica tan rigurosamente objetiva que el tribunal no la experimente como un recurso de retórica. Más de un abogado ha hecho una experiencia psicológica: después de haber defendido con toda energía a su cliente ante el tribunal, él mismo resulta víctima de su propia sugestión, aunque solo por breves momentos. Inmediatamente después del acto del juicio estimará que la posición jurídica de su cliente es algo más favorable de lo que el mismo juzgaría después de un examen de la situación rigurosamente profesional y objetiva. Pero es evidente que, en este caso, el cliente puede quedar impresionado con mucha más intensidad y no solo de manera pasajera. Así se explica que, en un asunto que no ofrecía margen a la esperanza, un cliente preguntara a su abogado en el momento de quedar interrumpida la celebración del juicio: «¿Parece que la cosa va de maravilla?».

Cuando el abogado advierte que, por la razón que sea (por vergüenza o por otra razón parecida), el cliente no le expone el asunto con sinceridad, no es preciso que siempre le demuestre que se ha dado cuenta de ello. Más pronto o más tarde el cliente incurrirá en contradicciones que permitirán al abogado, con la ayuda de otros datos que pueda procurarse, formarse una idea exacta de la verdadera situación de hecho y de su fondo psicológico, con lo que podrá ayudar efectivamente al cliente a pesar de todas sus mentiras.

Hemos de insistir en que, a pesar del carácter marcadamente emocional de la actuación del abogado ante el tribunal, le bastará alguna experiencia para dominarlo todo de una manera clara y fría con su mente de jurista profesional. Tiene siempre plena conciencia de la misión que se le ha encomendado y de que debe realizarla con éxito. Su pensamiento es una peculiar mezcla de emocionalidad y de análisis racional[21].

El punto más importante de la labor de un abogado concienzudo estriba en la preparación del material de la prueba en conformidad con un plan y en ponerlo a disposición del tribunal. ¿Cómo se configura en este punto la colaboración entre el tribunal y el abogado? Para jueces experimentados que permanecen inmunes frente a cualesquiera sugestiones, la intervención de un abogado capaz le representa una valiosa ayuda. Juez y abogado piensan y actúan sobre la base de una educación jurídica uniforme. Una persona profana que conduzca su propio asunto ante un tribunal no acierta a discernir qué hechos y manifestaciones son jurídicamente importantes para la sentencia y cuáles no. En este caso el presidente del tribunal se ve obligado a perder tiempo en el trabajo poco agradable de examinar continuamente todo el material que se le ofrece y que, en gran parte, es jurídicamente irrelevante, con el fin de separar el que tiene verdadera importancia. Un abogado experto le aligera esa labor. Gracias a la educación de su pensamiento jurídico el abogado sabe que no tiene sentido recargar las horas de trabajo del tribunal con una acumulación de hechos que no tienen trascendencia jurídica. Por las mismas razones, el juez procura aliviar la labor técnico-jurídica del abogado por todos los medios legales de que dispone. Puede hacerlo sin mengua de su imparcialidad con una serie de medidas insignificantes pero que, en manera alguna, carecen de importancia práctica. El lazo que une el juez con el abogado, el pensamiento jurídico, establece una solidaridad que demuestra su eficacia en la realización del trabajo práctico en común[22].

Después de habernos ocupado de la actividad jurisdiccional y de la protección jurídica de intereses ajenos en su recíproca relación, vamos a ocuparnos de la formulación de preceptos de derecho[23]. Entre esta clase de ocupa-

---

(21) El lector no debe creer que los abogados finlandeses sean especialmente teatrales y charlatanes. La realidad es todo lo contrario tratándose de los abogados peritos en derecho. La mayoria de ellos son miembros de la Asociación de Abogados, que presta un valioso trabajo para el mantenimiento de una elevada ética profesional, Pero, desgraciadamente, la abogacía no está legalmente regulada en Finlandia: es posible encontrar aquí que actúan los tipos más curiosos. Compárese con lo que dice Piero Calamandrei, *Eulogy of Judges* (Princeton, 1946), págs. 23-33. Acerca de los principios éticos de los abogados escandinavos Axel A. Pedersen, *Inledning til Sagforergerningen*, págs. 37-58.

(22) Piero Calamandrei: *ob. cit.*, págs. 17-22. Acerca de la comunidad de trabajo procesal, Wilhelm Sauer, *Allgemeine Prozessrechtslehre*, págs. 95-96, 123, 153.

(23) La formulación de los textos legales debe ser conceptualmente distinguida del fenómeno jurídicamente calificado como «legislación»: en este caso, se trata de un aspecto diferente. El papel de la representación popular y de la jefatura del Estado en la preparación de

ción con el derecho y la actividad judicial existe igualmente una recíproca relación. La formulación escrita de preceptos jurídicos tiene por finalidad conseguir una dirección en masa de la conducta humana (súbditos, funcionarios). Por esta razón, el redactor de nuevos preceptos legales pensará continuamente en su aplicabilidad, en las diferentes clases de aplicación jurídica en las que su texto debe servir como medio de trabajo. Por ello podrá formarse una imagen aproximada de las clases de ocupación con el derecho en los que su texto será aplicado: en la actividad jurisdiccional, en la actividad administrativa, en la labor de abogacía, en la propia del jurista que se ocupa del derecho de la economía, etc.

El texto debe quedar redactado de tal manera que los juristas que lo manejan puedan aplicarlo de una manera rápida y segura.

Pero, al entrar en el examen del pensamiento jurídico de los redactores de leyes, nos encontramos con algunas peculiares complicaciones. No basta que ofrezca una cuidadosa labor jurídica a otros juristas. Igualmente —incluso de manera primordial— debe escribir para la gran masa de los ciudadanos que carecen de educación jurídica. *Su* actuación debe quedar subordinada, en última instancia, a una dirección en masa. Los ciudadanos deben sentir que el derecho es efectivamente su propio derecho y deben comprender los principios en que se funda. Sería un grave error que el texto legal resultara una cosa extraña para la gran masa de los ciudadanos, aunque pudiera tratarse de una labor de precisión como técnica jurídica[24]. Si la técnica jurídica se considera como un fin en sí misma, queda completamente mal comprendida su finalidad social. La complicada estructura del moderno Estado cultural haría deseable que, en lo posible, se realizara una labor jurídica de extremada precisión en la formulación de las leyes. Es cierto que, muchas veces, sucede que los supuestos sociales a regular son de tal índole que exigen tareas sumamente difíciles, propias del pensamiento especializado de los juristas.

Pero quien tenga a su cargo la formulación de textos legales no debe perder en ningún momento el contacto con la manera de entender las cosas

---

nuevos textos legales muchas veces es puramente formal: se trata de un requisito jurídico indispensable para que las reglas de derecho sean formalmente obligatorias. Sin un cuidadoso trabajo intelectual de carácter jurídico que penetre en el contenido del texto y en su redacción, resultaría prácticamente imposible de realizar la actividad del «legislador». M. OSVI LAHTINEN, *Niederschreibungsarten der Normen*; JULIUS BINDER, *Philosophie des Rechts*, págs. *96* 5 y sigtes.; WILHELM SAUER, *System der Rechts- und Sozialphilosophie*, págs. 250 y sigtes.; *Juristische Methodenlehre*, págs. 433 y sigtes.; WALTHER BURCKHARDT, *Methode und System des Rechts*, págs. 243 y sigtes.; RUDOLF STAMMLER, *Theorie der Rechtswissenschaft*, págs. 339 y sigtes.

(24) HANS DÖLLE, *Vom Stil der Rechtsprache* (Tübingen, 1949), págs. 32-36; BIRGER WEDBERG, *Lagstil* (Stockholm, 1928), pág. 32; RUDOLF BECKMAN, *Nagra ord om den jvridiska Stilen* (*Tidskrift, utgiven av juridiska Foreningen i Finland*, 1949/6), pag. 312.

los profanos ni con su sentido del lenguaje; de manera incesante debe buscar el punto de equilibrio entre lo que sea comúnmente inteligible y la formulación técnico jurídica[25].

La historia de la cultura permite comprobar que la formulación de las leyes, como profesión jurídica, no es un fenómeno antiguo. Por supuesto que de ello se han ocupado personas competentes en la materia desde que existe el fenómeno de dirigir en masa la conducta humana con la formulación de preceptos de derecho escritos. Pero esto no significa que ya exista la correspondiente actividad profesional y tanto menos una profesión jurídica dedicada de manera principal o exclusiva a la tarea de formular leyes. Solo en los modernos Estados culturales semejante actividad ha cristalizado paulatinamente en una profesión y precisamente, la mayoría de las veces, en el marco de la maquinaria administrativa[26].

Considerados formalmente, quienes redactan las leyes son funcionarios administrativos pero, desde un punto de vista sustantivo, ejercen una peculiar actividad jurídica.

Los dirigentes políticos del Estado muchas veces prescriben de manera obligatoria a los juristas encargados profesionalmente de la redacción de las leyes los objetivos sociales que han de ser logrados, de manera que su tarea consiste en hallar la formulación técnico jurídica más adecuada. Pero también puede suceder que la tarea encomendada al redactor de las leyes incluya la elección de finalidades sociales que luego la nueva ley debe tratar de alcanzar o fomentar[27]. En este caso, el práctico que redacta las leyes también debe tener algo de investigador social. En lo posible, debe contar con una base empírica que le permita determinar dicha finalidad. Será lo corriente que, en este caso, se tengan en cuenta —si se trata de una ley importante— las experiencias que ya se han hecho en tal sentido en otros Estados. Es probable que vaya en aumento la importancia de la investigación científico social para la formulación de las leyes. Las ciencias sociales aplicadas se hallan en progresión en

---

(25) JOSEF ESSER, *Einführung in die Grundbegriffe des Rechtes und Staates*, pág. 30: «En contraposición al *pensamiento científico*, todo está referido al uso práctico y no a la ordenación del conjunto con un criterio académico». KARL ENGISCH, *Vom Weltbild des Juristen*, pág. 20.

(26) En el Ministerio de Justicia de Finlandia trabaja un grupo de especialistas que tienen el título de «Consejo Legislativo» (*«Cesetzgebungsrat»)*. Se les confía la formulación (y motivación) de los más importantes proyectos de ley. Trabajan en secciones que se han especializado en distintas ramas del derecho. El valor social de esta profesión jurídica está indicado por el respetuoso sufijo *«-rat»* (Consejo o consejero). En los últimos tiempos se han dejado sentir voces en las más altas esferas de la judicatura que censuran la insuficiente experiencia judicial de los consejeros legislativos.

(27) M. Osvi LAHTINEN, *Tätigkeit des Gesetzgebers*; O. SOLNÖRDAL, *Individ, stat og rett*, págs. 105-148; VINDING KRUSE, *Retslaeren*, I, págs. 100-103: preceptos rectores para el redactor de leyes; PEG. AUGDAHL, *Forelesninger over retiskilder* (Oslo, 1949), págs. 35-51; JOSEF ESSER, *Einführung in die Grundbegriffe des «Rechtes und Staates*, pág. 13 3: «Los problemas de la técnica legal son *al mismo tiempo los de la determinación de la finalidad política»*.

todos los terrenos. En este punto nos encontramos con un problema de organización práctica: ¿cuánto tiempo y cuánto esfuerzo de trabajo especializado puede dedicar el Estado a cada tema legislativo particular? Cuando los Estados europeos, impulsados por una psicosis de guerra, suscitan continuamente nuevas luchas y destrucciones, con el resultado de una indigencia material y espiritual cada vez más desesperante, no cabe proseguir una labor legislativa realizada con espíritu científico. También podemos preguntar si no ofrecían mejor oportunidad para preparar de manera concienzuda la redacción de las leyes los tiempos pretéritos, más tranquilos, en los que la legislación no tenía que trabajar sometida continuamente a alta presión. La comprensión de la importancia que tiene una preparación de las leyes fundamental y científica se ha incrementado en nuestra época, pero las posibilidades de realizarla son, sin embargo, más escasas.

Que para la redacción de las leyes se recurra de manera creciente a los resultados de la investigación científica, nos parece tanto más natural si se tiene en cuenta que esta formulación, desde hace tiempo, se apoya en los métodos mentales y en las ideas fundamentales de la jurisprudencia (ciencia jurídica). Si se examinan atentamente los motivos de las leyes que se publican, podrá comprobarse que se han redactado bajo el fuerte influjo de la jurisprudencia. Continuamente aparecen formas mentales y conceptos fundamentales de la misma, hasta el punto de que podría afirmarse que el pensamiento jurídico que impera en la formulación de las leyes no es más que una peculiar variante de la jurisprudencia (ciencia jurídica). Sus fórmulas mentales se utilizan para formular nuevos preceptos de derecho que luego la jurisprudencia someterá de nuevo a una elaboración sistemática. Podemos ver este círculo: contemplación empírica de la realidad social, formulación de las leyes en gran parte con los medios mentales de la jurisprudencia, interpretación de las leyes por medio de la misma, aplicación de los preceptos jurídicos a la realidad social. Cuando de esta manera contemplamos desde una perspectiva unitaria la formulación y la interpretación de las leyes, se advierte claramente que no son más que momentos parciales de una continua actividad del pensamiento jurídico. Los dos extremos de semejante actividad mental se hallan en contacto con la realidad social. El texto legal forma un puente que ha quedado establecido desde la orilla del presente hasta la del futuro[28].

El pensamiento jurídico en la formulación de las leyes y el que prevalece en la actividad jurisprudencial no se hallan en contraposición. Cuando su recíproca relación se concibe como si el juez estuviese rígidamente ligado a los resultados conceptuales de la formulación legal, se deja de lado el núcleo de la

(28) VINDING KRUSE, *Retslaeren*, I, págs. 89-90: «Una nueva legislación debe proceder de la ciencia del derecho y éste debe, igualmente, interpretar y complementar las leyes vigentes, entre la jurisprudencia y la ciencia debe existir un enlace tan permanente como entre la ciencia médica y Ja práctica médica» (traducción del danés por el autor).

cuestión[29]. El pensamiento jurídico que interviene en la actividad jurisprudencial no es más que la prosecución del pensamiento jurídico que está en juego en la redacción de la ley. Las experiencias que logra acumular un juez después de una larga vida, constituyen el más valioso material empírico para quien ha de formular el texto de la ley.

Al acentuar el íntimo enlace que existe entre el pensamiento peculiar de la jurisprudencia (ciencia jurídica) y el de quien redacta la ley, no pretendemos negar lo que en el pensamiento de este último existe de peculiar. En este pensamiento se trata de una consideración práctica en gran medida: la conducta de innumerables hombres (ciudadanos, funcionarios) debe quedar sometida a una dirección planeada y prevista para largo plazo mediante la redacción de un texto fuertemente esquematizado. El momento crucial está aquí constituido por la formación de un plan a largo plazo. Para ello el jurista siempre debe tener en consideración el problema de cómo encajarán los nuevos textos en el gran conjunto de los ya existentes y qué consecuencias cabe esperar del nuevo en este sentido. Lo interesante en este caso es que, a pesar de la peculiaridad del plan, exista una unión tan íntima con el mundo conceptual de la jurisprudencia. Sin tan íntimo enlace no cabe imaginar en nuestra época cultural la posibiladad de formular una ley de manera concienzuda.

Preguntemos ahora si la actividad administrativa puede ser concebida como un tipo unitario de ocupación con el derecho[30]. El hecho de que la teoría casi siempre haya caracterizado negativamente a la administración —es aquella actividad estatal que no es ni legislativa ni judicial— no significa que nos encontremos con un tipo o clase unitaria. Las formas de la actividad administrativa son de hecho tan diversas que podría parecer una empresa desesperada el intento de averiguar si forman un tipo unitario. Pero hagamos una tentativa.

La actividad administrativa consiste en el ejercicio del poder público para atender a las cuestiones públicas, sin que consista ni en actuación legislativa ni judicial, y que se ejerce bajo los supuestos y en las formas prescritas por el ordenamiento jurídico vigente. La atención de cuestiones públicas, que no se realiza como un ejercicio del poder público, no es una actividad admi-

---

(29) Francesco Carnelutti, *Arte del diritto,* pág. 79: «...que el legislador domine y el juez esté dominado, es más una apariencia que una realidad...», pág. 80: «El legislador tiene la insignia de la soberanía; pero el juez posee las llaves». Por otra parte, ha puesto acertadamente de manifiesto Jan Magnus Jansson, *Hans Kelsen statsteori,* págs. 279-280, que la atadura psicológica del juez a las normas de derecho *se* halla en correlación con el carácter de la organización estatal. «En el moderno Estado de derecho rige el principio general de que la jurisprudencia y la administración están subordinadas a la legislación. En el mecanismo del moderno Estado los tribunales son órganos 'relativamente' subordinados con una posibilidad limitada de hacer valer su propia opinión». Compárese Tauno Tirkkonen, *Suomen rikosprosessioikeus* (Vammala, 1948), I, págs. 129 y sigtes.

(30) Sobre la profesión de los juristas de la administración, Josef Esser, *Einführung in die Grundbegriffe des Rechtes und Staates,* págs. 266 y sigtes. Wilhelm Sauer, *Allgemeine Vrozessrechtslebre,* págs. 39-41 (Derecho administrativo y procesal).

nistrativa. Por ejemplo: veo que dos muchachos colocan una gran piedra en medio de la carretera y me apresuro a quitarla. El representante legal de los Ferrocarriles del Estado insta ante los tribunales un procedimiento judicial contra un empleado por razón de los daños ocasionados por su negligencia.

La actividad administrativa se desarrolla dentro del marco de una jerarquía y esta circunstancia le confiere su sello peculiar. El juez y el abogado no dependen de órdenes vinculantes de sus superiores jerárquicos, ni pueden dictarlas por su parte. En este sentido su actividad es «libre» e «independiente».

Por el contrario, el funcionario administrativo —aunque también tenga cierto margen de «libre arbitrio»— se halla en una situación muy diferente: trabaja como parte de una gigantesca jerarquía. Si se halla en su punto más elevado, está generalmente obligado a vigilar el trabajo que realizan las instancias que le están subordinadas y a dirigirlas si es preciso con órdenes imperativas, ya se trate de instrucciones duraderas o solo dictadas para cada caso. Las instancias administrativas subordinadas se hallan obligadas a soportar la vigilancia, a seguir las instrucciones y a dirigir, por su parte, las instancias inferiores, cursando para ello las instrucciones generales y las órdenes que sean precisas. En el Estado moderno toda esta jerarquía, desde la cima hasta su base, tiene prescrita por el ordenamiento jurídico vigente los requisitos y las formas de su actuación.

En el seno de la jerarquía administrativa, continuamente se elaboran nuevas reglas de derecho que están destinadas a los funcionarios[31]. También se formulan preceptos legales dirigidos a los ciudadanos (por ejemplo, órdenes de policía de diversa clase). La formulación de reglas de derecho en el seno de la administración constituye una clase especial de ocupación jurídica que se halla en estrecha afinidad con la actividad administrativa en sentido propio y estricto. La forma normal de actuación de un funcionario administrativo consiste en ocuparse de situaciones jurídicas concretas, en conformidad con reglas de derecho formuladas en términos abstractos (leyes, decretos, instrucciones generales). Para el conocimiento teórico tiene importancia que ahora queden claramente diferenciadas las distintas clases de ocupación con el derecho.

También se produce una actividad jurisprudencial dentro de la jerarquía administrativa. También ella significa que se manejan situaciones jurídicas concretas en conformidad con reglas de derecho abstractas; pero en la actividad jurisprudencial existe una intención distinta que en la actividad administrativa. La jurisdicción también en este caso apunta a una comprobación dotada de autoridad de la pregunta «¿conforme o contrario a derecho?», para enlazar con la respuesta medidas ejecutivas[32].

---

[31] No vemos ninguna razón convincente de que las instrucciones permanentes dirigidas a los funcionarios en relación con la actividad administrativa no deban ser consideradas como «reglas de derecho». Para la construcción de una teoría del derecho no parece adecuado limitar el concepto de «regla de derecho» a las normas que se dirigen a los particulares.

[32] En un comentario de nuestro estudio *Über die Objektivitat der Rechtsprecbungy* H. SPANNER cita con aprobación a ADOLF MERKL, quien habla de la «apariencia de la fundamental diversidad

Las formas de pensar y de actuar propias de un funcionario administrativo y de un abogado manifiestan semejanzas. En ambos casos juega un papel decisivo la experiencia práctica de la vida junto a consideraciones propiamente jurídicas. El núcleo de su actividad no estriba en tener que resolver entre lo que es contrario y lo que es conforme a derecho, sino en ocuparse prácticamente de situaciones concretas de trascendencia jurídica.

En un Estado al que corresponda el derecho de propiedad sobre los medios de producción y que, por consiguiente, conduzca y dirija rígidamente toda la vida económica, la posición del abogado se parece más a la del funcionario administrativo. Por ejemplo, en la Unión Soviética los abogados no ejercen la profesión privadamente, sino que están empleados en grandes oficinas dirigidas por el Estado, cuyos métodos de trabajo recuerdan en gran manera a los de las autoridades administrativas. Es cierto que, a diferencia de los funcionarios administrativos, los abogados no ejercen ningún poder público, pero no lo es menos que de hecho están ligados al régimen. No cabe imaginar, por ejemplo, que el abogado que actúa de defensor en un proceso criminal de naturaleza política pudiera hacer fracasar la finalidad de intimidación que, como medida preventiva general, se propone la dirección estatal. A lo sumo podría hacer referencia a alguna circunstancia atenuante. En los juicios motivados por cuestiones de alta política la dirección del proceso y la sentencia se consideran de hecho como parte integrante de la dirección y administración estatal.

La posición del «jurista de la economía» en un Estado en el que la mayor parte de los medios de producción sean de propiedad privada, recuerda tanto la posición del abogado como la del funcionario administrativo. La ocupación de un jurista que está empleado de manera fija en una gran empresa financiera, industrial o comercial, ¿no es completamente parecida a la de un abogado que tenga por clientes a esas grandes empresas? Pero no cabe duda que exista una importante diferencia. El abogado es un empresario libre y el jurista de la economía, por el contrario, se halla al servicio de una empresa. La posición del jurista como empleado de una gran empresa recuerda en un doble aspecto la posición de un funcionario administrativo. En primer lugar, el trabajo en la gran empresa puede ofrecer el cariz de una actividad regida autoritariamente. Incluso puede existir una jerarquía semejante a la administrativa. En segundo lugar la gran empresa representa un considerable poder económico. Es cierto que el representante jurídico de semejante empresa no usa ningún poder público, pero sí un poder que de hecho se le parece mucho. Resulta obvio que tan especial situación debe influir en el pensamiento del jurista de la economía.

Cuando dos juristas de la economía que representan a grandes empresas negocian entre sí, pueden ser comparados con los diplomáticos. El diplomático —incluyendo el funcionario consular— es una variante especial del funcio-

---

de fines de la justicia y la administración...» (*Österreichische Zeitschrift für öffentliches Recht*, Nueva Serie, II/5/pág. 605). TAUNO TIRKKONEN: *Suomen rikosprosesioikeus*, I, págs. 6-7.

nario administrativo. Como representante del poder público de su Estado defiende los intereses jurídicos y económicos del mismo o de sus ciudadanos frente a otro Estado o a sus ciudadanos. Este Estado extranjero y los súbditos que habitan en su territorio no están sometidos al poder público de su Estado nacional. Pero la representación de aquel poder es un supuesto de la competencia del diplomático. Entre la actividad de un diplomático y un abogado existen muchos puntos de contacto, especialmente cuando el diplomático representa intereses de los súbditos de su Estado nacional. Pero también existe una diferencia: aunque el Estado extranjero y el súbdito extranjero no se hallan sometidos al poder público que se encuentra en la base de la actuación del diplomático, sin embargo, frente a ellos aparece como representante de aquel poder.

La actividad del diplomático no solo consiste en ocuparse profesionalmente de situaciones jurídicas. Incluso cabría poner en duda que su profesión deba ser incluida entre las profesiones jurídicas. Muchos diplomáticos situados en posiciones clave no son juristas. Mas, por otra parte, no cabe negar que en la actividad de un diplomático también entra la aplicación del derecho y precisamente de tal forma que constituye una clase especial. Derecho de gentes y derecho interno de los Estados se encuentran de esta manera íntimamente enlazados en múltiples aspectos.

El fiscal es un funcionario administrativo cuya ocupación con el derecho recuerda la de un abogado. Esa doble posición —que se halla ligada a la «gran empresa» que es el Estado y que actúa de manera semejante al abogado— nos permite advertir que existe una cierta semejanza entre él y el jurista de la economía. Pero la ocupación jurídica del fiscal está casi exclusivamente limitada a las cuestiones penales y por ello resulta mucho más unilateral que la de un jurista de la economía. El pensamiento jurídico de un fiscal está fuertemente influido por la ideología que domine en su comunidad jurídica. En un Estado liberal puede estar expresamente obligado por el derecho positivo a la objetividad en el desempeño de sus funciones (así, por ejemplo, en Suecia). La cuestión de si de hecho puede ser llevado a la práctica semejante programa —por ejemplo, en los procesos políticos— es cuestión que no hemos de resolver. En un Estado totalitario no cabe imaginar que el fiscal pueda aspirar, ni desde un punto de vista programático, a mantener una posición objetiva y «neutral» en un proceso de alta política. Cosa semejante no podría armonizarse con una ideología estatal dinámica, combativa. En tal caso es una persona que ocupa una posición clave en la lucha por el régimen[33].

---

[33] K. P. GORSENIN, *Die sowjetische Vrokuratur* (en ruso, Moscú, 1947), págs. 40 y sigtes.: «Le procès du centre antisoviétique trotskiste, compte rendu sténographique des débats, publié par le Commisariat du Peuple de la Justicie de L.U.R.S.S. Moscú, 1937».

III

LOS PRODUCTOS DEL PENSAMIENTO JURÍDICO

Distinguimos el proceso mental jurídico y sus productos, las objetivaciones[1]. Antes de entrar más detenidamente en el examen de esos productos, hemos de formular una pregunta: ¿puede ser objeto de una efectiva investigación científica el razonamiento jurídico, considerado en sí mismo?

Investigaciones experimentales que han dado valiosos resultados[2] en la moderna psicología del pensamiento, tropiezan en este punto con una dificultad. ¿Es posible disponer la situación que debe ser investigada de manera que el proceso jurídico mental se desarrolle con naturalidad, sin perturbaciones, sin que las personas sobre las que se dirige la investigación experimenten la sensación de tratarse de una situación preparada? El razonamiento de un jurista en su ocupación profesional con el derecho está ligado de la manera más íntima con el ejercicio de su profesión. ¿Cómo será posible que, con objeto de proceder a una investigación científica, pueda prepararse una situación propia del ejercicio profesional de una manera «natural»? En pura teoría esto no sería imposible: se comienza un proceso solo para observar las reacciones de los juristas que en el mismo intervienen, se prepara (junto con el sacrificio de un amigo) un «delito» para observar las reacciones de los funcionarios de la policía[3], se visita a un abogado para exponerle un caso jurídico fingido

---

(1) Estas objetivaciones son algo que puede verse o bien oirse. En nuestro estudio analizaremos exclusivamente las objetivaciones verbales. Un hito o mojón que se coloque en un lugar determinado como resultado de un deslinde y del pensamiento jurídico que ello implica, también es una objetivación.

(2) L. Szekely, *Knowledge and Thinking (Acta Psychologica,* VII/1/1950); *Zur Psychologie des inneren Verhaltens beim Lernen, Denken und Erfahren* (*Theoria,* XIII/1947); *Tankande och vetande (Tidskrift für Psykologi och Pedagogiky* 1/1943); A. W. Wolters, *Some Biological Aspects of Thinking (The British Journal of Psychology. General Section,* XXXIII/1942-1943); William Stern, *Allgemeine Psychologie auf personalistischer Grundlage* (La Haya, 193 5), I, págs. 367-430; Hubert Rohracher, *Einführung in die Psychologie* (Wien, 1948), págs. 313-348; W. H. J. Sprott, *General Psychology* (Aberdeen, 1947), págs. 401-425.

(3) La radio finlandesa organizó un robo ficticio en el año 1950, de acuerdo con la jefatura de policía y el propietario, con objeto de disponer de un reportaje interesante. Por desgracia,

solo para estudiar sus reacciones y manera de operar, etc. Para la investigación empírica del pensamiento jurídico podrían ser de gran utilidad semejantes experimentos, cuidadosamente planeados y realizados. Proporcionarían una base plenamente sistemática y científica para la investigación[4]. Pero nos parece que, en los modernos Estados, semejantes experimentos realizados en masa no serían vistos con mucha simpatía por parte de los representantes de la autoridad estatal. Lo estimarían como una insolencia y como un despilfarro del valioso tiempo de que disponen cuando después se enterasen de que se les ha hecho objeto de un experimento. Esto todavía podría soportarlo con calma un científico, si no le reportara al mismo tiempo dificultades económicas. El ejercicio profesional de un jurista —ya se trate de un funcionario o de un abogado —no tiene lugar gratuitamente. Una experimentación sistemática de gran alcance —y solo ésta resultaría fructuosa— daría lugar a unos gastos de tal cuantía que ningún científico podría soportarlo. Pero si aumentara la actitud favorable al enfoque científico de los problemas sociales en este preciso terreno, es posible que en cierta medida y bajo la dirección estatal se admitiera una experimentación con la maquinaria jurídica. Esta experimentación —planeada y dirigida por científicos competentes— sería considerada de utilidad

unos policías, que nada sabían del reportaje, capturaron al asaltante porque su actitud sospechosa parecía indicar que pertenecía a una banda armada. Todo eso fue ofrecido al público en forma auténtica en una emisión de radio; a ello siguió durante toda una semana una viva polémica de prensa sobre la conducta de los policías y acerca de si la radio tenía derecho a realizar semejante experimento. Profesores de derecho penal tomaron parte en la disputa periodística y todo ello fue motivo para que el asunto se convirtiera en jocosas escenas de opereta y de canciones, y después de algunos meses incluso apareció una película que tuvo un éxito sensacional.

(4) UNDERHILL MOORE y CHARLES C. CALLAHAN, *Law and Leammg Theory: a Study in Legal Control (The Yale Law Journal*, 55/1/diciembre 1943); F. S. C. NORTHROP, *Underhill Moorels Legal Science: its Nature and Significance (The Yale Law Journal*, 59/2/enero 1950); ALESSANDRO LEVI, *Comment peut-on analyser la conscience juridique*? (*Theoria*, XV/1949), pág. 63: Estas investigaciones psicológicas y sociológicas, por tener que efectuarse con un método rigurosamente objetivo, no entran por nada —según creemos— en el dominio de la filosofía, que solo puede y debe elaborar una crítica de la experiencia. Pero sin esos análisis previos de los diferentes *paliers* de los fenómenos sociales, de la génesis individual y social de la idea de derecho, de los diferentes componentes de la conciencia jurídica, una filosofía del derecho jamás podrá realizar su tarea de una manera seria y positiva. La disposición empírica del investigador italiano aparece claramente en este pasaje. TORGNY T. SEGERSTEDT, *A research into the general sense of justice* (*Theoria*, XV/1949); *Rattsmedvetande och ophtionsmatning (Dagens Nyheter*, 15/9/1946). VINDING KRUSE, *Retslaeren*, I, págs. 76-77, pone de relieve que también las ciencias sociales tienen sus «laboratorios», en los que pueden llevarse a cabo observaciones e investigaciones experimentales debidamente valoradoras: bancos, compañías de seguros, cajas de ahorros, establecimientos de crédito e hipotecarios, sociedades inmobiliarias, corporaciones, organizaciones periciales, *cariéis, trusts*, tribunales y oficinas administrativas. KRUSE formula un programa para fundar una teoría empírica del derecho: páginas 87-90. HARALD OFSTAD, *Alf Ross begreppsbestemmelse av begrepet «retsregel»* (Oslo, 1949): un estudio muy digno de tener en cuenta, especialmente en su aspecto metódico.

por las autoridades estatales. Pero la maquinaria estatal no funciona para dedicarse principalmente a esos fines.

Una investigación empírica del razonamiento jurídico también puede seguir otros caminos. Cabe dirigir a los juristas preguntas cuidadosamente redactadas que se refieran a sus experiencias en la aplicación práctica del derecho. Los juristas experimentados no lo rechazarían, a juzgar, desde luego, por lo que es experiencia personal del autor. En este caso no se les utiliza como objetos de investigación de un experimento psicológico, sino como personalidades cuya experiencia es de gran valor para el progreso de la ciencia. Las preguntas deberían formularse de manera que también pudieran ser contestadas por los juristas prácticos. A los capitales problemas teóricos, el investigador no puede aproximarse de una manera directa, sino indirectamente, dando rodeos. Debe elegir sus preguntas de manera que, con la combinación de las respuestas recibidas en relación con las distintas preguntas, pueda aproximarse a los principales problemas teóricos. Esto presupone que no ha de considerar las preguntas en lo que cada una pueda ser aisladamente considerada, sino como un conjunto planeado. Las respuestas deberán basarse en lo que sean recuerdos de los juristas que se refieran a una introspección realizada anteriormente con ocasión de su práctica jurídica. Imágenes que se recuerden e introspecciones: una doble inseguridad. El jurista también aportará sus observaciones sobre la aplicación del derecho por parte de sus colegas, en la medida en que ello le permita sacar conclusiones sobre su razonamiento jurídico. Apenas será posible trazar una separación radical entre los resultados de la introspección y la contemplación de reacciones ajenas.

Cuando el investigador del pensamiento jurídico es un jurista, utilizará, ante todo, sus propias introspecciones y sus propios recuerdos. Con ello queda expuesto al peligro que comporta todo método introspectivo[5]. No obstante, ningún investigador del derecho querrá prescindir de sus experiencias personales logradas a base de las más distintas clases de ocupación jurídica, ya se refieran a sus propias reacciones o a las de sus colegas.

Cabe preguntar si resulta posible una consideración introspectiva del propio pensamiento jurídico.

---

(5) Sería conveniente, para la investigación en el campo de la teoría del derecho, que la especulación introspectiva —un rudimento procedente de la filosofía del derecho— quedara cada vez más suplantada por un método de trabajo que siguiera un plan experimental, como en gran parte ya ha sucedido en otras ciencias sociales. Acerca de las posibilidades de una investigación jurídica experimental ha llamado especialmente la atención en sus conversaciones JAAKKO UOTILA. JAAKKO UOTILA, *Oikeustiede ja arvoarvostelmat (Ciencia del derecho y juicio de valor*; manuscrito, Helsinki, 1951). Acerca del método a seguir para una investigación empírica del derecho, L. I. PETRAZYCKI, *Teoría del derecho y del Estado en relación con una teoría moral* (en ruso, San Petersburgo, 1909), I, págs. 49-134. Es de desear vivamente que esta obra del genial teórico del derecho sea traducida a un idioma occidental.

Este pensamiento se contrae a una actuación total y apunta al tratamiento práctico de situaciones jurídicas. ¿Cómo puede ser que alguien actúe y al mismo tiempo se contemple, como desde fuera, a sí mismo y a su pensamiento? Cabe ciertamente emplear un medio sustitutivo. En toda operación práctica que exija pensar y obrar sobrevienen momentos de pausa. Muchas veces solo son momentáneas, pero el investigador del derecho que actúe en la práctica puede aprovechar aquellos breves momentos para confrontar su actuación práctica con la teórica para conservar en la memoria frescas imágenes. Después, con motivo de una interrupción más prolongada, las hará objeto de nueva consideración para aprovecharlas en su meditación teórica.

El estudio científico del razonamiento jurídico también presupone que se le examine «desde fuera». Para un jurista no resulta fácil contemplar a una cierta distancia su propia manera de pensar, la cual está tan arraigada que, con los años, casi se ha convertido en algo obvio. En realidad nos encontramos aquí con una actitud filosófica. En todo caso, alguien que no sea un jurista, y que se proponga estudiar el razonamiento de los hombres de derecho, sí puede disponer de la distancia que le falta al jurista. Pero hay que preguntar si también dispone del contacto, la impresión inmediata con las conexiones de sentido de este pensamiento. Existen casos en los que un profano ha penetrado profundamente en el mundo mental de los juristas(6). Pero generalmente es una ventaja que el investigador sea al mismo tiempo un jurista. Entonces puede, por un lado, realizar una obra creadora a base de su experiencia jurídica inmediata y vivida; por otra parte, debe mantenerse distante y hacer objeto de una consideración teórica al pensamiento jurídico.

Es más fácil alcanzar esa distancia con los productos del pensamiento jurídico que con los mismos procesos mentales. A esos productos del pensamiento jurídico que han cristalizado en una forma determinada los llamamos sus objetivaciones. Son una emanación del pensamiento y si se pregunta por la estructura mental de las objetivaciones, el problema ya no ha de ser visto bajo un aspecto psicológico, sino que se trata de poner de relieve las conexiones de estructura que se ofrecen.

Cabe preguntar si es procedente sacar conclusiones relativas al proceso mental a base de las objetivaciones. El proceso mental y las objetivaciones, no resultan inconmensurables entre sí, como lo es el acto de derramar el hierro fundido en relación con el producto concretado en una forma que resulta de aquel acto de verterlo? ¿Puede hablarse, en definitiva, de elementos comunes al proceso mental y a sus objetivaciones? Si se afirma, por ejemplo, que tanto en el proceso del pensamiento jurídico como en sus objetivaciones aparecen

---

(6) Así, nadie creería que la obra de JAN-MAGNUS JANSSON, *Hans Kelsen statsteori mot bakgrunden av bans rattsfilosofiska askadnmg (La teoria del Estado de Hans Kelsen sobre el fondo de su concepción filosófico jurídica)* haya sido escrita por un no jurista. Por ejemplo, págs. 37, 39, 46 y sigtes., 84, 111, 113, 118, 176, 242, 255, 257, 258, 260, 282, 298.

conceptos jurídicos, resulta necesario preguntar: ¿no resulta que ahora designamos dos hechos distintos con la palabra «concepto»? Un concepto, en el sentido de la psicología del pensamiento y un concepto como algo resultante del análisis estructural de las objetivaciones pueden ser perfectamente referidos a la conocida contraposición entre la psicología y la lógica. Por otra parte, parece indudable que, entre la estructura de un proceso mental y la de sus objetivaciones, existen determinadas conexiones que se manifiestan en los giros verbales poco exactos de que «la misma» idea aparece en los dos. Puede también concebirse este giro verbal como una cómoda abreviatura.

Existen situaciones en las que continuamente puede observarse cómo el proceso mental de un jurista se transforma en objetivaciones: una discusión entre juristas prácticos sobre un problema de derecho, un informe de un práctico sobre un problema de su especialidad. Una libre discusión ocasional entre representantes de diferentes profesiones jurídicas ofrece un valioso material empírico a quien la escucha con un criterio analítico. No dirige su atención al contenido de lo que expresan, sino a su estructura(7). También puede suceder que un científico provoque que un jurista práctico manifieste opiniones particulares acerca de problemas de derecho, con objeto de observar el curso de su pensamiento y la estructura de sus productos mentales. En semejantes situaciones (discusiones colectivas o privadas, informes libremente emitidos) el jurista que expresa su criterio no se encuentra, sin embargo, en su habitual ocupación con el derecho. Se trata de la comunicación de un conocimiento. Pensemos, por ejemplo, en un abogado que se manifiesta ante un tribunal acerca de una situación jurídica concreta y que más tarde da cuenta de la misma situación en una reunión amistosa con sus colegas. En uno y otro caso el enfoque es diferente. Es cierto que también en el último caso puede tratarse de convencer a sus colegas. Pero la tarea de convencer realizada ante el tribunal es un medio que conduce a ulteriores finalidades prácticas. En este caso el abogado defiende los intereses de su cliente.

Las objetivaciones del pensamiento jurídico en el moderno Estado cultural con frecuencia están fijadas en forma escrita, por lo que su duración es relativamente grande. Tales objetivaciones escritas son, por ejemplo, los textos de leyes, de sentencias, decisiones administrativas que constan por escrito, documentos y escritos redactados por abogados.

Si se procede a un análisis de la estructura se procederá de manera tanto más ajustada al fin si se parte, por un lado, de las objetivaciones existentes como de un todo lleno de sentido, y por otro, de los elementos que contienen (formas mentales, conceptos) y se procede a combinar estos dos aspectos. En la enseñanza son un importante medio gráfico auxiliar: en el encerado del

(7) El autor recuerda las numerosas tertulias en la «Juridiska Foreningen i Finland», en las que ha podido oír las animadas discusiones de jueces de las diferentes instancias, abogados, especialistas administrativos, redactores de leyes, e incluso científicos.

auditorium se manifiestan en forma directamente perceptible a la vista determinadas conexiones estructurales. El análisis de la estructura de una objetivación del pensamiento jurídico podría compararse con el acto de dibujar un mapa: también sobre el mapa va destacándose paulatinamente la estructura del terreno. Como ya hemos señalado, cuando se analiza una estructura se toma en consideración exclusivamente lo formal. Sobre esta base, incluso objetivaciones «triviales» pueden ser objeto de investigación más adecuado a la finalidad de analizar una estructura, porque en este caso su interés estará menos desviado por su contenido material.

Cuando se estudia la construcción mental de una objetivación jurídica, cabe distinguir dos aspectos: el funcional y el histórico. Ante todo procede preguntar para qué fines prácticos sirve la estructura de una objetivación, pues ésta, en definitiva, es un resultado de la aplicación del derecho. Por ello podemos formular el postulado de que todo elemento de la objetivación ha de cumplir una función dentro del marco de la misma. Solo de esta manera, como partes de un todo, cabe entender con pleno sentido a sus elementos y solo a la luz de sus elementos mentales puede ser comprendida funcionalmente una objetivación jurídica. Si con ello hablamos de una «función total» de la objetivación y de «funciones elementales» de sus elementos conceptuales, podría verse una correlación entre la función total y las funciones elementales.

Un análisis estructural desde el punto de vista histórico no se fija en los elementos de una objetivación del pensamiento jurídico en su aspecto funcional, sino como sedimentación histórica, es decir, como algo que puede ser referido a diversas épocas pretéritas. Si el pensamiento jurídico de una época determinada queda comprendido como un todo, cabe distinguir en este todo distintos estratos, de la misma manera que el geólogo, en sus excavaciones, deja al descubierto una capa después de otra. Tanto quien analiza las estructuras desde un punto de vista histórico como el geólogo practican cortes verticales en el objeto de su investigación. En este caso, el teórico del derecho tropezará con elementos que proceden de la Edad Antigua, o de la Edad Media, de la época pandectística o de su propio tiempo. Si se quiere llegar a una comprensión más profunda de las objetivaciones y del pensamiento jurídico que les es inherente, no solo han de ser contempladas desde un punto de vista funcional sino también histórico.

No cabe oponer que el análisis de una estructura vista en su aspecto histórico ya no es el análisis de una *estructura* porque penetra en su material, lo histórico. Lo único que con ello sucede es que los elementos de la objetivación del pensamiento jurídico quedan referidos a su origen histórico. Otra cosa sucede cuando el mismo sentido de la objetivación queda expuesto en una perspectiva histórica. Entonces ya no se trata del análisis de una estructura.

Si se habla de una objetivación del pensamiento jurídico, cabe formular esta pregunta: ¿cómo debe trazarse el límite que señala, que constituye, una objetivación como unidad independiente, como objeto conceptual para el investigador? Una ley, la motivación de una disposición legal, una sentencia con inclusión de su fundamento, el discurso o el escrito de un abogado concebido como una unidad, son *unidades* bien delimitadas que, en sentido propio, constituyen *una* objetivación. El artículo o párrafo de una ley, proposiciones aisladas de la exposición de motivos de un texto legal, de una decisión judicial y de su fundamento, del escrito de un abogado, en el fondo no son más que fragmentos de una objetivación. Cuando se procede al análisis de la estructura, ¿no deben ser analizadas las objetivaciones como un todo? Por razones prácticas y de técnica expositiva, en el presente estudio hemos de limitarnos al análisis de fragmentos de objetivación, a manera de ejemplos demostrativos.

El art. 160 del Código penal suizo del 21 de diciembre de 1937 dice: «Quien perjudica gravemente o pone seriamente en peligro el crédito de alguien procediendo con mala intención o en contra de lo que mejor sabe, afirmando o difundiendo hechos falsos, será castigado, a petición de parte, con prisión o multa». Desde el punto de vista del análisis de la estructura hay que destacar ante todo la relación «*wenn-so*» («si-entonces»)[8] con la cual el texto queda escindido en dos partes («Quien... perjudica» y «será... castigado»). Tiene especial interés que tal relación aparece en este caso en la forma indicativa. (Así aparece continuamente en el nuevo Código penal suizo; el Código penal alemán del año 1870 no ofrece tanta unidad en este punto).

Por supuesto que no se trata de que si alguien comete uno de los hechos precisamente descritos en el Código penal, el castigo se produzca automáticamente. Puede no resultar probado quién sea el autor, o puede mantenerse oculto, o tal vez no se logrará probar ante el tribunal que concurren todas las circunstancias del supuesto de hecho, o quizá el tribunal procederá indebidamente a declarar inocente al acusado. En realidad lo que existe es una relación de deber ser: cuando se comete un acto de una clase determinada, el tribunal queda obligado a imponer una pena si se ha formulado acusación y concurren los supuestos procesales para que se dicte una sentencia condenatoria. Cuando así se hace, ello tampoco significa que el condenado expiará la pena. Puede mantenerse oculto, estar en el extranjero (incluso hasta que la pena haya prescrito), las autoridades encargadas de la ejecución pueden descuidar, por la razón que sea, la obligación que el derecho les impone.

La conjunción de palabras «será castigado» no es completamente clara. Puede tratarse con ello de la simple declaración de que se impone la pena, pero también de que se impone *y* de la ejecución que de ello se siga.

Debe existir una razón por la cual la relación «*wenn-so*» («si-entonces») sea reproducida de manera lingüísticamente inadecuada. Junto a motivos

[8] Compárese la primitiva doctrina de KELSEN de la norma jurídica como un juicio hipotético, asi como HANS KELSEN, *Causality and Imputation* (separata de *Ethics*, LXL/1/octubre 1950).

puramente estilísticos, también podría perseguirse, en este caso, una sugestión de política jurídica. Mediante la formulación causal «si ... será castigado» *(«wenn. . .* wird *bestraft»)* surge la imagen de una maquinaria jurídica que funciona con implacable regularidad, con la que todo crimen queda efectivamente descubierto y castigado. El carácter causal de la formulación legal también podría ser debida en parte al hecho de que los modernos códigos penales han sido elaborados por científicos que conciben el derecho como un mundo autónomo y cerrado en sí mismo[9].

En el transcrito texto legal la palabra «o» (*«oder»)* aparece tres veces. Las yuxtaposiciones de palabras enlazadas con aquel término lógico tienen significaciones muy vagas en tres casos de los seis («mala fe», «perjudique gravemente», «amenace seriamente»). Con ello el tribunal dispondrá de una libertad de movimientos tan amplia que se plantea este problema: ¿no queda muy desvirtuado el principio general de derecho *«nulla poena sine lege»* que rige en el actual mundo cultural de Occidente? Pero si examinamos la cuestión más atentamente advertimos que la eficacia de aquellas tres vagas maneras de expresarse debe quedar limitada a la punibilidad. Que los textos legales de la parte especial de los modernos códigos penales estén construidos de manera sistemática según el esquema *«wenn-so»* («si-entonces»), podría estar en relación con aquel principio general. Semejante estructura del texto legal favorece la concepción de que la jurisprudencia queda sometida a la vigilancia de los ciudadanos.

La palabra «por» (*«durch»*), en el mismo texto que hemos transcrito, expresa una relación de causalidad y precisamente entre un acto y sus efectos. Esta relación ha de ser distinguida de la relación «si-entonces» (*«wenn-so»)* antes tratada[10].

La ley finlandesa sobre negocios jurídicos de contenido patrimonial, de 13 de junio de 1929, § 33, dice así: «Un negocio jurídico que, por lo demás, sería considerado válido, no puede hacerse valer cuando ha sido perfeccionado en circunstancias tales que atentaría contra la buena fe invocarlo con el conocimiento de estas circunstancias y deba admitirse que las ha conocido aquel con quien el negocio jurídico ha sido celebrado». Para exponer claramente la estructura de este precepto, conviene ante todo eliminar la proposición «que, por lo demás, sería considerado válido», que es una remisión negativa a las causas de invalidez que enumera la misma ley. Entonces pueden distinguirse en la regla de derecho los siguientes elementos conceptuales: «ne-

(9) HANS KELSEN, *Reine Rechtslebre,* pág. 23: «...en el sistema del derecho... el castigo sigue siempre y sin excepción al delito». Uno puede preguntarse si aquella manera de redactar también se corresponde con el hecho de que los preceptos del Código penal se dirigen tanto al ciudadano como a los órganos estatales, *y* una redacción en forma de imperativo resulta por ello de difícil ejecución (observación de M. OSVI LAHTINEN).

(10) JOSEF ESSER, *Einführung in die Grundbegriffe des Rechtes und Staates*, págs. 136 y sigtes.

gocio jurídico», «hacer valer», «circunstancias del otorgamiento», «conocimiento», «buena fe». Además, las imágenes mentales «no-si» («*nicht-wenn*»)[11], «chocaría-contra» *(«gegen-verstossen»)*. Estos elementos están encajados entre sí de una manera complicada. El núcleo del texto lo constituye la expresión extremadamente indeterminada «buena fe» *(«Tren und Glauben»)*, que confiere al tribunal un amplio arbitrio. También en la determinación de si existe conocimiento o no se atribuye expresamente al tribunal un amplio margen de discreción. Con esta regla de derecho estructurada de una manera tan peculiar, el redactor de la ley ha querido proteger, por una parte a la buena fe, por otra al tercero de buena fe. Una consideración desde el punto de vista histórico serviría para comprobar que las reglas de derecho con tan alto grado de abstracción son un fenómeno de aparición muy tardía en la legislación escandinava. Ya el título de aquella ley que se retrotrae a trabajos preparatorios realizados en común por los países escandinavos produce la impresión de obra teórica. Acerca de los problemas regulados por dicha ley (celebración de contratos, apoderamiento, invalidez de los negocios jurídicos), rigen en la actualidad, en los países escandinavos, leyes esencialmente uniformes fundadas en una convicción jurídica común. Muchos de los principios generales contenidos en dichas leyes ya habían sido aceptados anteriormente por la jurisprudencia. Pero la eficacia unificadora de la legislación no debe ser menospreciada. Sus disposiciones también se aplican por analogía, en gran medida, fuera del derecho privado patrimonial.

El art. 1703 del Código civil italiano del *16* de marzo de 1942 dice así: *«Il mandato é il contratto col quale una parte si obbliga a compiere uno o piú atti giuridici per conto dell'altra»*. Esta definición legal del mandato caracteriza un tipo de contrato del derecho civil italiano positivo con ayuda de conceptos de la teoría del derecho (*obbligare, atto giuridico) y* un concepto (*contratto*) cuya definición legal está contenida en el art. 1321 del *Códice civile.* La definición correlativa del Código civil alemán, dice así: «Por la aceptación de un mandato, el mandatario se obliga a gestionar gratuitamente para el mandante un negocio que éste le ha confiado». Si se compara la estructura de las dos definiciones legales, puede comprobarse que una y otra ofrecen algunos conceptos uniformes: «se obliga», «el mandatario», «el mandante». Pero también existen diferencias: la gratuidad que procede del derecho romano no es un requisito esencial del tipo contractual según la definición legal italiana. La finalidad funcional de una definición legal del mandato consiste en la delimitación de aquel tipo contractual frente a otros tipos contractuales, para que resulte creada una base para la aplicación de las normas de derecho privado del mandato en el caso *concreto.*

Después de haber considerado de esta manera la estructura de algunos textos legales, tomaremos como muestra algunas afirmaciones contenidas en los motivos de las leyes. Cuando se trata de una ley importante, los motivos

[11] Una inversión lingüística de «si ... entonces» («*wenn - so*»).

suelen contener una parte general y otra parte especial. La parte general ofrece un cuadro de conjunto del fondo social del nuevo texto legal, con frecuencia apoyado en una penetrante investigación social de carácter empírico. Pero ahora solo nos ocuparemos de la parte especial de los motivos de la ley porque es más fértil para el análisis de la estructura legal. El texto legal y el texto de los motivos se condicionan mutuamente.

Puede considerarse como el caso perfectamente normal que los motivos de un determinado párrafo de la ley expresen su finalidad práctica. Así, los motivos del proyecto de una primera ley de construcción de viviendas de 22 de febrero de 1950[12], *§ 6,* dicen lo siguiente: «En este precepto aparece de manifiesto uno de los principios capitales de la futura política de construcción de viviendas, la disminución del coste de construcción. Esto debe lograrse en primer término con el progreso técnico. Por esta razón, el Gobierno Federal, en el párrafo 2, ha autorizado que se dicten disposiciones técnicas de construcción que deben contribuir a dicha tendencia». El proyecto de una ley sobre el Tribunal Federal Constitucional de 28 de marzo de 1950, § 1[13], ofrece, entre otros, los siguientes motivos: «El Tribunal Federal Constitucional es un tribunal de organización independiente. Sin embargo, para facilitar su labor parece... conveniente coordinarlo con un tribunal federal superior. En especial, esto permite la utilización conjunta de salas de audiencia, librería, imprenta y caja de este Tribunal Federal Superior por los miembros del Tribunal Federal Constitucional».

En los trabajos preparatorios de una gran codificación se discuten a fondo problemas de adecuación al fin perseguido. Así, por ejemplo, en los Motivos del Código civil italiano de 1942: *«In verità, considerando la sostanza delle cose, sotto il punto di vista dell'opportunità pratica e dell'equità...»*[14]. En un Estado cultural de la actualidad no resulta fácil evitar que, en los motivos de la ley, también se traten en ocasiones problemas teóricos. Aquí puede observarse perfectamente la interconexión que media entre teoría y práctica. El proyecto que acabamos de citar de una ley sobre el Tribunal Constitucional Federal explica el § 50 de la siguiente manera: «El procedimiento contra el Presidente de la Federación no es un procedimiento criminal, sino un procedimiento político. Por ello, la decisión del Tribunal Constitucional Federal se limita a hacer constar que el Presidente de la Federación ha infringido intencionadamente la Constitución o una ley federal. El fallo que disponga que el presidente federal queda destituido de su cargo no representa una pena en el sentido del derecho penal». Esta fundamentación podría ser criticada en varios puntos por su contenido; pero esto caería fuera del análisis de la estructura.

---

(12) Primer período electoral del Bundestag alemán, 1949, impreso n° 567.

(13) Primer período electoral del Bundestag alemán, 1949, impreso n° 788.

(14) Relación del ministro guardasellos, de *26/10/*1939, para la aprobación del libro del Código civil. «De las sucesiones por causa de muerte», art. 12; 2 - art. 18; 2: «merecedor de ser adoptado», «la útil función».

Pasemos ahora al texto de algunas sentencias. En una decisión del Tribunal Federal suizo[15] se dice: «El contrato sobre depósito de un auto en un garaje colectivo ha sido sometido hasta ahora, por la jurisprudencia y la doctrina, al precepto especial sobre la responsabilidad del guardador de caballos: art. 490 del Código de obligaciones. Para ello era decisiva la consideración de que el vehículo de motor, por su condición y finalidad, debe quedar jurídicamente equiparado al usual coche de tracción animal (BGE, 36, II, 58, Considerando 2, *in fine,* 62, II, 153; Tribunal de Apelación de la ciudad de Basilea, en SJZ, 46, pág. 127; Oser-Schonenberger N. 4, Becker N. 3 «*ad* art. 490 del Código de obligaciones). Pero esta concepción no puede ser mantenida si se examina el problema más detenidamente...» (siguen otros fundamentos).

De la estructura de esta objetivación del pensamiento jurídico fijada por el lenguaje, destacamos los siguientes elementos: «contrato», «jurisprudencia», «doctrina», «precepto especial», «responsabilidad», «equiparado», «consideración», «aptitud y determinación», «jurídicamente equiparados», «examen detenido». Desde el punto de vista formal, tiene interés que se haga referencia expresa a una jurisprudencia anterior y a la ciencia del derecho, aunque sea para rechazar sus resultados. Esta consideración de la finalidad que es un rasgo característico del pensamiento jurídico aparece muy destacada en la objetivación del lenguaje: «aptitud y determinación», «jurídicamente equiparados», «consideración», «examen detenido». La palabra «equiparado» se refiere a la conexión deductiva en el pensamiento jurídico. «Contrato» y «responsabilidad» son esquemas centrales importantes tanto en la ciencia del derecho como en la tarea del jurista práctico. Si este fragmento de la fundamentación de una sentencia se considera desde un punto de vista histórico, advertimos que se contraponen dos «épocas», la del caballo y la de los vehículos de motor.

En otra sentencia del más alto Tribunal suizo[16], se invocó el siguiente fundamento de derecho: «Mientras sus faltas no hayan quedado comprobadas mediante sentencia penal firme, un funcionario no puede ser despedido *como* medida disciplinaria sin que la autoridad que puede adoptar esta medida le oiga acerca de la acusación que contra el mismo se haya formulado». Entre otras razones, leemos: «La pretensión a ser oído conforme a derecho no resulta de esta disposición constitucional (art. 4 de la Constitución federal) con carácter general para el procedimiento ante las autoridades administrativas, ni con el mismo alcance para el proceso civil y el penal. Pero según la constante jurisprudencia del Tribunal federal es pertinente, entre otros casos, siempre que el procedimiento tenga por objeto la imposición de un castigo u otra clase de intervención especialmente grave en la esfera jurídica personalísima (BGE, 74, I, 247/48 y las sentencias más antiguas allí citadas). Puesto que el despido de funcionarios como

---

(15) Decisión del Tribunal Federal, 76, II, 22, Considerando 2, al principio (1950).
(16) Decisión del Tribunal Federal, 76, I, 29 (1950).

medida disciplinaria representa una intervención de tal clase, tanto por sus efectos como por su carácter penal, está justificado que se conceda a la persona afectada el derecho a ser oído, en lo fundamental con el mismo alcance que al acusado en el proceso criminal. Según la jurisprudencia, el acusado tiene la primordial pretensión de ser oído en relación a los cargos que se le dirigen y de poderse defender antes de que se haya dictado una resolución definitiva» *durch rein ordentliches Rechtsmittel weiterziehhare* (BGE, 46, I, 327)».

Solo destacaremos: «pretensión», «se sigue», «proceso civil y penal», «jurisprudencia constante», «intervención especialmente grave», «está justificado», «fundamentalmente». La expresión «se sigue» *(«folgt»)* hace referencia (en este caso negativamente) a una conexión deductiva. Las palabras «intervención especialmente grave», «está justificado», revelan la consideración de la finalidad. «Proceso civil y penal» hace referencia a principios generales que rigen esferas jurídicas completas. «Jurisprudencia constante» (del Tribunal Federal) hace referencia a un hecho histórico y a la norma de interpretación de derecho positivo que confieren a tales hechos importancia jurídica. «Fundamentalmente» es una limitación impuesta al enlace deductivo. Considerado desde un punto de vista histórico, nos encontramos ante un principio general de derecho de suma importancia en la cultura occidental.

Después de haber señalado con los anteriores ejemplos, lo que está en el centro del interés cuando se procede a una consideración analítica de la estructura, haremos algunas breves observaciones acerca de la recíproca relación entre el lenguaje y el pensamiento jurídico[17].

Si se habla de «lenguaje jurídico» debe precisarse en qué sentido se emplea esta expresión. Con ella puede señalarse una imagen histórica concreta: el actual lenguaje jurídico alemán, suizo, sueco, finlandés, etc. En este caso el lenguaje jurídico aparece como un apéndice a un determinado idioma general históricamente dado. A los fines de una teoría del derecho parece adecuado utilizar la expresión «lenguaje jurídico» en un sentido más amplio, independiente de un determinado idioma general o de un momento determinado. Pero, entendido de tal manera, el idioma jurídico no deja de manifestar una vinculación temporal. Presupone una época de la historia de la cultura en la que

---

(17) Consideraciones de índole fundamental en M. OSVI LAHTITEN, sección *«Norma»*. GLANVILLE L. WILLIAMS. *Language and the law (The Law Quarterly Review*, 61 /1 94 5/ página 71): «Para los abogados el lenguaje tiene un interés especial porque es el más importante instrumento de dirección social . El derecho, con todo su aparato verbal de 'derechos', 'deberes' y 'agravios' no pasa de ser una aplicación particular del lenguaje como un medio de dirección social ... las palabras tienen una importancia capital para el abogado porque, de una manera muy particular, son los instrumentos de su oficio». CH. BOASSON, *Sociological Aspects of Law and International Adjustment*, págs. 34 y sigtes.

existen «juristas». *Por «lenguaje jurídico» entendemos en este estudio el lenguaje de que se sirve un jurista en su ocupación práctica con el derecho*[18].

Que existe una amplia correlación entre el lenguaje jurídico y el mundo de los conceptos jurídicos, resulta del hecho, entre otros, de que la educación práctica del jurista consiste en una parte esencial en el aprendizaje del lenguaje jurídico[19]. Cuando en Finlandia, por ejemplo, el joven jurista solicita una modesta colocación (*bescheidene)* en el Tribunal Supremo o en un tribunal de apelación, lo primero que se le pregunta es: «¿Sabe escribir?». Lo cual significa: ¿Sabe utilizar rectamente el lenguaje jurídico, es decir, según las reglas que proceden de una antigua tradición? Si el joven jurista no aprende este arte, será considerado un mal jurista y las posibilidades de seguir una carrera judicial se reducirán al mínimo. Esto ha dado por resultado que muchos jóvenes juristas del Tribunal Supremo y de los tribunales de apelación dirigen el principal esfuerzo a manejar penosamente el lenguaje según corresponde a la exacta tradición jurídica, hasta el punto de que los problemas sustantivos son objeto de atención de manera secundaria. Todo debe hacerse a base de modelos: se gasta una extraordinaria energía para encontrar tales fórmulas o modelos.

Fenómenos parecidos pueden perfectamente comprobarse en la mayoría de los modernos Estados culturales: son el reverso que ofrece una educación fundamentalmente práctica, en sí misma necesaria. Despues de terminar sus estudios teóricos y al comenzar su carrera, el jurista se ve enfrentado con una tradición jurídica abrumadora, principalmente manifestada en el uso del lenguaje. Si quiere que se le reconozca como jurista, no tiene otra opción: debe apropiarse de esta tradición.

Desde la Edad Media ha aumentado considerablemente en los distintos ámbitos culturales la importancia del idioma escrito. No podemos examinar ahora con más detalle este fenómeno. La alusión a una invención técnica, como la imprenta, y a la creciente difusión del arte de leer y escribir enlazada con aquélla, no agotaría las profundas causas de este fenómeno tan significativo para la filosofía de la cultura. A nosotros nos basta ahora comprobar que en consonancia con la tendencia general de esta evolución también ha aumentado considerablemente la importancia de un lenguaje jurídico fijado por es-

---

(18) Sobre el lenguaje jurídico, Björn Ahlander, *Är juridiken en vetenskap?*, págs. 172 y sigtes.; Jerome Frank, *Law and the Modern Mind*, págs. 22-31, 57-68 (verbalismo y escolasticismo), págs. 84-92; *Courts on Trial*, págs. 171-174, 186-189; A. H. Campbell, discusiones de esta obra en *The Modern Law Review*, julio y octubre de I950; Helmuth Coing, *Grundzüge der Rechtsphilosophie*, págs. 42-46.

(19) Bruno Baron von Freytag Löringhoff, *Das Verstehen in den exakten Wissenschaften (Archiv für Rechtsund Sozialphilosophie*, XXXIX/1950), pág. 67: constituye una condición fundamental de toda comprensión intelectiva que el que enseña y el que aprende hablen el mismo lenguaje. Una gran parte de la enseñanza matemática estriba en el esfuerzo que se realiza para lograrlo.

crito. Como ya se hizo notar, un lenguaje jurídico solo se ha desarrollado a partir de la alta Edad Media, poco a poco y precisamente en la atmósfera espiritual de las escuelas superiores. Es evidente que esta atmósfera facilitaba una fijación por escrito del lenguaje. Una actividad de investigación científica —ya se trate de ciencias de la naturaleza o de la cultura— no puede imaginarse sin un arte del lenguaje fijado por escrito. Entre el lenguaje científico, con su esfuerzo para alcanzar una terminología clara, precisa, de estructura sistemática[20], y el lenguaje jurídico, existen notables afinidades. ¿Nos encontramos con el fenómeno, dentro de la historia de la cultura occidental, de dos líneas que corren paralelas, que jamás entrarán en contacto, aunque entre ellas la teoría del derecho construya un puente?[21].

Para el estudio del pensamiento jurídico es una tarea fascinadora la comparación del lenguaje jurídico fijado por escrito, el lenguaje de los juristas, con el lenguaje del derecho no fijado por escrito correspondiente a épocas culturales pretéritas[22]. Pero aquí tropezamos con una dificultad: el lenguaje jurídico de estas épocas culturales pretéritas solo nos es asequible gracias a una tradición que consta por escrito; por tanto, como un lenguaje fijado por escrito. ¿Existe alguna garantía de que esta tradición reproduzca auténticamente el lenguaje jurídico hablado, aquel lenguaje jurídico que en la boca del pueblo

---

(20) Sobre la ciencia como manifestación del espíritu europeo, KARL JASPERS en la obra colectiva *L'esprit européen* (París, 1946), págs. 295, 303-305; LEÓN BRUNSCHVICG, *L'esprit européen* (Neuchâtel, 1947), págs. 101, 183-187; PIETRO BONFANTE: «El momento característico de la civilización europea lo constituye el imperio que sobre ella conquistó, desde su primera afirmación, la investigación científica» (*Rivista internazionale di filosofía del diritto*, 1949, pág. 273); CARLO SCHMID, *Über den europäischen Menschen (Die Neue Rundschau*, 1950/2).

(21) Cuando se subrayan determinadas semejanzas entre el lenguaje científico y el jurídico, en todo caso no debería olvidarse una distinción llena de sentido: el lenguaje jurídico —como toda la disposición del jurista— es conservador, mostrando incluso cierta tendencia por lo arcaico. En cambio, el lenguaje científico se complace en hacer saltos atrevidos con la introducción de términos «revolucionarios» (una observación de JAN-MAGNUS JANSSON). Si se pregunta por las razones del conservadurismo de la actitud jurídica, cabe señalar a la función social del derecho como elemento de estabilización. El reverso de la seguridad jurídica es el conservadurismo. E. EHRLICH, *Die juristische Logik*, págs. 284-285: «Resulta que nuestro pensamiento jurídico está mucho más de lo que imaginamos bajo el signo del pasado. El derecho es. . . siempre una forma de la dominación de los muertos sobre los vivos, y mucho más que las leyes, son los hábitos mentales de los juristas los que se perpetúan de generación en generación: constituyen la parte más tenaz y persistente del derecho de Juristas». GEORGES GURVITCH, *Sociology of Law*, pág. 13: «Los juristas muestran una tendencia inveterada hacia el dogmatismo y el conservatismo, a la identificación de técnicas completamente relativas con la idea eterna, el 'Logos' del derecho». HANS DÓLLE, *Vom Stil der Rechtssprache* (Tübingen, 1949), pág. 55; LEÓN HUSSON, *Les transformations de la responsabilité. Etude sur la pensée juridique*, págs. 229-230; C. H. MC ILWAIN, *Some Ilustrations of the Influence of Unchanged Names for Changing institutions* (en la obra colectiva *Interpretations of Modern Legal Philosophies*, New York, 1947); FRANZ W. JERUSALEM, *Kritik der Rechtswissenschaft*, págs. 60-61.

(22) Compárese N. S. TIMASHEFF, *An Introduction to the Sociology of Law*, págs. 301 y sigtes.

pasaba a través de las generaciones? Toda constancia por escrito de una tradición jurídica oral comporta el peligro de que el que escribe introduzca modificaciones estructurales en lo que hasta entonces ha sido el lenguaje del derecho. Los pocos que en la Edad Media sabían escribir pertenecían de manera preponderante al clero, esto es, a una clase que, precisamente por su educación, vivía en un mundo espiritual que le era peculiar. Por ello hay que hacer reservas frente al indicado lenguaje del derecho que originariamente era oral. A pesar de todo, se abren importantes perspectivas[23]. La teoría del derecho obtiene con ello un fondo que le permite comprender más profundamente el lenguaje jurídico de nuestra propia época cultural[24]. No solo en el sentido de que de las diferencias entre el lenguaje hablado del derecho y el lenguaje de juristas, técnico y fijado por escrito, pueden obtenerse deducciones relativas a la diversidad del pensamiento, sino incluso en el sentido de que, junto a todas las diversidades, tal vez pueden comprobarse rasgos que se refieran a un fenómeno social unitario, el derecho. También la estructura mental de la teoría del derecho está influida de manera decisiva por el lenguaje del derecho. Muchos problemas se nos ofrecen formulados por el lenguaje[25], aunque el investigador pueda experimentarlos como problemas de la realidad social. Un análisis del lenguaje jurídico produciría en este punto un efecto esclarecedor y facilitaría el trazado de la línea de separación entre problemas del lenguaje[26], y problemas de la realidad[27].

---

(23) Compárese CLAUDIUS FREIHERR VON SCHVERIN, *Der Geist des altgermanischen Rechts, das Eindringen fremden Rechts, und die neuerlicbe Wiedererstürkung germaniscber Rechtsgrundsatze* (en la obra colectiva *Germanische Wiedererstebung*, Heidelberg, 1926, págs. 205-291); *Svenska Landskapslagar tolkade och forklarade for nutidens svenskar av* AKE HOLMBACK *och* ELIAS WESSEN, I, *Óstgotalagen och Upplandslagen* (Uppsala, 1933), Iniedning; Nat. Beckman, *Áldre Vastgótalagen bversatt och forklarad* (Uppsala, 1924), Iniedning; *Germanenrecbte*, tomo 7: Derecho sueco. *Alteres Westgotalag, Uplandslag* (Weimar, 1935), Introducción de CLAUDIUS FREIHERR VON SCHVERIN; RAGNAR HEMMER, *Suomen oikeusbistorian oppikirja*, I *(Tratado de historia del derecho finlandés*, I, Helsinki, 1950): esta parte comprende las fuentes del derecho, el derecho penal, procesal y de ejecución de Finlandia y Suecia, con especial consideración del derecho medieval; RAGNAR HEMMER, *Studier rorande straffutmatningen i medeltida svensk ratt* (Helsingfors, 1928). En numerosos artículos y detalladas recensiones, HEMMER también ha tratado de su tema especial, el derecho medieval de Suecia y Finlandia. Acerca del significado del lenguaje jurídico en el derecho de los precedentes angloamericanos, EDWARD H. LEVI, *An Introduction to Legal Reasoning*, págs. 506-507.

(24) POUL JOHS. JÖRGENSEN, *Dansk Retshistorie* (Copenhague. 1940), págs. 24 y sigtes., 129-130, 134-137.

(25) Compárese FÉLIX KAUFMANN, *Methodology of the Social Sciences* (New York, 1944), págs. 17-32.

(26) Puesto que el lenguaje expositivo es un hecho antropológico fundamental, los problemas del lenguaje que se nos ofrecen en el seno de la teoría del derecho nos reconducen a la constitución espiritual del hombre. Debe tenerse mucha cautela antes de calificar a dichos problemas como «carentes de sentido». ERNST CASSIRER, *An Essay on Man*. págs. 222-228; KARL BÜHTER, *Sprachtheorie* (Jena, 1934); WALTER PORZIG, *Das Wunder der Sprache* (Bern, 1950), págs. 366-375; OTTO JESPERSEN, *The Philosophy of Grammar* (London, 1948).

(27) WERNER GOLDSCHMIDT, *Der Linguismus vnd die Erkenntnistheorie der Verweisungen* (Zürich-Leipzig, 1936) páginas 28-67, 145-176; *Einige rechtstheoretische Probleme im Lichte der*

Si hacemos un inventario de las palabras que el lenguaje jurídico utiliza, podremos distinguir dos grupos:

1. Palabras que no aparecen fuera del uso del lenguaje jurídico. Podrían ser llamadas «palabras específicamente jurídicas». Por ejemplo: cesión, intervención, ocupación, novación, servidumbre, presunción. Es relativamente escaso el número de tales palabras. En la mayoría de los casos se trata de palabras que han penetrado en el idioma jurídico tradicional procedentes del latín. Tales palabras latinas de ninguna manera fueron en su origen «específicamente jurídicas», sino que también aparecían en el idioma latín general.

2. Palabras que aparecen tanto en el uso del lenguaje jurídico como en el no jurídico. La gran mayoría de las palabras que aparecen en el lenguaje jurídico pertenecen a este tipo. Las más de las veces son palabras que han adquirido carta de naturaleza por haber sido acogidas en el lenguaje jurídico procedentes de fuera.

Cuando una palabra ha sido adoptada en el lenguaje jurídico procedente de un ámbito de vida ajeno al derecho, aparece a veces un dato peculiar que lo revela. Existe un gran número de tales palabras compuestas: ordenamiento jurídico, norma jurídica, deber jurídico, laguna de derecho, negocio jurídico, consecuencia jurídica, sucesión jurídica, etc. Pero, en la gran mayoría de los casos, no aparece ningún ingrediente lingüístico peculiar. Pensemos, por ejemplo, en la palabra «matrimonio». En el lenguaje jurídico esta palabra designa

---

linguistischen Erkenntnistheorie (internationale Zeitschrift für die Theorie des Rechts, IX/1935); M. OSVI LAHTINEN, *Das Recht. Die Definitionen des Wortes Recht;* GLANVILLE L. WILLIAMS, *The Controversy concerning the werd «Law» (Archiv für Rechts – un Sozial Philosophie,* XXXVIII/1/1949); *Languaje and Law (The Law Quarterly Review,* 61 y 62/1945 y 1946); B. E. KING, *Propositions about Law (The Cambridge Law Journal,* II/1/1951); JAN-MAGNUS JANSSON: *Nagra synpunkter pa begreppen rittsordning och «stat».* HARALD OFSTAD, *The descriptive definitio of the concept «legal norm» proposed by Hans Kelsen. An elementary analytical and critical investigation* (*Theoria,* XVI/1950). ¿No tendría interés para una terminología técnica internacionalmente unitaria que la expresión «teoría general del derecho» (*«allgemeine Rechtstheorie»*) también fuera introducida en el lenguaje científico alemán? Pensemos en los términos ya casi naturalizados *«Teoria generale del diritto» «théorie genérale du Droit».* La expresión «teoría del derecho» es irreprochable desde el punto de vista del lenguaje, pero representantes de la *Jurisprudenz* preguntarán: «¿No realizamos *nosotros* ninguna investigación científica del derecho, ninguna teoría?» (FRANZ W. JERUSALEM y JEROME FRANK en este punto contestarían inmediatamente: «No»). El término «doctrina general del derecho» del que nosotros nos servimos en el estudio *Über die Objektivität der Rechtsprechung* (Helsinki, 1949) —aunque no sin fuertes reservas— parece más bien indicar una disciplina pedagógica, una introducción al estudio del derecho (enciclopedia jurídica). Un colega alemán en una carta me comunicó que teme que el término «teoría general del derecho» pueda dar lugar a una confusión con la «doctrina general del derecho» (*«allgemeine Rechtslehre»).* La palabra inglesa *«jurisprudence»* se emplea en la mayoría de los casos como un sinónimo de «teoría el derecho». A. H. CAMPBELL, *A Note on the Werd Jurisprudence (The Law Quarterly Review,* CCXXXI). Kelsen parece que ahora acepta «teoría general del derecho» y W Friedmann habla de «teoría jurídica».

un conjunto de derechos y deberes. Es cierto que tampoco para el jurista carece de importancia el hecho, fundamental para el profano, de que el matrimonio es una institución social con una fuerte coloración ética. La palabra «compra» («*Kauf*») en el lenguaje de los juristas señala en el derecho un determinado tipo de contrato, con todas las consecuencias jurídicas que de ello resultan. La misma palabra evocaría más fuertemente en el profano el aspecto económico.

Se dice que un derecho subjetivo «surge», «se trasmite», «se fortalece», «se debilita», «se extingue». Que se está «vinculado» a una obligación o deber, que se queda «desligado» o «liberado» de la misma. En estos casos tenemos una serie de palabras que han penetrado en el lenguaje jurídico procedentes de la esfera extraña al derecho, pero que desde hace tiempo se han aclimatado entre los juristas. Si se compara la significación jurídica de tales palabras con la que tenían originariamente fuera del derecho, puede afirmarse que en el lenguaje jurídico se usan de una manera «figurada»[28]. En estos casos no «surge, existe, se extingue», etc., nada en la «realidad», esto es, que pueda comprobarse con la experiencia sensible[29]. Desde el punto de vista psicológico es digno de notarse que, al utilizar el jurista tales palabras en su lenguaje habitual, ya no las experimenta como figuradas. Se han convertido en términos de enlace con las que combina sus expresiones jurídicas fundamentales[30].

Las palabras del lenguaje jurídico se refieren a algo, tienen significación. ¿A qué se refieren? En parte a algo que pertenece a la esfera de las realidades físicas (a los hombres[31], cosas, acontecimientos), en parte a algo que pertenece a la esfera de la vivencia psíquica de los hombres (por ejemplo, voluntad, intención, buena fe), en parte a algo que no se encuentra en ninguna de dichas dos esferas, sino exclusivamente a la intimidad del mismo pensamiento jurídico. En el aspecto teórico, los significados mencionados en último lugar son especialmente interesantes. Derecho subjetivo, deber jurídico, consecuencia jurídica: esos y otros muchos términos se refieren a objetos que no tienen ni

---

(28) Compárese Franz W. Jerusalem, *Kritik der Rechtswissenschaft*, pág. 114.

(29) Sobre la posición dominante de lo óptico en la vida circundante del hombre, Jakob von Uexküll, *Der unsterbliche Geist in der Natur* (Hamburg, 1947), págs. 59 y sigtes.; Hermann Friedmann, *Die Welt der formen* (Berlin, 1925), páginas 30 y siguientes. Compárese Karl Engisch, *Vom Weltbild des Juristen*, págs. 44-66.

(30) Josef Esser: Einführung in die Grundbegriffe des Recrtes und Staates, págs. 191 y sigtes.; Werner GoldscHihur, Einige Rechtstbeoretische Probleme im Uchte der linguistischen Erkenntnistheorie, págs. 8 y sigtes.

(31) Franz W. Jerusalem, *Kritik der Rechtswissenschaft,* pág. 68: «De esta manera, el comportamiento concreto de los conciudadanos aparece como el último elemento que constituye el ordenamiento jurídico. Sobre el mismo se levanta el edificio de este ordenamiento. Pero cuando Jerusalem después escribe: «Resulta de ello que el derecho ha de definirse como conducta jurídica», parece que esta formulación poco feliz no resulta de las proposiciones que anteceden, sino que las contradice. Si se establece una comparación entre la primera y la tercera proposición de Jerusalem, resalta que afirman que el derecho (= la conducta jurídica) aparece como el último elemento que constituye el ordenamiento jurídico.

existencia física ni psíquica[32], pero que, sin embargo, ocupan una posición central en la esfera del pensamiento jurídico[33].

Con ello llegamos ahora a los conceptos jurídicos, pues las palabras del lenguaje jurídico —de manera aislada o varias juntas— sirven para designarlos[34]. Si se hace un inventarío de los conceptos que aparecen en el pensamiento jurídico[35], será posible distinguir dos clases: 1. Conceptos que no aparecen fuera del pensamiento jurídico («conceptos específicamente jurídicos»); 2. Conceptos que aparecen tanto en el pensamiento jurídico como también en el no jurídico.

De las palabras que aparecen en el lenguaje jurídico, las específicamente jurídicas forman una pequeña minoría. Pero de todos los conceptos que aparecen en el pensamiento jurídico, los específicamente jurídicos forman la gran mayoría. Incluso en los numerosos casos en que el concepto está señalado con una palabra no específicamente jurídica, no obstante el concepto

---

(32) Cabe oponer en este punto que aquellos objetos «específicamente jurídicos» en última instancia siempre pueden quedar reducidos a algo sometido a comprobación empírica, aunque casi siempre aparecen en tal caso muy complicadas circunstancias. Esto puede ser exacto. Pero, en el pensamiento jurídico, tales circunstancias pocas veces entran en consideración. El pensamiento del jurista con una actividad práctica solo llega a las abreviaturas sin las cuales le resultaría imposible trabajar. Que el teórico tal vez no se detenga en ellas, es cuestión que descansa en su disposición completamente diferente. Compárese HELMUTH COING, *Grundsüge der Rechtsphilosophie*, págs. 4345; KARL ENGISCH, *Vom Weltbild des Juristen*, págs. 15-16.

(33) Cuando E. EHRLICH, *Die juristische Logik*, pág. 251, afirma que «todas las ideas o conceptos jurídicos o son conceptos de las instituciones sociales o de contraposiciones de intereses sociales», no podemos estar de acuerdo con él. En contraposición con el pensamiento jurídico de un profano, el mundo mental del jurista está caracterizado, entre otros rasgos, porque al mismo se le presentan numerosos objetos ideales que no tienen ni una existencia física ni psíquica, sino solo «jurídica». También al profano pueden presentársele tales conceptos sin ninguna conexión. Pero, en el jurista, constituyen la base de todo su pensamiento. Sin ella resultaría completamente imposible la esquematización jurídica (capítulo IV).

(34) La clásica exposición del problema se encuentra en RUDOLF STAMMLER, *Theorie der Rechtswissenschaft*, págs. 164 y sigtes., y en JULIUS BINDER, *Philosophie des Rechts*, págs. 891 y sigtes. JOSEF ESSER, *Einführung in die Grundbegriffe des Rechtes und Staates*, págs. 186 y sigtes.; WALTER BURCKHARDT, *Methode und System des Rechts*, págs. 226-242. Observaciones críticas al método filosófico jurídico de STAMMLER, en J. J. VON SCHMID, *Rechtsphilosophie*, págs. 143 y sigtes.; *Het Denken over Staat en Recht in de Negentiende eeuw* (Haarlem, 1948), págs. 209 y sigtes. Compárese AATOS ALANEN, *Nakokohtia oikeudellisista kasitteista* («Rikosoikeudellisia kirjoitelmia, Brynolf Honkasalolle, 1/4/1949, omistanut Helsingin Yliopiston Lainopillisen Tiedekunnan Rikosoíke udellinen Seminaari», Vammala, x949); KNUD ILLUM: *Lov og ret* (Copenhague, 1945), págs. 175-194. Para el derecho angloamericano, EDWARD H. LEVI, *Intrnduction to Legal Reasoning (The University of Chicago Law Review*, vol. 1s, págs. 506-507.

(35) Procedemos conscientemente en este lugar a establecer una división como antes con las palabras, para expresar claramente una diferencia capital entre las clases de «palabra jurídica» y «concepto jurídico».

resulta casi por lo regular específicamente jurídico. Por ejemplo, «engaño», «asesinato», «crédito», «animal doméstico», «penetrar». En todos estos casos las palabras se usan también fuera del lenguaje de los hombres de derecho. Pero tan pronto aparecen en el lenguaje jurídico como portadores de conceptos jurídicos, tienen una significación específicamente jurídica[36]. Cuando el jurista, en su ocupación profesional con el derecho, reflexiona acerca de las diferentes cosas y acontecimientos de la realidad social, siempre quedan referidas a los conceptos que aparecen en el supuesto de hecho de la regla de derecho. Precisamente como jurista solo piensa en tales conceptos. El pensamiento jurídico forma una unidad autónoma, cerrada hacia afuera, que impone a sus elementos mentales el carácter de lo específicamente jurídico[37]. Cuando un profano lee una regla de derecho redactado por escrito, las palabras le resultan familiares en la mayoría de los casos. No obstante, desconoce los conceptos jurídicos a que se refieren y por ello atribuye un falso sentido a la regla de derecho. Aunque intencionadamente haya sido redactado el texto legal de la manera más apropiada que sea posible a la comprensión general, siempre existirá este peligro. Que las palabras del lenguaje jurídico también aparecen, en el lenguaje corriente casi sin excepción, es un hecho que, naturalmente, debe atribuirse a que el lenguaje jurídico siempre debe mantener subsistente un enlace con el lenguaje profano. Como ya se ha puesto de relieve, en definitiva el derecho debe influir y regular su propio contenido.

---

[36] JAN-MAGNUS JANSSON, *Hans Kelsen statstcori*, página 176, expresa contra Kelsen (traducción del sueco): «No cabe ciertamente negar que existen palabras jurídicas *(rattstermer)* que, verdaderamente, designan distintas clases de normas —por ejemplo 'ley', 'decreto'— pero, tampoco, que al mismo tiempo existen una gran cantidad de otras palabras jurídicas en las que no sucede tal cosa. 'Robo' y 'homicidio', dos términos corrientes en derecho penal, designan actos humanos, acontecimientos naturales, y de ninguna manera se refieren a normas. 'Tutor' y 'pupilo' significan personas y no normas. Con la palabra 'Reichstag' designamos una reunión de hombres y no utilizamos la palabra para designar un complejo de normas (por ejemplo, el reglamento del Reichstag)». La polémica de JANSSON contra el «Pannormativismus» de KELSEN puede ser acertada; pero resulta que todas las palabras que cita, aunque en casos concretos designen actos, hombres o grupos de hombres determinados, implican significados específicamente jurídicos. JANSSON expresa acertadamente (pág. 187): «La imagen conceptual inherente a la jurisprudencia también contiene cosas distintas de normas y complejos normativos; también contiene realidades consideradas "*sub speciae normae*». «Después de que JANSSON (pág. 205) ha rechazado «la idea inexacta de que las palabras jurídicas solo puedan designar normas», prosigue de la siguiente manera: «Puesto que el derecho debe ser aplicado a relaciones de hecho *(pá verkliga forhallanden)* y puesto que su finalidad es la de guiar la conducta humana —como KELSEN subraya continuamente— resulta, en cambio, completamente claro que su mundo conceptual debe quedar enlazado a realidades que existen en la naturaleza».

[37] Sobre este fenómeno desde un aspecto sociológico, J. HAESAERT, *Théorie genérale du droit*, págs. 293 y sigtes. *(la juridification)*, págs. 379 y sigtes. *(situation non juridique et préjuridique)*, págs. 395 y sigtes. *(intervention de la norme)*.

En la investigación teórica del derecho debería establecerse una distinción entre la norma jurídica y la imagen idiomática que sirve para expresarla[38].

Quizá podría utilizarse en este caso la expresión «precepto de derecho» (*«bechtlicber Satz»)*. Pero no existe ninguna razón para restringir esta denominación a las normas de derecho formuladas con el lenguaje. También otras objetivaciones del pensamiento jurídico, como el texto de contratos, de escritos forenses, motivos de disposiciones legales, fundamentos de decisiones judiciales o administrativas pueden designarse de manera adecuada con la misma denominación[39].

La interpretación de leyes y de negocios jurídicos formulados por escrito consiste en poner en claro el sentido de objetivaciones idiomáticas[40], de preceptos jurídicos, pero ciertamente no de «normas jurídicas»[41]. En este punto no se ha distinguido siempre de manera suficiente entre imagen del lenguaje y

---

(38) Apenas resultaría adecuado designar esta imagen verbal con una palabra que contenga la partícula «norma», pues lo que debe destacar es el punto de vista puramente lingüístico. THEODOR. GEIGER, *Vorstudien zu einer Soziologie des Rechts*, pág. 23, Habla de «norma verbal» («Hay que... distinguir entre la misma norma y su contenido verbal). Con esta intención hablo de norma en sentido propio o *norma subsistente* y precepto normativo o *norma verbal»)*. La partícula «norma» puede producir dificultades de sentido e incluso equívocos. No está excluido que tal cosa suceda en el artículo de ALF ROSS, *Ombegrepet «gaeldende ret» hos Theodor Geiger (Tidsskrtft for rettsvitenskap*, 1950/3/págs. 245 y sigtes.

(39) BJÖRN AHLANDER: *Är jundiken en vetenskap?*, página 78: El objeto tradicional de la jurisprudencia (ciencia jurídica) son expresiones verbales contenidas en leyes, decretos y sentencias, etc. Podemos llamar *reglas de derecho* (*Kecbtssätze*) a esas expresiones lingüísticas. Casi no es preciso hacer notar que en este lugar solo tomamos en consideración objetivaciones del pensamiento *jurídico*, es decir, los textos de contratos, leyes, etc. formulados por *juristas*.

(40) EDVARD H. LEVI. *An Introduction to Legal Keasoning*, pág. 520, advierte acerca de las «rules for statutory construction» (reglas para la interpretación de las leyes*)*, «Son palabras que le diera a uno cómo ha de proceder ante un determinado sistema de clasificación... Las palabras usadas por la legislatura son tratadas como palabras de clasificación que han de ser aplicadas...». ALF ROSS *Jus gentium*, II/1951/pág 251): «El texto de una ley expresa su sentido en palabras con un cierto volumen de significado. En última instancia, la tarea de la interpretación consiste en decidir si determinada situación concreta cae o no bajo la referencia semántica de la palabra». Y Ross añade acertadamente: «Contemplada desde un punto de vista puramente lingüístico la referencia semántica es incierta y confusa y solo la intención pragmática inconscientemente implícita puede señalar los límites naturales en su *contmuum»* (págs. 251-252). GLANVILLE L. WILLIAMS, *Lenguage and the Law (The Law Quarterly Review*, 61/1945 pág. 302): «Puesto que la ley ha de quedar expresada en palabras y las palabras ofrecen un margen de incertidumbre, es natural que se susciten casos marginales, pág. 386: «comprensión del hecho de que las palabras no tienen un sentido que les sea propiamente inherente

(41) HANS KELSEN, *Reine Rechtlehre*, pág. 94, entiende por interpretación «la comprobación del sentido de la norma que ha de ser aplicada». El aspecto lingüístico aparece bien destacado en BJÖRN AHLANDER, *Är juridiken en vetenskap?*, págs. 78 y sigtes.; WALTHER BURCKHARDT, *Methode und System des Rechts*, pág. 271: «Objeto de la interpretación lo es de hecho... el *texto literal* de la ley . . «, WILHELM PAUER, *Juristische Methodenlehre*, pág. 293: «Por interpretación de una norma jurídica entendemos la transformación (conversión o más precisa realización) de la norma en una forma que ponga más claramente de manifiesto su verdadero contenido y que permita alcanzar con más seguridad su finalidad, la realización del derecho».

la norma jurídica a que se refiere[42]. Esta distinción no sería completamente estéril para la doctrina de la interpretación. Así, por ejemplo, tratándose del problema tan importante de si la interpretación debe realizarse según un método «objetivo» o «subjetivo», es decir, de si lo fundamental es la intención del legislador o la formulación lingüística. El hecho de que, en la moderna estructura estatal, «el legislador» sea una ficción, parece hablar a favor del método objetivo. Por otra parte, sin embargo, el intérprete no puede dejar de tener en cuenta que, con la formulación y promulgación autoritativa de textos legales, se ha tratado de alcanzar ciertos fines sociales. Una interpretación exageradamente «objetiva» resultaría por ello carente de sentido porque dejaría de tener en cuenta lo que existe de peculiar en lo que se ha de interpretar[43]. En definitiva es un problema de política jurídica saber si ha de ponerse el acento principal en esta o en aquella teoría[44]. Si se busca apoyo estrictamente en la objetivación del

---

(42) Que esta diferencia es aconsejable en interés de la claridad aparece con toda evidencia en los Estados plurilingües —por ejemplo, Finlandia, Suiza— en los que las normas jurídicas aparecen simultáneamente en varias formulaciones lingüísticas autorizadas. Pensemos también en los tratados internacionales. En la interpretación *de una* semejante formulación verbal puede prestar excelente ayuda la correspondiente formulación en otra lengua diferente. Contra la posible objeción de que es una ficción, o incluso algo metafísico que la norma jurídica se encuentre «detrás» de una figura verbal, hemos de indicar que, sin esa imagen mental, queda sin aclarar el sentido de las formulaciones en varias lenguas. De manera general están concebidas como formulaciones «de la misma norma», y su número podría teóricamente ser multiplicado indefinidamente con ocasión de una ley determinada. Por supuesto que debe distinguirse rigurosamente entre interpretación de un texto legal y la aplicación de la norma jurídica abstracta a un caso concreto. La diferencia queda oscurecida porque, en la mayor parte de los casos, la interpretación de textos tiene lugar con motivo de una inmediata y subsiguiente aplicación a un caso concreto; es decir, la situación que ha de ser interpretada queda determinada por la situación de los intereses que se dé prácticamente en este caso. Pero, en el pensamiento de un científico del derecho, la interpretación de proposiciones jurídicas tiene lugar *«freischtvebend»;* los casos concretos no pasan de ser imaginados. (También en este punto aparece claramente de manifiesto la diferencia fundamental entre el pensamiento de un jurista práctico y el de un científico del derecho). En esta actividad de la fantasía —que se desarrolla diversamente en los distintos científicos— la ideación de situaciones concretas solo se lleva hasta un punto que permita concebir los momentos jurídicamente relevantes. Toda monografía de ciencia jurídica contiene, por tanto, una serie de esquemas concretos debidos a la fantasía.

(43) Edward H. Levi, *An Introduction to Legal Reasoning*, pág. 520: «...en la aplicación de una ley parece importante la voluntad de la legislatura. Las reglas de interpretación ton medios de descubrir la voluntad. Las palabras efectivamente empleadas son importantes pero insuficientes». Pág. 521: «Cuando se trata de un derecho del caso, existe un conciente reajuste de casos; el problema no radica en cuál fue la voluntad del juez anterior. Pero cuando se trata de una ley hay que referirse a la clase de cosas que pretendió hacer la legislatura». En su obra, Levi habla de *«legislatura»* y no de *«legislator»*. Trata detenidamente de la diferencia entre derecho del caso e interpretación de las leyes (págs. 521-524, 541 y sigtes.), lo que presupone el fondo constitucional de los Estados Unidos. No debe ser olvidado este punto cuando se leen sus ideas sobre la relación entre la legislación y la judicatura.

(44) W. Friedmann, *Legal Theory*, págs. 278-285. Carl Schmitt: *Die Lage der europäischen Rechtswissenschaft* (Tübingen, 1950), págs. 14-18, señala acertadamente el fondo constitucional de las doctrinas sobre la interpretación.

lenguaje, quedará fomentada la seguridad jurídica formal y facilitada la supervisión de los ciudadanos sobre la jurisprudencia y administración[45].

¿En qué relación recíproca se encuentran la interpretación y el análisis de la estructura? La interpretación se dirige hacia lo sustancial, lo que se halla detrás del texto, mientras que, por el contrario, el análisis de la estructura se centra en lo formal, la construcción conceptual de las reglas de derecho. Aunque sea un científico quien realice la interpretación, ésta se propone en definitiva un resultado práctico. Por el contrario, el análisis de la estructura es una actividad puramente teórica, aunque pueda utilizarla la interpretación como punto de apoyo[46].

Hemos de destacar el hecho de que los conceptos que aparecen en el pensamiento jurídico son, de manera predominante, los que no existen fuera de esta clase de pensamiento. ¿Qué sucede, pues, con los conceptos lógicos que están expresados por palabras como «si-entonces», «mediante», «por tanto», «y», «o», «no»? Son conceptos que no se refieren a ningún especial sector de la vida, ni al jurídico ni al extrajurídico, sino que expresan la general conexión de estructura de los contenidos mentales, y conservan este carácter también en el pensamiento jurídico.

---

(45) EDVARD H. LEVI, *An Introduction to Legal Reasonmg*, pág. 523: «Existe una diferencia en relación con el derecho del caso en que la legislatura ha obligado el uso de una palabra. La palabra no cambiará verbalmente. Sin embargo, podría cambiar de sentido y si se permite recurrir con frecuencia a lo que la legislatura verdaderamente quiso, puede cambiar radicalmente de tiempo en tiempo». Sobre la interpretación de la ley, HANS KELSEN, *Rine Rechtslehre* págs. 90 y sigtes. (en sentido de un riguroso formalismo); *The Law of the United Nations* (London, 1950), Introducción. Observaciones críticas al método de interpretación de KELSEN, en ALF ROSS, *Jus Gentium* II/1951/págs. 250 y sigtes. ALF ROSS, *Toward 0 Realistic Jurisprudence*, págs. 148 y sigtes.; ALESSANDRO LEVI, *Teoria generale del diritto*, págs. 183 y sigtes.; FRANCESCO CARNELUTTI, *Teoria generale del diritto*, págs. 283 y sigtes.; CARLOS COSSIO, *El derecho en el derecho judicial*, págs. 107 y siguientes. COSSIO sostiene el criterio de que no son las leyes el objeto de la interpretación, sino la conducta humana vista a través de las leyes («...la conducta humana por medio de o mediante la ley»). Esto resulta de la doctrina de COSSIO de que el derecho no consiste en normas, sino en conducta humana.

(46) Una destacada contribución es la de JEAN RAY, *Essai sur la structure logique du Code civil français* (Paris, 1926).

IV

RASGOS CONSTANTES DEL PENSAMIENTO JURÍDICO

El pensamiento jurídico, considerado como el pensamiento del jurista dedicado a la práctica activa de la profesión, es una subclase del pensamiento en el derecho. Por tal entendemos un pensamiento que toma como punto de partida la existencia de un ordenamiento jurídico y que lo emplea para referir a este ordenamiento todos los objetos del pensamiento(1). Este pensamiento puede referirse a una situación jurídica pasada, actual o futura en la que puede encontrarse quien la piensa o bien otra persona. Al distinguir de esta manera dentro del pensamiento referido al derecho el de un profano y el de un jurista profesionalmente activo, cabe preguntar si para nuestro estudio no sería preciso tener también en cuenta el pensamiento de un jurista cuando se refiere al derecho fuera de su actividad profesional. ¿No se pondría más en claro lo que el «pensamiento jurídico» tiene de peculiar al confrontarlo, por una parte, con el pensamiento de un profano acerca del derecho y, por otra, con el pensamiento de un jurista acerca del derecho, diferenciado de su pensamiento jurídico? ¿No debe entenderse que el pensamiento de un jurista acerca del derecho, fuera de su actividad profesional, es una mezcla peculiar de pensamiento jurídico y del pensamiento de un profano sobre el mismo tema? Para poner un ejemplo: si el jurista, al tomar por la mañana su desayuno, lee en su periódico sugestivas descripciones de diversos delitos, sus reacciones pueden ser más próximas a las de un profano, en lo que tengan de reacción sensible, que si se hubiese enfrentado con aquellos casos en el ejercicio de su profesión. O cuando, de pronto, se encuentra convertido en testigo presencial de un grave accidente ocurrido en la calle: apenas puede concebirse que sus primeras y

---

(1) Rudolf Stammler, *Theorie der Rechtswissenschaft.* pág. I5: « ... esta unidad del procedimiento lógico según la forma pura del concepto jurídico y luego de la idea del derecho es lo que constituye *el pensamiento jurídico.* pág. 22: «Es posible una doctrina de la clase y manera formal del pensamiento jurídico, cuya doctrina tiene validez general». Pág. 20: «En la doctrina *pura* del derecho se trata ... de la forma y manera de tener validez general el pensamiento jurídico». F. B. Cicala, *Corso di filosofía del diritto,* págs. 259 y sigts.; Wilhelm Sauer, *Juristische Metbodenlebre,* págs. 8-34; Wurzel, *Das jurktische Venken,* págs. 5-12.

directas reacciones humanas correspondan a la esfera del «pensamiento jurídico». En este estudio no vamos a penetrar más en esta cuestión.

Cabe preguntar si el pensamiento jurídico ofrece rasgos constantes que lo caractericen y distingan de otras maneras de pensar. Cuando formulamos la pregunta de esa manera, partimos de la suposición de que los rasgos constantes que puedan comprobarse caracterizarán en su conjunto esta clase de pensamiento. En lo que sigue designaremos a esos rasgos con las palabras «esquematización», «consideración del fin» y «visión de la totalidad». Nos damos cuenta perfectamente de la imprecisión de cada una de tales expresiones. Cada una de ellas también se aplica para designar fenómenos que no pertenecen a la esfera del pensamiento jurídico. Pero si se las concibe para designar cualidades del pensamiento jurídico, cabe afirmar que todas ellas reunidas constituyen un determinado tipo de pensamiento dentro de este pensamiento acerca del derecho.

Formulamos la pregunta acerca de *rasgos* constantes del pensamiento jurídico. Con semejante formulación debe quedar de relieve que no buscamos contenidos conceptuales constantes, sino peculiaridades formales que aparezcan de manera general en el proceso del pensamiento jurídico[2]. La correlación entre el proceso mental y objetivación hace probable que esas peculiaridades se reflejan de alguna manera en la construcción intelectual de las objetivaciones.

La esquematización, *como* un rasgo del pensamiento jurídico significa que la disposición del jurista frente a la realidad social es peculiar. Esta disposición puede ser designada mediante el pensamiento rector de «relevancia jurídica». Como jurista destaca de la realidad social exclusivamente los rasgos que, jurídicamente, poseen plena significación y experimenta la realidad como un resumen de aquellos rasgos[3]. Nos servimos ahora de la expresión imprecisa de «realidad social» para designar algo a lo que se refieren las ricas y múltiples vivencias procedentes del mundo circundante que afectan al hombre que vive en sociedad, en contraposición a la realidad reducida a un esquema propio del jurista[4]. Semejante realidad esquematizada no queda configurada en un momento. Para ello hace falta que durante años

---

(2) Wurzel, *Dss juristiscbe Denken*, pág. 29.

(3) J. Haesaert, *Théorie générale du droit*, pág. 461; Alessandro Levi, *Teoria generale del diritto*, pág. 4; Carlos Cossio, *La coordinación de las normas jurídicas y el problema de la causa en el derecho* (Buenos Aíres, 1948), pág. 98: «...la conceptualización de la experiencia jurídica...»; Francesco Orestano, *filosofia del diritto* (Milano, 1941), pág. 154; Josef Esser, *Einführung in die Grundbegriffe des Rechtes und Staates*, pag. 25; Ivar Agge, *Abstrakt norm och konkret verklinghet* (Stockholm, 195 0). Puntos de vista del derecho de gentes dignos de ser tenidos en cuenta en Werner Goldschmidt, *Normas individuales y normas generales (Revista de la facultad de Derecho y Ciencias Sociales de la Universidad Nacional de Buenos Aires*, Año IV, n° 16, set./oct. 1949).

(4) E. Ehrlich, *Die juristische Logik*, págs. 316-317.

se haya tenido una educación jurídica teórica y se haya estado activo en la práctica después[5].

¿Puede un jurista que ha pasado por esa transformación espiritual vivir todavía la realidad social de una manera completamente natural? Esto parece depender de la calidad espiritual de su personalidad. Puede ser víctima de un proceso de contracción espiritual y convertirse en una errante colección de párrafos. La concepción tan extendida entre los profanos acerca de la «aridez» de los juristas está en relación con el indicado fenómeno. DAUMIER, en sus geniales caricaturas, ha levantado un monumento a este tipo de jurista tan limitado como satisfecho de sí mismo. Pero, entre los juristas, existen muchos que dividen su vida en dos compartimientos estancos. En su ocupación profesional con el derecho su actitud es esquematizadora; pero, junto a esta actividad profesional, dirigida a procurarse medios materiales para la existencia, viven una segunda vida. Una vida humana rica, matizada, humana en el más exacto sentido.

Volvamos a la cuestión de lo que tiene trascendencia jurídica[6]. De todos los hombres de derecho, el abogado es el que, en su labor cotidiana, experimenta de una manera más clara el papel central que desempeña este hecho[7]. En incontables ocasiones debe manifestar a su cliente excesivamente apasionado que carecen de toda importancia jurídica algunos de esos hechos mencionados y del material que le propone para la prueba. Cuando el abogado comparece ante un tribunal acompañado del acusado, gran parte de lo que entonces va a suceder resultaría para éste un libro cerrado con siete sellos, si no pudiese pedir continuamente consejo a su defensor. Para el abogado, que conoce la importancia jurídica de cualquier declaración, de todo el material probatorio que conste por escrito, el proceso *se* manifiesta como una sucesión de acontecimientos con plena significación jurídica. Como ya se ha subrayado, la dirección judicial del proceso consiste en una continua selección entre lo que tiene importancia jurídica y lo que no la tiene. La parte especial de un Código penal moderno es una relación de clases de actos de trascendencia para el derecho penal, con las correspondientes conminaciones de sanción. Todo el complejo de normas jurídicas puede ser concebido como una gigantesca red lanzada sobre la tan multiforme o diversa realidad social. A través de esta red todo aparece esquematizado según un modelo regular[8].

---

(5) JOSEF ESSER, *Einführung in die Grundbegriffe des Reachtes und Staates,* pág. 262; VINDING KRUSE, *Retslaeren,* I, página 17.

(6) HANS DÖLLE, *Vom Stil der Rechtssprache* (Tübingen, 1949), pág. 23.

(7) ROBERT H. JACKSON, *The Advocate - Guardian of Our Traditional Liberties (American Bar Association Journal,* agosto 1950), pág. 608: «...el joven abogado comprenderá la radical diferencia entre pensamiento jurídico y pensamiento profano cuando comience a entrevistarse con sus clientes».

(8) J. HAESAERT, *Theorie générale du droit,* págs. 449-450; F. B. CICALA, *Sul concetto di relevanza giuridica* (Bari, 1936); ALESSANDRO LEVI, *Teoria generale del diritto,* pags. 48 y sigtes.; JOSEF ESSER, *Einfübrung tn die Grundbegriffe des Rechtes und Staates,* pags. 268 y sigtes.; VINDING

Si se pregunta por la razón de semejante esquematización jurídica, cabe señalar que el derecho consiste en una equilibrada dirección en masa de la conducta humana[9]. Así es no solo respecto del derecho formulado en preceptos, sino también en el derecho que resulta de la tradición, el llamado derecho consuetudinario. En el derecho formulado en preceptos esta dirección en masa aparece en una forma planeada y racional[10]. Una dirección en masa que en el moderno Estado comprende regularmente a grandes masas humanas solo puede lograrse mediante una profunda esquematización, de manera que presupone que la conducta humana puede quedar reducida a unos cuantos ras-

---

KRUSE, *Retslaeren,* I, págs. 80-81: «Las particulares situaciones de la vida que se presentan en un caso jurídico muestran con frecuencia una acumulación de hechos diversos que, de momento, pueden dar la impresión de una cosa completamente confusa y caótica. Se reconoce en seguida al jurista práctico importante, juez o abogado, en que se posa como un águila sobre los hechos centrales, importantes, de los que forman aquel confuso conjunto, los que son decisivos para el asunto, descartando las numerosas cosas que carecen de importancia, que son irrelevantes, y forma su juicio de una manera breve y ciara. Por el contrario, lo que caracteriza al jurista con menos habilidad para la práctica es que no alcanza a dominar la caótica mezcla de hechos» (traducido del danés al alemán por el autor).

(9) M. OSVI LAHTINEN, *Das Recht;* O. SOLNÖRDAL, *Individ stat og rett.* SOLNÖRDAL señala la finalidad de su obra de la siguiente manera: «Ensayo de exponer las bases de fenómenos y relaciones jurídicas, así como de las clases y medios de *efectos* jurídicos». El incentivo para emprender esta importante obra, de contenido totalmente empírico, lo ha obtenido SOLNÖRDAL con su larga práctica como abogado. Un caso parecido en Finlandia es el de J. N. LEHTINEN con su destacado estudio *Mita oikeus on?* (en el resumen en inglés lleva el título de *El derecho como parte del orden social):* es un enfoque psicológico social llevado a cabo con todo rigor sobre la base de una experiencia completamente práctica. J. HAESAERT, *Théorie générale du droit,* pág. 121; ROSCOE POUND. *Social Control through Law* (New Haven, 1942); HANS KELSEN, *Reine Rechslehre,* págs. 28 y sigtes.: el derecho como técnica social; RUDOLF STAMMLER, *Theorie der Rechtswissenschaft,* págs. 90 y sigtes.: psicología del derecho. Cuando STAMMLER y KELSEN sostienen el punto de vista de que el criterio peculiar de una teoría del derecho no puede ser causal, sino solo normativo, no hacen más que reflejar la posición dominante de la jurisprudencia (ciencia jurídica) tradicional. La jurisprudencia (ciencia jurídica) está ciertamente ligada al contenido mental de las reglas de derecho, a las que debe sistematizar e interpretar. Pero de este hecho no debe seguirse que también la teoría del derecho deba mantener esta posición. Acertado WILHELM SAUER, *System der Rechts- und SozialPhilosophie,* pág. 176: «Según la concepción jurídica concreta y funcional, el juez, lo mismo que el legislador, el administrador (hombre de Estado, político) y el investigador, profieren juicios sobre fragmentos de la vida. VINDING KRUSE, *Retslaeren,* I, pág. 58: «Lo que durante siglos han experimentado las comunidades humanas muestran sin género de dudas que, en todo caso, es posible en *determinados sectores* influir de manera decisiva en la conducta humana con disposiciones legales y decisiones jurídicas, con solo que exista el suficiente *poder* de hecho detrás de las leyes y de los órganos» (traducido del danés al alemán por el autor). VINDING KRUSE nos proporciona un preciso análisis de las posibilidades del derecho como una técnica social.

(10) NICOLAI HARTMANN, *Das Troblem des gelstigen Seins* (Berlin und Leipzig, 1933), pág. 131: «La previsión es el punto de Arquímedes en el que se apoya el espíritu para mover el m usado, Convierta a quien está completamente desprevenido en alguien que puede sorprender a los demás». Compárese *Neue Wege der Ontologie* (Stuttgart, 1949), págs. 98-106.

gos fácilmente perceptibles. Solo mediante este requisito puede funcionar la maquinaria jurídica[11]. Los juristas profesionalmente ocupados con el manejo del derecho solo pueden dedicar un tiempo limitado a la solución *de una* cuestión jurídicamente discutida, pues trabajan bajo la incesante presión de la marcha del tiempo. No debería olvidarse este hecho fundamental si quiere ponerse en claro lo que tiene de peculiar el pensamiento jurídico. Por razones financieras, el Estado solo puede tener empleadas en funciones oficiales a un número limitado de personas. Ellas deben despachar el trabajo que les corresponde según normas de competencia y han de evitar que su labor se paralice. Un funcionario que, de manera permanente, esté retrasado en su trabajo queda expuesto a sanciones de carácter social (reprobación) y jurídico. También el abogado trabaja bajo la presión constante del curso del tiempo. Con su labor profesional debe asegurar económicamente su existencia, por lo que no puede profundizar por tiempo indefinido en una sola cuestión[12].

Que el pensamiento jurídico deje reducida la realidad social a un esquema, significa que tal realidad queda dispuesta para ser manejada de una manera práctica con toda rapidez[13]. Pero la esquematización jurídica también responde a otra razón: solo mediante ella puede realizarse la igualdad de los súbditos ante la ley[14]. Que el hombre que vive en sociedad se somete a este ideal, tiene interés desde el punto de vista antropológico. La idea del Estado de derecho y la exigencia de que los ciudadanos sean iguales ante la ley pueden ser ambas referidas a una raíz común en el hombre.

Podemos preguntar si entre la ocupación práctica con el derecho en forma esquematizadora y la técnica que se funda en la investigación científica de la naturaleza no existen determinadas afinidades. La disposición esquematizadora del jurista práctico se funda igualmente en una ciencia, la *Jurisprudenz*. Entre una técnica dirigida a la dominación de la naturaleza y

---

(11) K. N. Llewellyn, *The Normative, the Legal, and the Law-Jobs. (The Yale Law Journal,* vol. 49, págs. 1375-1376): «Para ajustar casos de disputa con rapidez, suavidad, profunda estabilidad, un mínimo de esfuerzo y perturbación de otras actividades y, tratándose de cuestiones de hecho, con exactitud, esto es todavía lo que se busca». Pág. 1392: «Lo que se busca es un continuo equilibrio óptimo, manteniendo la maquinaria y personal 'legal' en manos de los elementos oficiales, para que los manejen con destreza... Es lo que llamaré el problema del *método jurídico,* el de las *maneras* de manejar los instrumentos 'legales' con la finalidad de resolver tareas del derecho y de la manera de mantener en marcha y de mejorar tanto las maneras como los instrumentos». Puede percibirse claramente en este lugar la conocida significación *práctica* de que el investigador americano confiere a su expresión «*juristic method*».

(12) Sobre el formalismo del procedimiento primitivo, Max Weber, *Wirtschaft und Gesellschaft,* II, pág. 403.

(13) Max M. Laserson, *The Work of Leon Petrazhitskii. Inquiry into the Psychological Aspects of the Sature of Law (Columbio Law Review,* 51/1/1951), págs. 65-82.

(14) Hans Dölle, *Vom Stil der Rechtsprache* (Tübingen, 1949), pág. 27; Friedrich Darmstadter, *L'eguaglianza política nello Stato antitotalitario (Rivista internazionale di filosofía del diritto,* XXVIII/III-IV/1950), págs. 408-409.

una técnica para dominar la realidad social no existe, en realidad, ningún abismo. En ambos casos se trata de una manera de pensar que se encamina directamente a la consecución de objetivos prácticos[15]. Por el contrario, la investigación científica que se halla en su base persigue, en primer lugar, objetivos teóricos. Pero, ¿acaso desde el Renacimiento el *último fin* también del pensamiento y de la investigación científica no consiste en la satisfacción del anhelo humano por el poder?[16]. Dominación de la naturaleza, dominación de la realidad social y no un ensimismamiento contemplativo solo por amor a la verdad[17]. El pensamiento científico puede estar dirigido de manera primordial a objetivos puramente teóricos. En la conciencia cultural dominante debe ser valorado, sin embargo, por los resultados de poder que ha logrado. Se exige que, por lo menos, exista una posibilidad de semejante aplicación utilitaria. Un «humanista» que no logra demostrar que su investigación tiene cuando menos una de estas posibilidades, a lo sumo será tolerado como un residuo medieval para demostrar que todavía se tiene un poco de comprensión para los «valores puramente espirituales».

Cuando se compara, pues, el pensamiento científico y el técnico[18], resulta que, en la actual época cultural, no *existe* entre ambos ninguna tajante separación por lo que se refiere a su objetivo final. Tanto la ciencia como la técnica persiguen, en definitiva, el dominio de la circundante[19] y solo puede ser alcanzado con una avanzada esquematización construida sobre una base empírica. Una dominación de la naturaleza de gran alcance y una dirección en masa de la conducta humana de manera unitaria solo puede lograrse con una averiguación de las conexiones que median entre los acontecimientos tanto en la naturaleza como en la realidad social. Esta investigación significa que la realdad vivida primeramente de manera difusa e indiferenciada debe quedar escindida en una serie de encadenamientos de la serie «causa-efecto» bajo

(15) E. EHRLICH, *Die juristische Logik*, pág. 414: «... toda labor humana no es nunca otra cosa que un aprovechamiento de las fuerzas de la naturaleza para fines humanos, y las fuerzas de la naturaleza a las que el hombre está referido son fuerzas sociales: representaciones, sentimientos, esfuerzos, instintos que operan en la masa del pueblo. Compárese HORACE S. FRIES, *Logical Simplicity: A Challenge to Simplicity and to* Social *Inquiry (Philosophy of Science*, XVII/1950).

(16) JOSÉ ORTEGA Y GASSET, *En torno a Galileo (Obras Completas*, V, Madrid, 1947).

(17) OSWALD SPENGLER, *Der Untergang des Abendlandes* (Münich, 1922), II, pág. 627: «... la técnica fáustica, que invade la naturaleza con todo el *pathos* de la tercera dimensión, y desde los primeros tiempos del goticismo, con el propósito de *dominarla.* Aquí y solo aquí es evidente la unión del conocimiento con la aplicación. La teoría es desde el comienzo *hipótesis de trabajo»*. ERICH ROTHACKER, *Probleme der Kulturanthropologie* (Bonn, 1948), págs. 189-190; «... no cabe desconocer que la misma evolución intelectual es un momento de *estilo.* El intelecto contemplativo es griego, el intelecto técnico es el común europeo de la nueva época».

(18) JEROME FRANK, *Conrts on Trial*, págs. 190-221 *(«legal Science»* y *«legal engineering)*. Contra una concepción tecnológica del derecho, FREDE CASTBERG, *Rettsfilosofiske grunnsporsmal*, págs. 53-57.

una consideración causal. Esto significa una esquematización mental. Después de haberse practicado la disección podrá resolverse el problema de saber *cómo* podrán alcanzarse objetivos concretamente planteados[20].

Según el criterio jurídico general, el orden jurídico es un complejo normativo que sirve como base de valoración para juzgar la conducta humana y para la adopción de sanciones. Pero también cabe tomar en consideración el ordenamiento jurídico visto desde un aspecto causal, como una dirección unitaria y en masa de la conducta humana.

La adopción de una actitud esquematizadora frente a la realidad objetivamente observada, significa una simplificación. Muchos aspectos de la realidad desaparecen y lo «relevante» queda estructurado de una manera más o menos lineal. Por el contrario, desde el punto de vista subjetivo, la imagen esquematizada de la realidad es vivida como algo «antinatural», «extraño» y «difícil de comprender». Así juzga el profano la imagen jurídica de la realidad social. Lo que hace que está imagen le parezca tan rara y difícil de comprender, es su rigurosa simplificación estructural. De manera igualmente extraña y difícil de comprender siente el no matemático la construcción mental del matemático que aparece completamente diáfana al especialista. También en este caso la dificultad que resulta de la vivencia consiste en que la realidad concebida «naturalmente» nunca aparece con una estructuración tan simple. Por tanto, cuando se afirma que existen afinidades entre el pensamiento jurídico y el matemático, deben éstas ser referidas a aquella semejanza en la vivencia[21].

En un estudio anterior[22] hemos hablado de una tensión entre la seguridad jurídica y la equidad, de una «dialéctica del pensamiento jurídico». Vamos a considerar ahora esta tensión desde un punto de vista antropológico. Por su misma constitución espiritual, el hombre se siente impulsado a descomponer y dejar esquematizada la realidad social. Si la lleva suficientemente lejos, llegará a un resultado que sentirá como algo extraño, inquietante. Lo más importante consiste en este punto en que al hombre se le sugieren ahora correcciones con una base afectiva. Cuando el jurista profesionalmente activo

---

(19) MORITZ SCHLICK, *Philosopby of Vitare* (New York, 1949), págs. 17-18, expresa sobre el concepto de *«explanation»*: «La ventaja de esta nueva clase de descripción radica en el hecho de que, con su ayuda, cabe pronosticar la manera de comportarse las cosas así designadas...». BRUNO BARÓN VON FREYTAG LORINGHOFF, *Das Versteben in den exakten Wissenschaften (Archiv fur Rechts – und Sozialphilosophie.* XXXIX/1(1950), págs. 72-78; KARL ENGISCH, *Vom Welthild des Juristen,* págs. 19-20.

(20) NIKOLAI HARTMANN. *Das Problem des geistigen Seins,* pág. 134: «El poder del espíritu sobre el ser sin espíritu representa un cambio con fuerzas extrañas, solo una dominación con previsión y predeterminación. Cuando pierde las riendas de la mano queda impotente desde su altura como el animal en su depresión». J. J. VON SCHMID, *Rechtsphilosophie* págs. 85 y sigtes.: «de aard en de plaats van het denken in het maatschappelijk leven».

(21) Compárese EUGEN EHRLICH, *Die juristische Logik,* pág. 418.

(22) *Über die Objektivität der Rechtsprechung,* pág. 119.

recurre a la equidad en su pensamiento jurídico, esto solo puede significar que se quebranta la esquematización consagrada en la ley[(23)]. El hombre espontáneo, «natural», dotado de sensibilidad ética, aparece aquí opuesto, como enemigo, a la esquematización igualmente humana. En nombre de un superior sentido humano puede creerse incondicionadamente obligado al quebrantamiento de su orden jurídico. La posición del orden jurídico resulta ser, por tanto, ambivalente. Por un lado aparece como una condición indispensable de toda convivencia pacífica y, por ello, de toda creación cultural. Por otra parte, el ordenamiento jurídico puede ser vivido en un caso concreto como una agobiadora e inhumana coacción, a la que no es posible someterse sin perder la dignidad humana. Pero, en verdad que no existe aquí ninguna contradicción, aunque a veces sea expuesta como tal[(24)]. Para el hombre que vive en sociedad la existencia de un ordenamiento jurídico es tan necesario en la práctica como el quebrantamiento del mismo orden en las escasas situaciones concretas en las que el hombre experimenta sus efectos como un grave atentado contra su dignidad [(25), (26)].

¿Puede ser considerada la esquematización como un rasgo constante, también, del pensamiento jurídico angloamericano? Es indudable que entre este pensamiento y el llamado pensamiento jurídico continental existen importantes diferencias que, en parte, pueden ser referidas a circunstancias históricas y en parte a la actitud general ante la vida. La esquematización parece destacar fuertemente en el pensamiento jurídico continental. Este pensamiento parte principalmente de unas normas jurídicas formuladas abstractamente, mientras que los anglosajones toman como punto de partida las decisiones judiciales que han sido dictadas concretamente, de una manera históricamente única. De esta manera han desarrollado una técnica mental peculiar que solo se revela al jurista continental después de largo estudio[(27)]. También esta

---

(23) *Ob. cit., pág.* 50. Sobre la *aequitas* en el sentido medieval cristiano FRANCESCO CALASSO, *Introduzioni el diritto comune* (Milano, 1951), págs. 168-175.

(24) El derecho como ordenamiento de la paz: HELMUTH COING, *Grundzüge der Rechtsphilosophie,* págs. 19-21.

(25) BERTRAND RUSSELL, *Authority and the Individual* (London, 1949), págs. 109-110: «No niego que hay situaciones en las que resulte un deber faltar a la ley: es un deber cuando un hombre cree profundamente que sería un pecado obedecer. Esto comprende el caso del objetor de conciencia».

(26) JEROME FRANK. *Courts on Trial,* págs. 146-156, 404-415; GEORGES GURVITCH, *Sociology of Law,* pág. 204: «Las leyes positivas, en general todas las reglas de derecho, incluso las del derecho consuetudinario, generalizan, esquematizan, amplían: solo son *expresiones típica: de la ley jurídica fundamental y* no consiguen nunca dar cuenta por completo de las más finas y delicadas configuraciones del caso «singular». PIERO CALAMANDREI, La *certezza del diritto e la responsabilità della dottrina* (separata de la *Rivista del diritto commerciale,* XL/11-12/1/1942), *pág. 7:* «La obra clarificadora del jurista es esencialmente. . . lucha contra el arbitrio».

(27) JULIUS STONE, *The Province and function of Law* (Sidney, 1950), págs. 166-206; GLANVILLE L. WILLIAMS, *Learning the Law* (London, 1950), págs. 57-79; EDWARD H. LEVI, *An Introduction*

técnica mental parece servirse de conceptos jurídicos esquematizados en alto grado. Sería sumamente interesante comparar su función con la que desempeñan los conceptos continentales paralelos(28) y formularse la pregunta de cómo deben explicarse estas afinidades. Cabría señalar que tanto el derecho angloamericano como el continental han surgido dentro del círculo cultural de Occidente y que no se limitan a expresar los valores fundamentales de que son portadores en común, sino que también están afectados por el proceso de racionalización de esta forma cultural proseguido durante siglos. Precisamente en los últimos años se ha manifestado cada vez más clara la íntima unidad y recíproca compenetración de este mundo de la cultura(29).

¿Qué significa el hecho de que el pensamiento de los juristas angloamericanos tenga como punto de partida las decisiones judiciales concretas? Los casos litigiosos que en una ocasión se han presentado ya no pueden ser nuevamente vividos en su plenitud vital. Pertenecen a la historia. De ellos solo queda la objetivación que consiste en decisiones razonadas recaídas en cada caso, y, por cierto, que en número enorme, siempre creciente. Se trata, por tanto de construcciones lingüísticas y en este sentido cabe afirmar que también el derecho angloamericano es un derecho escrito, aunque solo en una pequeña porción sea un derecho formulado en preceptos. Algunas palabras de la objetivación se refieren a lo que sucedió en una ocasión históricamente única: explican lo que sucedió en un caso auténtico a la luz del material de prueba entonces existente. Al hacer este relato ya se usan conceptos específicamente jurídicos en el texto de la sentencia. Se trataba de un caso jurídicamente relevante, de un caso de derecho que dio lugar a una medida judicial motivada. Estas medidas adoptadas en una ocasión, con inclusión de sus fundamentos —lo mismo, posiblemente, que algunos de los puntos principales de las alegaciones jurídicas de las partes— se relatan con otras palabras del texto del precedente. Estas palabras y sus múltiples combinaciones son portadoras de conceptos específicamente jurídicos. Con ello, la situación se complica de una manera muy interesante cuando, en el fundamento de la sentencia, se hace referencia, de manera regular, a precedentes anteriores, incluso en algunos casos con la ampliación de referencia a disposiciones legales y a la doctrina jurídica. En la mayoría de los casos se trata de breves referencias y solo contienen una porción de la parte específicamente jurídica del texto de una decisión recaída con anterioridad.

Estos precedentes judiciales son citados, o bien como apoyo de la decisión que se ha de adoptar o para aclarar que no es pertinente al caso alguno

---

to Legal Reasoning; Dennis Lloyd, *Reason and Logic in the Common Law (The Law Quarterly Review*, 64/1948); Emanuel Becker, *Some Problems of Legal Analysis (The Yale Law Journal*, 54/1944-1945); Felix S. Cohen: *Field Theory and Judicial Logic* (*The Yale Law Journal*, 59/2 enero 1950).

(28) W. Friedmann, *Legal Theory*, págs. 321-331.

(29) Una comparación entre la manera de pensar angloamericana y «continental», puede verse en W. Friedmann, *Legal Theory*, págs. 317-358.

de los precedentes invocados por alguna de las partes. Por tanto, el contenido conceptual del texto de una sentencia angloamericana consiste de manera preponderante en conceptos específicamente jurídicos que, con una consideración más detenida, se manifiestan como esquematizados en alto grado.

El juez angloamericano experimentado trabaja de una manera muy elástica con esos esquemas jurídicos. Las partes invocan por lo regular diversos precedentes a los cuales él todavía puede sumar otros a base de sus propios conocimientos de derecho. Su elección tiene lugar al declarar que, para el caso que ha de resolver, son pertinentes o no pertinentes algunos de esos precedentes. Para hacerlo así se guía por su sentimiento de justicia: un texto de un precedente cuyo acatamiento daría lugar a un resultado insatisfactorio queda eliminado como «no pertinente». Su sentencia, que, en apariencia, se funda sobre la sólida base de decisiones anteriores, en realidad ha sido determinada de manera decisiva por lo que el caso concreto que ha de resolverse tiene de peculiar. Es cierto que también un juez continental elige entre aquellos textos de la ley que invoca como fundamento de su decisión. Pero se encuentra, para ello, mucho más constreñido que su colega angloamericano, pues la elección puede luego ser controlada por medio del texto legal[(30)].

A la luz de la experiencia jurídica angloamericana puede formularse la siguiente tesis: un pensamiento jurídico que trabaje con medios conceptuales esquematizados en alto grado, incomprensibles casi por completo para el profano, puede poseer a pesar de ello una eran elasticidad. Incluso cabe preguntar si no resulta que la esquematización más exagerada no proporciona al jurista hábil la máxima libertad de movimientos. ¿No ha consistido la peculiarísima obra de los juristas romanos en que, en su pensamiento, se ha combinado una esquematización llevada al extremo can una movilidad extremada?

Ahora podemos mostrar algunos ejemplos concretos de la disposición esquematizadora del pensamiento jurídico.

En la fundamentación de una sentencia inglesa leemos, entre otras cosas: «Las minutas demuestran que existía un acuerdo que obligaba a dividir entre los accionistas los bienes que la sociedad no hubiese vendido y que fuesen de su libre propiedad, y yo creo que, en su virtud, debe estimarse que la sociedad se ha convertido en un titular fiduciario de dichos bienes en interés de los accionistas... La teoría de que los bienes inmuebles pertenecientes a la sociedad en pleno dominio no dejan de estar sujetos a un derecho real que solo

---

(30) JEROME FRANK, *Law and the Modern Mind,* páginas 32-41; *Courti on Trial,* págs. 262-289. Acerca de la primera de estas obras, NORBERTO BOBBIO, *La certezza del diritto e un mito? (Rivista intemazionale di filosofia del diritto,* XXVIII/I/1951). BOBBIO, que en este caso aparece como defensor de la tradicional manera de pensar continental europea —se remite, entre otros, a HEGEL—, condena con duras palabras al irrespetuoso FRANK y a «la cultura neopositivista anglosajona» que, según dice, carece de «sentido histórico».

durará mientras subsista la sociedad y que cuando ésta se disuelva han de revertir al concedente por efecto de la resolución del derecho de la sociedad, fue aprobada en el caso Hastings Corporation v. Letton»[31].

¿Qué significan en este caso palabras como «acuerdo», «dividir», «sociedad», «no enajenados», «bienes de libre pertenencia», «accionistas», «fiduciario», «patrimonio», «disolución», «reversión», «concedente», «aprobada»? Aluden a conceptos estereotipados que, en el pensamiento jurídico inglés, aparecen usadas en las más diversas combinaciones. Mediante esos conceptos queda estructurada la realidad social, esto es, queda artificiosamente simplificada. También podemos comprobar en el texto de las sentencias una gran cantidad de términos lógicos que, en la combinación, actúan como elementos de enlace.

Del texto de una sentencia americana tomamos lo siguiente: «Este caso implica la responsabilidad de un apoderado general frente a los pasajeros en virtud de un contrato parecido al que fue discutido en el caso Cosmopolitan Shipping v. Mc Allister resuelto este mismo día»[32]. Expresiones lógicas y jurídicamente esquematizadas son: «caso», «implica», «responsabilidad», «representante general», «pasajero», «contrato», «parecido», «resolver».

Del texto de otra sentencia americana dictada por el Tribunal Supremo: «Este caso suscita dos problemas: el de si puede ser objeto de recurso de apelación la resolución que deniega la petición de que un juicio ante un Tribunal Federal sea celebrado ante jurado y el de si el derecho constitucional a ser juzgado por jurado es pertinente en el caso de un litigio sobre error mutuo...»[33]. Palabras técnicas: «apelable», «resolución», «deniega», «petición», «demanda», «juicio», «jurado», «Tribunal Federal», «derecho constitucional», «error mutuo».

Pasemos ahora a los derechos continentales y contemplemos los elementos esquematizadores de algunos textos legales. En los textos del moderno derecho de obligaciones —por ejemplo, en el alemán, suizo y escandinavo— la esquematización resulta tan patente que preferimos elegir otro texto. El Código civil austríaco de 1811, *§ 957,* prop. 1, y § 958, dice así: «Cuando alguien toma bajo su cuidado una cosa ajena, surge un contrato de depósito... Mediante el contrato de depósito el depositario no adquiere ni la propiedad, ni la posesión, ni el derecho de usarla; es un simple detentador que tiene la obligación de evitar que sufra daños la cosa que le ha sido confiada». Estas breves frases están repletas de esquemas mentales jurídicos y lógicos: «si-entonces», «cosa», «cuidado», «recibir en depósito», «contrato de custodia», «mediante»,

---

[31] *In re Struthblaine Estafes, Ld. (Law Reports Chancery División,* 1948, págs. 230 y sigtes.).

[32] *Weade v. Dichmann Co.,* sentencia del Tribunal Supremo de 27 de junio de 1949 (*United States Reports,* vol. 337).

[33] *City of Morgantown v. Royal Insurance Co., Ltad.:* Sentencia del Tribunal Supremo de 6 de junio de 1949 *(United States Reports,* vol. 337).

«adquirir», «propiedad», «posesión», «derecho de uso», «detentador», «deber», «confiar», «daños», «asegurar». Los conceptos jurídicos aludidos por esas palabras cumplen la misma función que los conceptos jurídicos que antes hemos señalado en las decisiones angloamericanas: con ellos y los demás conceptos jurídicos queda estructurada una realidad social para los fines de una dirección en masa de la conducta humana, en forma unitaria y ajustada a un plan.

Con objeto de ampliar la base de nuestro estudio vamos a examinar brevemente la manera de pensar de los juristas romanos, así como la manera de reflejarse este pensamiento en las objetivaciones fijadas por escrito. «No statim quod dominus voluit ex re sua peculli esse, peculium fecit, sed si traditit aut, cum apud eum esset, pro tradito habuit» (D. 15, 1, 8, 1). Palabras y formas conceptuales: «dominus», «velle», «res», «peculium», «facere», «tradere», «apud aliquem esse», «pro», «pro tradito habere». Cuando en este pasaje PAULO discute cómo surge un patrimonio especial llamado «peculium» contrapone las formas conceptuales jurídicas y reducidas a un esquema «velle» y «trader»; pero, al mismo tiempo, pone de relieve que cuando las cosas que han de pasar al patrimonio especial ya se encuentran en poder de un esclavo (o de un hijo de familia), basta un simple acto de voluntad del *dominus*. El concepto «apud aliquem esse», que designa una situación puramente de hecho, queda ahora conceptualmente diferenciado de «possessio». También podemos subrayar la palabra «pro» de la frase «pro traditio habere»: no se trata en este caso de que con aquella palabra se recurra a una ficción jurídica en sentido propio. PAULO solo quiere destacar: el que las cosas ya se encontraban de hecho en poder del esclavo (o del hijo) debe ser jurídicamente equiparado a la «traditio». No aparece en el texto *expresis verbis* el concepto de «servus» (o de «filius familias»), pero está mentalmente sobrentendido. Finalmente, podemos destacar los conceptos típicos «res» y «facere».

«Qui admittitur socius, ei tantus socius est qui admisit, et recte: cum enim societas consensu contrahatur, socius mihi esse non potest quem ego socium esse nolui» (D. 17, 2, 19, 1). Palabras: «admittere», «socius», «societas», «consensus», «contrahere», «nolle». El razonamiento jurídico de ULPIANO está construido sobre los esquemas conceptuales «sopietas», «consensus», «admittere». Puesto que la *societas* tiene su origen en un contrato consensual, resulta que un socio nuevo solo puede ser admitido en la *societas* ya constituida mediante el asentimiento de todos. No es posible imponer a ninguno de los socios contra su voluntad, o sin que lo sepa, un nuevo socio. Pero el socio que ha celebrado un contrato de sociedad con el que trata de ingresar, queda unido con el mismo en una nueva sociedad: por tanto, el contrato no carece de significación. Que en este caso se procede a una combinación mediante conceptos esquematizados en alto grado, resulta más claramente en D. 17, 2, 20: «socii mei socius meus socius non est». Los esquemas mentales quedan en este caso reducidos a dos «socius», «meus». Además concurren «esse» y «non».

«Si heres rem, legatam ignorans, in funus consumpsit, ad exhibendum actione non tenebitur, quia nec possidet nec dolo malo fecit quo minus possideret» (D. 31, 63). Palabras y formas conceptuales: «heres», «res», «legare», «ignorare», «consumere», «ad exhibendum actio», «tenere», «possidere», «dolo malo facere». Además los términos lógicos «si-non», «quia», «nec-nec». Las formas conceptuales «igno rare» y «dolo malo facere» están contrapuestas entre sí.

Como ya se ha dicho, la esquematización[34] que prodigaban los juristas romanos no significa que dejaran de prestar la debida atención a puntos de vista prácticos, primordialmente económicos[35]. Es cierto que la técnica jurídica de los romanos solo muy raramente *menciona* esos puntos de vista. Pero también puede ocurrir que lo hagan: «Servus furiosi ab adgnato curatore manumitti non potest, quia in administratione patrimonii manumissio non est» (D. 40, 1, 13, 1). Junto a los esquemas conceptuales jurídicos «servus», «furiosus», «adgnatus», «curator», «manumittere» se enlaza en la construcción mental del texto el concepto práctico económico «in administratione patrimonii esse». Otro ejemplo: «Filius familias donare non potest, ñeque si liberan) peculii administrationem habeat: non enim had hoc ei conceditur libera peculii administratio, ut perdat» (D. 39, 5, 7, 1). El texto no solo opera con esquemas conceptuales jurídicos de contenido estereotipado, como «filius familias», «donare», «peculium», sino que expresamente se refiere a la finalidad económica de «libera peculii administratio», y hace constar: la libertad de disposición sobre una parte patrimonial separada del padre (*peculium*) no se concede *ad hoc* al hijo *ut perdat.* El concepto que significa la palabra «perdere» procede de la esfera conceptual económica.

Incluso cuando no queda formulada por medio del lenguaje una consideración económica y por ello no queda expresada en el texto, puede no obstante resultar de manera necesaria de la estructura conceptual. Así, por ejemplo, cuando GAYO escribe: «... probatum est, quod in chartulis sive membranis meis aliquis scripserit, licet aureis litteris, meum esse, quia litterae chartulis sive membranis cedunt ... Sed si in tabula mea aliquis pinxerit veluti imaginero, contra probatur; magis enim dicitur tabulam picturae cedere» (GAYO, *Instituta,* 2, 77-78). Que la escritura practicada sobre un material ajeno y la pintura de un cuadro también sobre material ajeno sean jurídicamente juzgados de manera diferente solo puede resultar de que, según el criterio de los proculeyanos,

---

(34) Max WEBER, *Wirtschaft und Gesellschaft,* II, página 464: «Una de las características más importantes del más antiguo derecho romano ya era... su carácter eminentemente analítico... la descomposición de los complicados supuestos de hecho de la vida cotidiana en claros elementos componentes calificados jurídicamente con un sentido inconfundible...».

(35) OSWALD SPENGLER, *Der Untergang des Abendlandes* (Münich, 1922), II, págs. 616-617: «La ciencia del derecho todavía no ha conocido hasta ahora su problema propio; pero el problema está planteado a su siglo y exige lo que para el jurista romano era evidente, a saber: la congruencia entre el pensamiento económico y el jurídico...».

es decisivo el valor económico del producto terminado. Una hoja completamente escrita recibe su valor del material sobre el que se ha escrito y no de la escritura misma. Por el contrario, un cuadro recibe su valor del que tenga la obra artística. Resulta, por tanto, que los romanos ni tan siquiera se plantearon el problema de conceder al que escribió un derecho de autor sobre su texto, en el caso de que el contenido intelectual del mismo fuese debido a su propia creación. No establecen, pues, ninguna diferencia entre autor y copista.

Si el derecho es considerado desde un punto de vista causal, esto es, como una dirección en masa de la conducta humana por medio de medidas coercitivas adoptadas por la maquinaria estatal[36], nos encontramos ante el problema de los fines que aquella dirección persigue. Un enfoque causal frente al derecho constituye al mismo tiempo una actitud finalista: causa y finalidad se hallan en recíproca relación. Cuando el hombre se propone finalidades, también pregunta por las posibilidades de su realización, es decir, por conexiones causales[37].

En nuestros días resulta una perogrullada afirmar que el pensamiento jurídico es un pensamiento acentuadamente finalista. También en etapas culturales anteriores existía esta referencia al fin, pero no aparecía con la misma claridad[38]. En una época religioso metafísica el derecho no era experimenta-

---

(36) Compárese J. Haesaert, *Théorie genérale du droit,* págs. 287-361 (el problema positivo del origen del derecho).

(37) La radical separación que establece Stammler entre la consideración finalista y la causal —por ejemplo, en *Theorie der Rechtswissenschaft,* pág. 34— apenas podía resultar fructífera para la teoría jurídica. Con ello se establece una separación artificiosa entre naturaleza y cultura. La imagen proyectada por Stammler de una «ciencia de fines» *(Zweckwissenschaft»)* (págs. 35 y sigtes.), no nos parece acertada. Con ello no negamos que Stammler haya iluminado la peculiaridad del ser espiritual de una manera genial. Sobre la consideración finalista en el pensamiento jurídico, también Carlos Cossio, *La coordinación de las normas jurídicas y el problema de la causa en el derecho* (Buenos Aires, 1950), págs. 48 y sigtes., *El derecho en el derecho judicial* págs. 90 y sigtes. Acerca del problema causalidad/finalidad, Barna Horvath, *Recbt und Wirtschaft,* pág. 348; Alessandro Levi, *Teoría generale del diritto,* págs. 108 y sigtes.; Giorgio del Vecchio, *Il concetto della natura e il principio del diritto* (2ª ed., Bologna, 1922), págs, 31 *y* sigtes.; *Lezioni di filosofía del diritto,* págs. 334 y sigtes.; Aatos Alanen, *Yleinen oikeustiede,* pág. 49.

(38) consideración finalista en sentido metafísico es en teología, por el contrario, un fenómeno conocido. Así, escribe G. E. Moore (en la voz *Teología,* del *Dictionary of Philosophy and Psycbology,* New York, 1940): «La forma en que la teleología comienza por hacer su aparición destacada es en relación con la teología. Lo doctrina cristiana de que muchos acontecimientos, si no todos, son debidos a la voluntad de Dios como medios para la futura existencia de perfección había persistido a través de la Edad Media, junto a la concepción aristotélica de las causas finales...». Hans Schimank, *Der Aspekt der Naturgesetzlicbkeit im Wandel der Zeiten* (en la obra colectiva *Das Problem der Gesefzlicbkeit,* II, *Naturwissenschaften,* Hamburg, 1949), págs. 174-175: «La legalidad natural aparece como disposición divina. . . Este aspecto teológico se conserva hasta muy avanzado el siglo XVIII . Mientras que de esta manera sigue propagándose durante siglos, en lo fundamen-

do como una mera técnica de dirección en masa(39). La total disposición instrumental de nuestra época secularizada(40), donde todo lo que aparece en el contorno humano e incluso en su mundo interior —pensemos en la propaganda—, manifiesta la tendencia a ser considerado como un medio para el logro de poder económico, no existía en épocas anteriores(41).

Que en la actualidad la teoría jurídica se refiera al aspecto finalista del pensamiento jurídico como si se tratara de algo evidente(42), es una cuestión que parece difícil de conciliar con la predominante consideración normativa del derecho. Solo cuando el derecho está concebido como una técnica causal de trascendencia social, se acentúa necesariamente el carácter finalista del pensamiento jurídico. La actitud de considerar el derecho como un complejo de normas vigentes según las cuales han de ser valorados los actos humanos, no permitiría que destacara con tanto vigor una consideración racional de su fin. Nos parece que esta concepción jurídica tradicional reúne en sí tanto el aspecto normativo como incluso el causal. Entre los teóricos, unos confieren

---

tal, la concepción de la legalidad natural como un orden de promulgación divina, paulatinamente cambia de matiz... La relación funcional cuya expresión simbólica más aguda se encuentra en las fórmulas matemáticas, es considerada desde entonces como el rasgo característico de la legalidad natural, y con ello, en lugar de una interpretación de la naturaleza de carácter finalista o predominantemente teleológica, queda situada una interpretación causal».

(39) J. J. VON SCHMID, *Rechtsphilosophie*, págs. 162 y sigtes.

(40) GIULIO BRUNÍ ROCCIA, *La problemática storica della filosofía del diritto (Rivista internazionale di filosofía del diritto*, XXVII/III-IV/1950), pág. 582: «Llegando a faltar toda tabla de valores absolutos, el derecho se presenta como un sistema maquinal de medios a los que falta la justificación de todo fin». MAX WEBER, *Wirtschaft und Gesellschaft*, II, pág. 504: «El desarrollo general del derecho y del procedimiento jurídico, articulado en teóricos 'periodos evolutivos', conduce de la revelación jurídica carismática por medio de 'profetas del derecho», a la creación e investigación empírica por *notables* del derecho (creación jurídica cautelar y por medio de precedentes), luego al dictado del derecho por imperio temporal y poderes teocráticos y, finalmente, a la promulgación sistemática del derecho y a su aplicación especializada por personas con formación jurídica (técnicos), a base de su educación doctrinal y de criterios de lógica formal. Por todo ello, las cualidades formales del derecho son resultado de una combinación del formalismo condicionado por la magia y del carácter irracional condicionado por la revelación que se manifiesta en el procedimiento primitivo... hacia un sistema lógicamente racional y sistemático como resultado de la creciente especialización jurídica y, con ello —al principio considerado de una manera puramente superficial— hacia una creciente sublimación lógica y rigor deductivo del derecho y una creciente técnica racional del procedimiento».

(41) PHILIPP LERSCH, *Der Mensch in der Gegenwart* (Munich, 1947), pág. 17: «Así, pues, la racionalización se extiende a la imagen del mundo y a la dirección de la vida. Con respecto a la imagen del mundo significa una articulación de lo« fenómenos y de los acontecimientos en conceptos, relaciones funcionales y leyes, cuyo conocimiento hace posible enfrentarse con el mundo a base del cálculo y hacerlo disponible para fines humanos..., pág. 19: «Motivo fundamental de la racionalización es la voluntad de hacer disponible el mundo para los fines de su aprovechamiento».

(42) LEÓN HUSSON, *Les transformations de la responsabiltté. Etude sur la pensée juridique*, págs. 252-267.

más importancia a lo normativo y otros —como el autor de estas líneas— a lo causal[43]. Carece de toda justificación que uno de estos posibles aspectos de lo jurídico pretenda alcanzar una posición de monopolio, como cuando los que adoptan un punto de vista causal son calificados por los normativistas de «meros sociólogos del derecho»[44].

---

(43) Sobre el aspecto normativo y causal del derecho, JAN MAGNUS JANSSON, *Hans Kelsen statsteori,* págs. 49 y sigtes. JANSSON adopta una actitud crítica (págs. 212 y sigtes.) ante la afirmación de KELSEN de que la identidad del objeto del nconocimiento está condicionada por la identidad del método de conocimiento. HANS KELSEN, *General Theory of Law and State,* págs. 162-178 (jurisprudencia normativa y sociológica). Parece aquí atenuada su anterior repudiación tan radical del aspecto sociológico; BARNA HORVATH, *Rechtssoziologie,* págs. 43 y sigtes.; N. S, TIMASHEFF, *An Introduction to the* Sociology *of Law,* págs. 3-66; CARLOS COSSIO, *Ciencia del derecho y sociología jurídica;* LUIGI BAGOLINI, *Aspetti della critica dei valori etico-giuridici nel pensiero contemporáneo (Rivista internazionale di filosofía del diritto,* 1950/11/ págs. 10 y sigtes.); B. C. CARLSON, *Lundstedts kritik* (*Hameenlinna,* 1938); *Ratt och rattsordning (Sartryck ur Statsvetenskaplig Tidskrift,* 1940/2); *Lückein im Recht (Internationale Zeitschrift für Theorie des Rechts,* 1939); KARL OLIVECRONA, *Om lagen och st aten,* págs. 26 y sigtes.; *Is a sociological explanation of Law possible?* (*Theoria,* XIV/1948); *Realism und Idealism: Some Reflections on the Cardinal Point in Legal Philosophy* (separata de *New York University Law Review,* XXVI/1/enero 1951); *Lagens imperativ* (Lund, 1942); ALF ROSS, *Towards a Realistic Jurisprudence,* págs. 19 y sigtes.; BJÖRN AHLANDER, *Ar juridiken en vetenskap?*, págs. 62 y sigtes.

(44) Así, por ejemplo, CARLOS COSSIO, *Ciencia del derecho y sociología jurídica,* pág. 6: «...la escuela escandinava de AXEL HAGERSTRÖM, cuyos discípulos VILHELM LUNDSTEDT, KARL OLIVECRONA, ALP ROSS y OTTO BRUSIIN afrontan sin concesiones la sociologización de la ciencia del derecho...». El autor no se ha considerado nunca incluido entre los pertenecientes a la escuela de HAGERSTRÖM, aunque pueda tener con ella muchos puntos de contacto (orientación psicológico-social). Con su radical repudiación del «sociologismo», COSSIO pudo estar influido por KELSEN. HANS KELSEN, *Reine Rechtslehre,* págs. 9 y sigtes. El estudio de COSSIO contiene una serie de interesantes ideas sobre la relación entre el aspecto del ser y del deber ser en la contemplación del derecho. Su punto de vista será más fácilmente comprensible si se tiene en cuenta que los límites entre la sociología del derecho y una teoría del derecho concebida en sentido sociológico no son muy rigurosos. Como escribe THEODOR GEIGER en el prólogo a su importante obra *Vorstudien zu einer Sociologie des Rechts:* «Los juristas y los sociólogos pueden mostrarse igualmente inclinados a censurar que la denominación de *sociología* del derecho es equívoca y que el contenido más bien es el de una teoría general del derecho». GEORGES GURVITCH, *Sociology of Law,* pág. 191, manifiesta, acerca de la obra de N. S. TIMASHEFF, *An Introduction to the Sociology of Law:* «Este libro tan documentado y erudito contiene una teoría sociológica del derecho'... más bien que la sociología del derecho propiamente dicha». Una representativa teoría del derecho en sentido sociológico es la de J. HAESAERT, *Théorie genérale du droit.* Este autor distingue entre *théorie genérale du droit y sociologie juridique,* y caracteriza a la primera: ... el estudio de las condiciones intrínsecas del fenómeno jurídico» (*ob. cit.*, pág. 19). W. FRIEDMANN, *Legal Theory*, págs. 178-202, parece que, en este punto, no establece ninguna distinción. Acerca de la principal relación entre sociología del derecho y teoría del derecho, ROSCOE POUND, *Sociology of Law* (en la obra colectiva *Twentieth Century Sociology,* New York, 1945, págs. 297-341); GEORGES GURVITCH, *Sociology of Law,* págs. 1-67. Como un antípoda de COSSIO en el problema metódico puede considerarse a KARL OLIVECRONA. En su estudio *Realism and idealism: Some Reflections on the Cardinal Point in Legal Philosophy* (separata de *New York*

El obrar en consideración a determinados fines es un rasgo que caracteriza al hombre y a todo el reino animal. Entre un ser vivo y su mundo circundante tiene lugar una permanente acción recíproca que en los animales se manifiesta con una actividad en persecución de un fin[(45)]. Esta actividad en el hombre adquiere un sello especial[(46)]. En ella aparecen formas complicadas del pensar y el obrar en consideración a un fin, surgen objetivaciones, ordenamientos. La cultura humana de una época determinada puede ser interpretada como un encaje pleno de sentido de medios y de fines.

Si consideramos el pensamiento desde el punto de vista de los fines, nos encontraremos ante una dificultad. El pensamiento como actividad de un ser viviente, ¿no queda afectado por la consideración del fin? ¿Cómo será posible, por tanto, distinguir dentro del pensamiento un sector especial del «pensamiento finalista», entre el que deba también contarse el pensamiento jurídico? Nos parece que el pensamiento finalista, en sentido propio, estricto, se puede caracterizar como algo que no solamente pone de manifiesto el proceso mental como una actividad dirigida a la consecución de un fin, sino que también en los objetos mentales existen finalidades. Así, por ejemplo, en el razonamiento jurídico aparecen o se manifiestan los objetivos perseguidos por el ordenamiento jurídico —o en la formulación de la ley: los que han de ser perseguidos— y precisamente orientan este proceso mental.

La palabra «teleología», «teleológico», que en la actualidad es de uso general, significa literalmente una doctrina acerca de los fines, de la misma manera que «ideología» representa literalmente una doctrina de las ideas[(47)]. Pero, en ambos casos, la significación ha experimentado alteraciones. «Teleología», «teleológico», de la manera que se utilizan en la actualidad estas palabras, por ejemplo, en el pensamiento jurídico, no tienen nada que ver con una «doctrina». Por el contrario: esas palabras no aluden a una disposición o actitud teórica, sino práctica[(48)]. Esta significación se ha consolidado

---

University Law Review, XXVl/1/enero 1951) afirma OLIVECRONA que el aspecto de deber ser del derecho es irreal: «. . .ningún deber ser puede descubrirse mediante una investigación de los hechos...» (pág. 120). Habla de «el mundo místico del deber ser» (pág. 130) y sigue diciendo: «El deber ser objetivo es un mito. Lo que tiene una existencia efectiva son nuestras ideas del deber ser, las proposiciones que lo expresan y las emociones enlazadas con el mismo. Todo esto forma lo que puede ser llamado ideología jurídica, que para la filosofía del derecho constituye un tema de suma importancia para la investigación» (pág. 131). Compárese KARL OLIVECRONA, *Is a Sociological Explanation of Law Possible?* (*Theoria* XIV/2/1948). Sobre el deber ser, M. OSVI LAHTINEN, *Verhalten des Mitgliedes der Gesellschaft und das Sollen.*

(45) JAKOB VON UEXKULL, *Der unsterbliche Geist in der Natur* (Hamburg, 1947), pág. 5I.

(46) NICOLAI HARTMANN: *Das Problem des geistigen Seins*, pág. 133: «La superioridad del espíritu está precisamente en la misma finalidad. Puede lograr lo que no está al alcance de los seres naturales: determinar fines y elegir los medios adecuados. De esta manera ejerce una dirección con la que el mismo tiempo 'engaña' a las fuerzas de la naturaleza».

(47) WERNER GOLDSCHMIDT, *La imparcialidad como principio básico del proceso* (Madrid, 1950), pág. 19.

(48) Sobre el método teleologico FRANZ W. JERUSALEM, *Kritik der Rechtswissenschaft*, págs. 183-212.

tan fuertemente que ya no existe ningún peligro de mal entendido. En todo caso, la palabra contiene la raíz griega *teleios* que alude a una contemplación del fin. En su *Crítica del juicio* (2ª parte), Kant usa mucho esta palabra acuñada por Wolff[(49)].

Podría intentarse la elaboración de una teoría formalista de los fines del derecho, una doctrina de los valores jurídicos, en la que los fundamentales fueran distinguidos de otros valores jurídicos. Semejante teoría puede constituirse como un sector parcial de la teoría del derecho, o también —en otro sentido– como sector parcial de la jurisprudencia del derecho positivo. Las normas jurídicas particulares y sus diversas combinaciones serían valoradas en este caso como medios para la realización de los fines del derecho.

Un jurista experimenta el ordenamiento jurídico de manera distinta que un profano. La actitud del jurista práctico es activa. Su formación profesional le confiere la posibilidad de influir en la maquinaria del derecho de manera premeditada y efectiva. Con ello quiere lograr determinados objetivos, persigue ciertos fines. Por el contrario, un profano no experimenta el ordenamiento jurídico primordialmente como algo susceptible de ser manejado, sino como algo que lo vincula, a lo que se encuentra sometido. Nada altera en el conjunto de su actitud principal el hecho de que pueda servirse activamente de sus llamados derechos subjetivos en el caso de que posea determinados conocimientos jurídicos. Por otra parte, también el jurista se siente vinculado («obligado») por el ordenamiento jurídico, y tanto en concepto de ciudadano como de persona que desempeña una función. Pero esta circunstancia nada altera en el conjunto de su disposición fundamental. La consideración del fin ocupa una posición más central en el pensar y obrar profesional de un jurista que el pensar y obrar jurídicos de un profano[(50)]. El jurista que actúa profesionalmente no experimentará nunca el derecho como un mundo del «deber ser» radicalmente separado del mundo del «ser»: solo en el mundo conceptual de un teórico puede originarse semejante concepción del derecho y ser llevada a un desarrollo lógico.

Los esquemas del pensamiento jurídico antes discutidos en este capítulo son medios puramente técnicos y neutrales que solo adquieren un sentido práctico con los fines que se hallan en su base. Esquematización y consideración del fin están enlazados entre sí de manera indisoluble y se presuponen mutuamente.

---

(49) Compárese Giorgio Del Vecchio, *Evoluzione ed involuzione nel diritto* (Roma, 1945), págs. 7 y sigts., 47 y sigts.

(50) J. Haesaert, *Théorie générale du droit*, págs. 454-455: «La técnica jurídica es el conjunto de los medios con los cuales los sujetos de derecho pueden adoptar, en el sistema social en el que se encuentran incluidos, la actitud mental jurídica y a seguir su impulso. . . Todos esos diversos procedimientos poseen el rasgo común de ser procedimientos activos destinados a lograr que la gente se comporte de una manera determinada. El derecho dinámico por completo solo puede concebirsé en acción». Pág. 456: « . . . en todo instante la obrar del jurista trata de operar sobre la sociedad, para influirla y modelarla».

Pero conviene avanzar otro paso. Cuando en su actividad práctica el jurista piensa de una manera acentuadamente finalista, los fines jurídicamente importantes no se le aparecen como objetivos fijados de manera aislada, que se manifiesten momentáneamente sin sujeción a un plan. Entran en su pensamiento como elementos de un todo lleno de sentido, del ordenamiento jurídico, hasta el punto de que solo de tal manera quedan caracterizados como fines jurídicos. En definitiva, toda consideración finalista del pensamiento jurídico que parezca manifestarse aisladamente lleva a la totalidad, de manera que la totalidad del ordenamiento, jurídico constituye el fondo potencial del pensamiento jurídico[51]. ¿Cómo obtiene el profano sus conocimientos de lo que es el contenido del ordenamiento jurídico vigente? Desde la infancia, en gran parte, vive en un medio en el que todo paso le hace chocar con las valoraciones jurídicas dominantes. Desde la escuela sus valoraciones personales van adaptándose en gran medida a un *standard*: su persona debe quedar modelada como una pieza de mosaico que se adapte a la gran muralla. Con sus relaciones, percepciones, la información del periódico, de la radio, etc., el profano recoge después, poco a poco, un considerable conocimiento del derecho. Pero no se trata de un saber sistemático, sino que se disgrega en fragmentos que se reúnen de manera ocasional sin que, por su sentido, se correspondan entre si[52]. A ello se añade que su conocimiento del derecho está dominado por elementos afectivos. Esos elementos llevan a que su atención se fije de manera

---

(51) Otto Brusiin, *Ober die Objektivität der Kecbtspreebung* (Helsinki, 1949), pág. 121; Wurzel, *Das juristisebe Denken,* págs. 53-56; E. Ehrlich, *Die juristisebe Logik,* págs. 245-271. Ehrlich escribe (pág. 25O) sobre los glosadores: «Mediante una labor del intérprete puramente intelectual debía lograrse un todo de una infinita diversidad; entre pasajes que, de manera ostensible, no guardaban entre sí la menor relación, se establecieron conexiones para que pudieran completarse y aclararse mutuamente. . . Esta manera de considerar en cada regla de derecho el conjunto de todas ellas y de vislumbrar en esta totalidad la unidad del derecho fue conservada como método por los juristas posteriores del derecho común y desarrollada en muchas direcciones». Aunque esta descripción de Ehrlich es exacta a grandes rasgos, resulta que con ello disponemos de una prueba adicional de que en U historia de la cultura jurídica europea tuvo una importancia decisiva la jurisprudencia (ciencia jurídica). Erich Genzmer, *Die iustinianische Kodifikation und die Glossatoren,* pág. 38, dice acerca del método escolástico: «Por la abundancia del material era inevitable que aparecieran antinomias entre las sentencias teológicas. Se procedió entonces a armonizar las contradicciones como si solo fueran aparentes, preservando el carácter de verdaderos de los pasajes dotados de autoridad. De esta manera se llega a un procedimiento de armonización. . Pág. 40, nota 181: «El derecho es una expresión del orden divino del *ser.* En consecuencia, para la imagen medieval del mundo, el derecho no puede contener ninguna verdadera contradicción, sino únicamente dificultades de interpretación».

(52) Jerome Frank, *Courts on Trial,* págs. 330-345; Max Weber, *Wirtschaft und Gesellschaft* II, págs. 512-513: « ... a pesar de la judicatura profana, el desarrollo técnico y económico, ha producido de manera inevitable un creciente *desconocimiento* por parte de los profanos, del siempre en aumento contenido técnico del derecho, y con ello la especializaron del derecho y la valoración del vigente como un aparato técnico racional, desprovisto de santidad, que en cada instante ha de ser ajustado a su finalidad».

preponderante en ciertas peculiaridades que son secundarias o insignificantes por completo desde el punto de vista de su trascendencia jurídica. Los puntos centrales, verdaderamente decisivos, muchas veces le parecen al profano desprovistos de interés, «meramente técnicos», y en su caso no es posible hablar para nada de una dominación unitaria de la materia jurídica(53).

Otra cosa sucede con el jurista. El manejo del derecho significa para él una tarea social llena de responsabilidad en la que no puede permitirse ninguna extravagancia emocional. Para él significa el trabajo cotidiano a base de cuya calidad será valorado socialmente. Su pensamiento jurídico individual es parte de un pensamiento organizador desarrollado colectivamente, de manera incesante, y que se manifiesta en los diversos tipos de ocupación profesional con el derecho. Solo el jurista vive el derecho como un cosmos en contraposición a lo que es un caos fragmentario. Los elementos acentuadamente afectivos están aquí fuertemente reprimidos, incluso en el derecho penal(54).

Ahora también podemos percibir la correlación que existe en el pensamiento jurídico entre esquematización, consideración de fin y visión del conjunto. Todos esos rasgos constantes del pensamiento jurídico se condicionan recíprocamente. Sin esquematización no cabe tener una visión de conjunto que, precisamente, presupone la apreciación y dominación del gigantesco material. Sin contemplación o consideración del fin no existe más que una vacua esquematización. La misma esquematización ya responde por sí misma por una gran finalidad: la dirección de la conducta humana en el marco de la cultura. Sin una visión del conjunto no cabe una contemplación del fin debidamente meditada: el derecho quedaría disuelto en un juego caótico de esfuerzos inconexos.

Veamos ahora el problema del talento jurídico(55). Por tal entendemos una capacidad especial para el pensamiento jurídico que exceda del término medio, esto es, que sirva para una actividad espiritual en la que aparezcan enlazados de manera íntima indisoluble la esquematización jurídica, la consideración jurídica del fin y la visión jurídica del conjunto. La especial disposición

---

(53) MAX WEBER, *Wirchaft und Gesellschaft,* II, pág. 397: «Una sublimación del derecho específicamente técnica en el sentido actual solo es posible en la medida en que tenga carácter *formal,* Pág. 511: «La 'justicia de cadi', directa, irracional, se administra actualmente en el procedimiento criminal en gran medida con la institución 'popular' de los jurados. Choca con la sensibilidad del profano no dotado de una especialización jurídica, al que siempre debe ofender el formalismo del derecho en el caso concreto, y con los instintos de las clases no privilegiadas ...».

(54) WURZEL, *Das juristisehe Denken*, págs. 7-9; E. EHRLICH, *Die juristische Logik*, pág. 281: «Nuestro pensamiento objetivo se aproxima por ello al pensamiento lógico en la medida en que logramos mantenerlo exento de impulsos afectivos. Y de la misma manera, también incumbe a la lógica de la jurisprudencia (ciencia del derecho) la tarea de eliminar en la medida de lo posible los impulsos emocionales de la lógica jurídica».

(55) JOSEF ESSER, *Einführung in die Grundbegriffe des Rechtes und Staates*, págs. 271 y sigtes.

para una sola de estas formas de actividad, todavía no significa que se tenga talento jurídico. Una inclinación natural hacia la esquematización sin suficiente consideración del fin ni visión de conjunto, es el rasgo más peculiar del mediocre jurista, apegado al texto literal, que se queda atascado en sus esquemas. Junto a una capacidad para la esquematización siempre se ha exigido al jurista, como uno de sus presupuestos, un «sano entendimiento práctico», «*judicium*». Este sano juicio humano significa que es capaz de distinguir lo importante de lo trivial, lo esencial de lo banal; es decir, que tiene una buena aptitud para la consideración del fin jurídicamente relevante(56). Esta capacidad luego se le desarrolla con la experiencia de la vida. Pero al jurista verdaderamente grande no lo hace una simple esquematización y la consideración del fin. Lo que de manera primordial le suponemos es una capacidad eminente para una visión amplia, para un pensamiento organizador de lejanas perspectivas, para la visión global del derecho. Cuando nos ponemos en contacto con su pensamiento jurídico, en seguida sospechamos o nos damos cuenta de que no se trata de un mercader de bagatelas.

En este punto se nos presentan una serie de problemas.

Un gran talento jurídico, ¿no es siempre el resultado de la posesión de una elevada inteligencia general? ¿Cómo se comportan entre sí este talento práctico jurídico y la capacidad científica? Los grandes juristas, ¿van a gusto a ocupar las cátedras de las escuelas superiores? ¿No sería muy conveniente para la juventud estudiosa que, en lo posible, muchos profesores de las escuelas superiores en el campo de la teoría del derecho, no solo fueran pedagogos e investigadores, sino también juristas de relieve?(57).

No cabe duda que el pensamiento de los grandes juristas tiene fuerza creadora(58). Pueden ser comparados a los grandes artistas, arquitectos, ingenieros. Pero, ¿qué sucede con un pensamiento jurídico de pequeño alcance?

---

(56) ERWIN RIEZLER, Das *Rechtsgefühl*, pág. 117: «Este *sensns iuridicus* descansa... en disposiciones intelectuales, en la facultad de valorar con rapidez y exactitud los elementos del supuesto de hecho según su importancia, y de aplicarle la norma de derecho objetivo con rapidez y justeza ... En ello desempeñan el papel más importante cualidades heredadas, educadas y fortalecidas con una instrucción especializada. La facultad de valorar justamente el acontecer efectivo según su importancia para la subsunción del supuesto de hecho concreto bajo conceptos y reglas abstractas, y para darse cuenta de cuál *ti* la situación de poder o de oposición de intereses que ha dado lugar a semejantes reglas y que debe determinar la clase de su aplicación, es precisamente lo que caracteriza al auténtico jurista; al que carece de semejante capacidad lo designamos como 'jurista de impresión' (*Gefühlsjuristen*) en un sentido no vital».

(57) Ahora pensamos en el gran jurista finlandés MATTHIAS CALONIUS. Más detalles en nuestro artículo *Über die finnische Rechtsphilosophie (Mededelingen van de Koninklijke Vlaamse Academie voor Wetenschappen, Letteren en Schone Künsten van Belgie, Klasse der leiteten.* XII/8/Bruxelles, 1950).

(58) J. J. SCHMID, *Grote Denkers over Staat en Recht* (2ª ed., Haarlem, 1948); ERIK WOLF, *Grosse Rechtsdenker der deutschen Geistesgeschichte* (2ª ed., Tübingen, 1944).

¿Puede hablarse, también en este caso, con pleno sentido de talento «creador»?[59]. Esta palabra es muy ambigua e imprecisa, y podría muy bien ser tomada de la psicología del artista. Con ella se designa en primer lugar un estado de vivencia, pero también sirve para designar la valoración social. Con un criterio puramente psicológico cabe afirmar que no existe ningún hombre de espíritu normal que, durante su vida, no haya tenido continuamente vivencias de actividad creadora, aunque solo sea en una medida discreta y fragmentaria. Es algo que parece estar en correlación con lo que en el hombre hay de peculiar. Pero la valoración social no toma en consideración la vivencia como tal, sino los rendimientos. Solo cuando exceden en gran medida del término medio se les adscribe la cualidad de «creadores». En su actividad profesional el jurista se encuentra continuamente situado o enfrentado a situaciones nuevas que no se dejan dominar por ninguno de los esquemas que se tienen a mano. Una dirección en masa y unitaria de la conducta humana es una tarea extraordinariamente difícil y la manipulación del derecho que ello implica pertenece a las formas de actividad humana más interesantes que existen. El mundo del pensar y el obrar jurídicos que se ofrece al profano como una inquietante colección de esquemas inertes, se convierte en una técnica difícil que brinda la mayor satisfacción intelectual cuando se trata de juristas de calidad excepcional, con numerosas posibilidades para una aplicación creadora independiente. De entre todas las clases de ocupación profesional con el derecho, en la propia del abogado aparece ello con más claridad.

¿Qué papel desempeña la intuición en el pensamiento jurídico? Con esta palabra tan equívoca designamos ahora partes abreviadas del proceso mental que se presentan de manera fulminante, con las que la comprensión jurídica, incluso de situaciones complicadas, también se logra exactamente. ¿Qué relación recíproca existe entre la visión jurídica de conjunto que antes hemos discutido y la intuición jurídica? Una visión jurídica de conjunto significa que la situación jurídica concreta que ha de manejarse queda confrontada con el fondo potencial de todo el ordenamiento jurídico. Por el contrario, en una intuición jurídica, los elementos que componen la concreta situación de derecho quedan reconocidos en un proceso mental que transcurre de manera rápida y abreviada. Que existe alguna relación entre la visión de conjunto y la intuición, parece probable.

En este sentido resultan comprensibles manifestaciones de juristas destacados acerca de su manera intuitiva de trabajar. Cabría oponer que la llamada intuición jurídica no es más que el resultado de muchos años de experiencia y de ninguna manera una facultad individualmente condicionada. Pero contra ello, incluso, habla el hecho de que entre los juristas experimentados existan grandes diferencias respecto de la intuición que solo pueden explicarse me-

---

(59) MAX WERTHEIMER, *Productive Thinking* (New York, 1943?), pags. 189 y sigtes.; L. SZEKELY, *Knowledge and Thinking (Acta Psychologica,* VII/I/1950); *Zur Psychologie des inneren Verhaltens beim Lernen, Denken und Erfahren* {*Theoria.* XIII/1947).

diante diferencias debidas a la psicología de la personalidad. Hay que conceder que una experiencia de muchos años ofrece una base valiosa a la intuición jurídica. El proceso jurídico mental ya no necesita en este caso pasar trabajosamente por cada una de las fases intermedias. La importancia que esto tiene para el rápido funcionamiento de la maquinaria jurídica que —como ya hemos dicho— trabaja bajo la continua presión de la falta de tiempo, es fácil de comprender. Todo jurista recuerda la admiración —y el asombro— con que, en su juventud, contemplaba la manera de trabajar de un viejo y experimentado colega. Todos los incontables momentos que entraban en consideración y que casi llevaban al joven jurista al borde de la desesperación, eran resueltos en este caso con una visión intuitiva rápida y precisa[(60)].

¿Cómo puede juzgarse acerca de la exactitud de una intuición jurídica? Es un dominio que se produce de una manera gradual. Pensemos, por ejemplo, en el abogado. Cuando el cliente le informa de la cuestión litigiosa, el abogado experimentado se forma ante todo una primera visión de conjunto intuitiva. Después de haber recogido el material probatorio para el proceso que ha de dirigir, ya podrá ampliar el cuadro en algunos puntos. Ante el tribunal se entera el abogado de lo que su adversario aporta al proceso: también así se produce una ampliación constante de la primera imagen que se formó intuitivamente. El juez, por su parte, en la dirección del proceso trabaja desde el principio con intuiciones que se van sucediendo. Pero si el juez se queda estancado en su primera intuición relativa al litigio que ha de resolver, puede con ello perjudicar la dirección objetiva del proceso y falsear el resultado final que es la sentencia[(61)].

Volvamos ahora a una cuestión ya aludida brevemente en relación con el lenguaje jurídico. Se ha dicho que el pensamiento jurídico puede ser designado como un sector autónomo, con sus propias reglas, porque se trata de un pensamiento normativo que parte de la existencia de un ordenamiento jurídico obligatorio. Pero la expresión «pensamiento normativo» nos parece que, en

---

(60) Sobre la intuición, CARLOS COSSIO, *El derecho en el derecho judicial*, págs. 30 y sigtes., 189 y sigtes.; ERWIN RIEZLER, *Das Rechtsgefühl*, pág. 14: «En todo caso, la sensación de armonía, lo mismo que la de función en el sentido jurídico, como capacidad de adoptar una decisión jurídica de carácter intuitivo, solo es un factor concomitante y no esencial. Lo sensible queda aquí muy aumentado por fenómenos *intelectuales* abreviados: por la justa valoración de los elementos del supuesto de hecho según su importancia, por la actividad lógica y al mismo tiempo valoradora de la subsunción del supuesto de hecho bajo la norma del derecho objetivo y, finalmente, por la forma de un silogismo. Lo que sucede es que los eslabones aislados de semejante proceso *no* aparecen claramente en la conciencia como elementos aislados. .. WILHELM SAUER. *Juristische Methedenlehers* págs. 347 y sigts.

(61) ERWIN RIEZLER, *Das Rechtsgefühl*, pág. 118: «... el mejor jurista es el que, antes de haber analizado y construido el caso según sus elementos, obtiene en seguida de su sentido jurídico (enel sentido de *sensus iuridicus)* la decisión que luego encuentra confirmada mediante la investigación subsiguiente y puramente racional y con una consideración técnica jurídica».

este caso, no está bien aplicada. Si mediante ella se entiende un pensamiento en el que ocupa un lugar central entre todos los objetos mentales el concepto «debe ser», «está obligado», resulta que el pensamiento del jurista práctico en su ocupación profesional con el derecho contiene una gran suma de elementos de carácter no normativo. El hecho de que el pensamiento jurídico tome como punto de partida la existencia de un ordenamiento jurídico al que refiere todos los objetos que considera, *no* significa precisamente que este pensamiento no contenga elementos causales junto a los normativos[62]. El hecho de que, efectivamente, nos encontremos tanto con elementos normativos como causales, no impide que el pensamiento relativo al derecho y —todavía con más poderosas razones— el pensamiento jurídico constituye un sector autónomo. En el pensamiento *jurídico* esta autonomía todavía queda fortalecida por lo que es el rasgo constante de dicho pensamiento que lo diferencia del pensamiento de un profano acerca del derecho.

También se ha querido caracterizar al pensamiento jurídico como algo formal en contraposición a material[63]. Así, según Stammler, el derecho es la forma y la economía la sustancia. Pero lo designado con las palabras «forma» y «formal» es impreciso. A lo sumo cabe intentar la comprobación de qué significado —o por lo común, qué significados— un pensador atribuye a esas palabras en su sistema. Pero el hecho de que con tanta frecuencia se destaque el carácter formal del pensamiento jurídico parece estar en relación con la esquematización en este caso dominante. La contraposición «formal/material» puede ser reconducida a la contraposición «reducción a un esquema lo que queda reducido a un esquema».

Observemos todavía brevemente el tan discutido problema que se encierra en estas palabras: «derecho y economía». Con las palabras «economía», «actividad económica», designamos algo que solo se presenta entre los hombres[64]. Esta actividad es una condición indispensable para la existencia duradera del individuo humano; se ejercita por el mismo o por otros hombres en su beneficio. Por medio de una constante actividad económica el hombre se

---

(62) León Husson, *Les transformations de la responsabilité. Elude sur la pensée juridique* (Paris, 1947), pág. 24; Francesco Carnelutti, *Teoria generale del diritto,* págs. 3 64-404: la doctrina de los «juicios jurídicos»; Karl Engisch, *Vom Weltbild des Juristen,* págs. 24-25.

(63) F. B. Cicala, *Corso di filosofía del diritto,* pág. 216: «El Estado no es uno y lo mismo con el derecho, y el derecho no es uno y lo mismo con el Estado, no es todo el Estado, sino solo el momento formal, la forma de la organización estatal.

(64) Barna Horvath, *Recht uni Wirtschaft,* pág. 346, hi hecho el experimento de investigar si la naturaleza contiene elementos económicos, y llega a la conclusión de que su «economía» es mis rigurosa que la propia de la sociedad humana. Su experimento conceptual no se dirige a demostrar el carácter económico de la naturaleza, sino el carácter natural de una parte de los elementos económicos y, principalmente, la transición y diferencia de «economía» de la naturaleza a economía del hombre (comunicación epistolar de Horvath). El conocido teórico de la economía, Navratil, caracteriza a la economía como «atención de las condiciones materiales de la vida» (Horvath, *ob. cit.,* pág. 346).

procura condiciones materiales para la existencia propia y de su familia. En definitiva, pues, alimento y calor. La escasez de medios de vida que de manera normal existe en casi todas partes obliga al hombre a una actuación económicamente planeada. Con ello tiene en cuenta la realidad social desde un aspecto determinado[(65)].

Si comparamos el aspecto económico con el jurídico, observaremos que se trata, en los dos casos, de una consideración finalista y que, en ambos, la realidad social se halla intensamente esquematizada. No carece de significación que, en muchos casos, las mismas palabras designen instituciones económicas y jurídicas. «Compra», «cambio», «cheque», «préstamo», «pago» —la lista podría alargarse tanto como se quisiera— designan hechos económicos y al mismo tiempo jurídicos, y tanto en uno como en otro sentido se trata de algo tipificado, esquematizado, que se reproduce en innumerables casos concretos.

Existen, por tanto, correlaciones entre la economía y el derecho[(66)]; es decir, las modificaciones que se producen en uno de estos sectores están enlazadas con variaciones correlativas que aparecen en el otro. Cuando, por ejemplo, se expone gráficamente la actividad económica en una empresa determinada durante un largo período de tiempo, puede trazarse un cuadro que sea el reflejo jurídico de dicha actividad[(67)]. ¿Qué impresión tiene del derecho un

---

(65) El *homo oeconomicus* y el *homo iuridicus* son uno *y* otro construcciones mentales y no dejan ciertamente de ofrecer puntos de contacto. GIORGIO DEL VECCHIO, *Der 'homo iuridicus' und die Unzulänglichkeit des Rechts als Lebensregel* (Belgrado, 1937); MIHAI RALEA, *Explication de l'homme* (Paris. 1949), págs. 239 y sigtes., 267. Acerca de la relación entre *homo iuridicus y homo politicus,* LUIS LEGAZ Y LACAMBRA, *Direito e política* (Lisboa, 19j0), págs. 9-10.

(66) No superado, MAX WEBER, *Wirtschaft und Gesellschaft*, II, págs. 387-513 (sobre todo, § 3: las formas de fundamentación de los derechos subjetivos).

(67) Una concepción según la cual lo «real» son las relaciones de producción y las fuerzas de producción, a las que han de ser referidos todos los demás fenómenos sociales, y entre ellos también el derecho, carece de fundamentación científica. Ciertamente hay que admitir que lo económico representa algo fundamental para la existencia del hombre. Pero cuando se da valor absoluto de «última» realidad al aspecto económico, se entra en el imperio de lo que no puede ser comprobado, de lo metafísico. Lo único que podemos comprobar que existe entre la economía y otros aspectos de la conducta humana *son* correlaciones. Compárese BARNA HORVATH, *Rechtssoziologie,* págs. 110 y sigtes.; GEORGES GURVITCH: *Sociology of Law*, págs. 295-298; GIORGIO DEL VECCHIO, *Materialismo e psicologismo storico* (separata de la *Rivista internazionale di filosofía del diritto,* XXIV/II-IV/1947); VINDING KRUSE, *Retslaeren*, I, págs. 60-72: las correlaciones entre economía y derecho en los distintos sectores de éste. Con motivo de la conocida teoría de STAMMLER sobre la relación entre la economía y el derecho, manifiesta KRUSE: Su concepción no resulta completamente convincente, pues en sus razonamientos se observa que falta una documentación experimentada, una penetrante investigación acerca de los sectores económicos prácticos más importantes y sobre la importancia del ordenamiento jurídico para ellos, una comprobación exacta de la acción recíproca entre los factores económicos y jurídicos (*ob. cit.*, págs. 64-65; traducido del danés al alemán por el autor). NICOLAI HARTMANN, *Das Problem des geistigen Seins,* pág. 11, manifiesta acerca del hegelianismo y del marxismo: «Los dos tratan de

empresario de la economía? Como un medio, un obstáculo, un peligro. Como un medio para su actividad económica ajustada a un plan. Tanto el planeamiento económico, que puede hacerse a largo plazo, como la dirección en masa de la conducta humana conforme a un plan, están orientados hacia el futuro y trabajan con juicios de probabilidad relativos a conexiones causales futuras. El derecho también puede prohibir al empresario económico muchas formas de actividad que, de lo contrario, tal vez hubiese podido escoger sin reservas en la libre concurrencia (Código penal, legislación sobre competencia desleal, protección de nombres comerciales y de marcas, diversas disposiciones de derecho civil). El derecho puede proporcionar armas al adversario del hombre de empresa (por ejemplo, un proceso por escándalo para perjudicar a un competidor). Sin una maquinaria jurídica que funcione regularmente de manera previsible (seguridad jurídica) no sería posible ningún plan económico de vasto alcance, y todo el conjunto de la actividad económica retrocedería hasta una fase primitiva[(68)].

¿Cómo experimenta la economía un jurista? Como algo con lo que está en relación constante en su labor de jurista práctico. Los ordenamientos jurídicos vigentes significan de manera preponderante que determinados intereses económicos son protegidos mediante el aparato de la coerción estatal frente a otros intereses de la misma clase. Lo que está protegido en una comunidad jurídica concreta y contra qué, es algo que, en definitiva, queda determinado por la estructura de poder de la comunidad. Pensemos en el derecho privado, penal, administrativo: los intereses económicos desempeñan en todas partes un papel predominante. Incluso tratándose de derechos (subjetivos) de la personalidad y de la familia aparecen destacados estos intereses. Un litigio relativo a un derecho de autor gira casi siempre en torno a intereses económicos, y en los procesos de divorcio (si nada se ha convenido privadamente) se lucha duramente por el aspecto económico. De las causas criminales que han de resolver los tribunales, la mayoría está en relación inmediata con los intereses económicos. Si se hace una estadística de las cuestiones administrativas que se resuelven en una comunidad jurídica durante un determinado período de tiempo, se verá que están fuertemente representadas las decisiones administrativas con un fondo económico. Y los problemas de que entienden los organismos del derecho de gentes son, en gran parte, de la misma índole.

---

comprender la totalidad del ser histórico a base de un solo grupo de fenómenos». HEGEL trata de comprender la totalidad «desde arriba» *(«von oben her»)*, MARX «desde abajo» *(«von unten her»)*. Ideas criticas de un historiador del derecho, dignas de ser tenidas en cuenta, en FRANCESCO CALASSO, *Introduzione l diritto comune* (Milano, 1951), págs. 148-157.

(68) E. EHRLICH, *Grundlegung der Soziologie des Rechts*, págs. 32-48; BARNA HORVATH, *Recht und Wirtschaft*, pág. 357: «Si se imagina esta obra del derecho como *descartada y* se piensa a qué primitivo nivel quedaría con ello relegada la economía, se tiene entonces una idea de la *participación* del derecho en la economía, por tanto, en la producción de bienes».

(69) RUDOLF STAMMLER, *Wirtschaft und Recht nach der materialistischen Geschichtsauffassung* (5ª ed., Berlin und Leipzig, 1924), pags. 108 y sigtes., 211 y sigtes., 241 y sigtes., 287 y sigtes. Una aguda crítica de la teoria de STAMMLER, en MAX WEBER, *Gesammelte Aufsätze zur*

Que exista una ligazón tan íntima entre el derecho y la economía resulta algo evidente a la luz de nuestra hipótesis antropológica que hemos tomado como punto de partida. El derecho es una emanación de la constitución espiritual de los hombres que conviven permanentemente en sociedad. La actividad económica ajustada a un plan también es algo específicamente humano. Así puede comprenderse la formulación no muy acertada del genial RUDOLF STAMMLER: derecho y economía se hallan enlazados indisolublemente como forma y sustancia(69).

Wissenschaftslehre (Tübingen, 1922). Respuesta de STAMMLER, *ob. cit.*, pags. *670 y* sigtes.; BENEDETTO CROCE, *Riduzione della filosofia del diritto alla filosofia dell'economia* (Napoli, 1926), págs. 35 y sigtes.; GIORGIO DEL VECCHIO, *Diritto ed economia* (Roma, 1935), pág. 27: «Fundamento tanto del derecho corno de la economia lo es siempre la naturaleza humana»; BARNA HORVATH, *Rechtssoziologie*, págs. 98 y sigtes., 148; *Recht und Wirtschaft*, pags. 353 y sigtes.; HELMUTH COING, *Grundzüge der Rechtsphilosophie*, pägs. 216-225; WALTER BURCKHARDT, *Methode und System des Rechts*, pags. 104 y sigte«. (forma/sustancia).

V

LA DEDUCCIÓN EN EL PENSAMIENTO JURÍDICO

LA JURISPRUDENCIA O CIENCIA JURÍDICA

Muchos profanos opinan que el pensamiento jurídico es «lógico» en alto grado. Del mismo criterio participan destacados lógicos. Cabe objetar a ello, en todo caso, que un profano —aunque por su especialidad sea un lógico— tal vez apenas tendrá un conocimiento suficiente del pensamiento jurídico. A pesar de ello, la indicada opinión tiene interés, sobre todo si se considera que también tiene defensores entre los juristas(1). Pero si se pregunta a los juristas qué entienden por «lógico» en este sentido, se obtendrá por respuesta el silencio o las opiniones más contradictorias. El jurista que se dedica a una labor práctica ha llegado al convencimiento, después de una experiencia de muchos años, de que lo «lógico» desempeña un importante papel en su pensamiento. Pero le resulta difícil explicarlo de una manera más precisa y señalar cómo opera en cada caso(2).

---

(1) JULIUS STONE, *The Province and Function of* (Sidney, 1950), págs. 137-146. Acerca de esta obra, muy instructiva para el jurista de Europa continental —y que, por ejemplo, en los Estados Unidos ha merecido los más encendidos elogios en las recensiones— pueden verse las observaciones criticas de NORBERTO BOBBIO, en *Rivista intemazionale di filosofia del diritto,* XXVII/I/1950, págs. 90-97. Con la inconmovible superioridad de un filósofo del derecho de Europa continental, afirma BOBBIO que STONE no es ningún filósofo, sino «ostensiblemente un ecléctico y relativista» que no se preocupa especialmente de la validez *(validità reale)* de las diferentes doctrinas filosóficas tradicionales (pág. 93). Esto afecta especialmente a las doctrinas de la justicia. A este respecto, BOBBIO trata también de la destacada obra de W. FRIEDMANN, *Legal Theory* y —desde su punto de vista— llega a un juicio completamente negativo. Para BOBBIO tanto STONI como FRIEDMANN son, los dos, «manifestaciones características del pensamiento jurídico anglosajón» (pág. 100). Y lo peor es que: «Friedmann, lo mismo que Stone, es un relativista».

(2) G. H. VON WRIGHT, *Form und Content in Logic* (Cambridge, 1949), pág. 12, distingue tres «campos de la lógica», aunque hace constar que todavía existen otros. «Primeramente, hay expresiones en las que las variables significan proposiciones ... En segundo lugar, hay expresiones en las que las variables significan propiedades (clases)... En tercer lugar, hay

La palabra «lógico» es de uso frecuente tanto por los juristas prácticos como por los investigadores en el terreno de la jurisprudencia. Si se hiciera un estudio comparativo, podría comprobarse que esta palabra se emplea con los más diversos significados, no solo por distintas personas, sino incluso por la misma. Entre estos significados resultan especialmente interesantes los que permiten llegar a la conclusión de que existe una especial lógica jurídica junto a la tradicional, con una propia y autónoma regularidad(3). Cabe preguntar si aquella «inseguridad» de los juristas, cuando se trata de señalar con precisión lo que existe de lógico en su pensamiento, en parte no es resultado de que ahora se nos presenta algo que es peculiar del pensamiento jurídico(4).

El iusfilósofo argentino CARLOS COSSIO estima que la tradicional y aristotélica lógica del ser —incluso en la forma modernizada de la logística— es completamente inadecuada para el pensamiento en el campo del derecho, en el que, de hecho, se aplica desde hace tiempo una lógica del deber ser que posee sus leyes peculiares. KELSEN ha sido el primero en sistematizarla de una manera verdaderamente genial, estructurándola como una teoría unitaria: su teoría pura del derecho constituye en realidad —y tanto si el mismo KELSEN lo reconoce o no—(5), una lógica del pensamiento jurídico(6). En este breve estudio

---

expresiones en las que las variables significan relaciones». G. H. VON WRICHT, *Om logik* (*Nya Argus*, 19s0), pág. *62:* «...la lógica nos proporciona las reglas de juego del pensamiento científico, es decir, las reglas para una derivación de teoremas de axiomas en una ciencia...»; pág. 63: «La lógica es un estudio del pensamiento axiomático o de las reglas de las cuales nosotros podemos derivar conclusiones a base de supuestos dados...»; pág. 112: «La lógica y el álgebra se parecen en que ambas pueden ser concebidas como medios de cálculo. Se diferencian en que, mientras las variables en el álgebra significan números, en la lógica significan situaciones de hecho, propiedades y relaciones» (traducción del sueco al alemán por el autor).

(3) E. EHRLICH, *Die juristische Logik,* págs. 126-127.

(4) CH. BOASSON, *Sociological Aspects of Law and International Adjustment,* págs. 49-65 (dececho y lógica).

(5) CARLOS COSSIO, *Norm, Recht und Philosophie* (*Osterreichische Zeitschrift für öffentliches Recht,* nueva serie, I/4/I948), pág. 480: Preguntado sobre el alcance de la lógica jurídica formal que la teoría egológica atribuye a la teoría pura del derecho, KELSEN contesta categóricamente que «no puede admitir esta interpretación que no corresponde ni a la intención ni al sentido de su teoría. No cree en una pluralidad de lógicas... Él se sirve de la lógica general, pero no la aplica a objetos del ser, sino a objetos del deber ser, a las normas». RUDOLF STAMMLER, *Theorie der Rechtswissenschaft,* págs. 7-8: «La forma y manera condicionada con las que determinamos un especial contenido de la voluntad en el sentido de pensamiento jurídico, también se puede representar de una manera abreviada, como desde hace tanto tiempo realiza la lógica general con el procedimiento formal del comprender, juzgar, deducir: y son muchos los que han sentido y manifestado el deseo de disponer de una correspondencia lógica del pensamiento 'jurídico' «. De la manera como STAMMLER, en su obra, construye aquella lógica, parece adherirse por completo al tradicional concepto de la misma. (Por ejemplo, págs. 38 y sigtes., 162). JULIUS BINDER, *Philosophie des Reckts,* pág. 886: «El pensamiento lógico formal no puede comprender en general el peculiar *sentido* jurídico que, como *sentido,* no puede serlo formalmente, sino que la ciencia debe *abandonar*

no podemos entrar más detenidamente en el sugestivo pensamiento de COSSIO, pero hemos de poner de manifiesto que aplica la palabra «lógica» en un sentido muy amplio. Aunque reconocemos plenamente el valor de su destacado análisis del pensamiento jurídico, no creemos que sea adecuado hablar en este caso de «lógica» y de «lógico»[(7)].

G. H. von Wright ha publicado hace poco un estudio sobre la lógica del deber ser *(Deontic Logic, Mind,* enero de 1951) que ha despertado un vivo interés y no solo entre los filósofos. Aunque el autor considera primordialmente hechos de la esfera moral (págs. 4, 14, 15), sus razonamientos también tienen gran interés para el pensamiento jurídico. «A la realización o no realización de un acto determinado (por un sujeto agente) le daremos el nombre de valores de cumplimiento (para este sujeto). Un acto, será llamado una función de cumplimiento de otros actos determinados, si su valor de cumplimiento para cierto sujeto solo depende de los valores de cumplimiento de esos otros actos para el mismo sujeto. El concepto de función de cumplimiento es estrictamente análogo al concepto de función de verdad en la lógica proposicional. Funciones de cumplimiento particulares pueden ser definitivas en estricta correspondencia con las particulares funciones de verdad. El sistema de la lógica deóntica. . . estudia proposiciones (y funciones de verdad de proposiciones) acerca de los caracteres obligatorios, permitidos, prohibidos y otros caracteres deónticos (derivativos) de los actos (y funciones de cumplimiento de los actos). Una tarea particularmente importante que se propone la lógica deóntica consiste

---

la base de este pensamiento para investigar en la esfera del teleológico y ético.. pág. 425 (contra KELSEN, FELIX KAUFMANN y STAMMLER) «en lo más esencial han quedado aquéllos prendidos en imágenes de la filosofía natural y operan con la lógica matemática carente de ideas, mientras que nosotros tenemos conciencia que, con esta lógica, en el campo del derecho no podemos emprender nada».

(6) CARLOS COSSIO, *La teoría egológica del derecho y el concepto jurídico de libertad,* pág. 131; *El derecho en el derecho judicial,* págs. 40 y sigtes.; *La plenitud del ordenamiento jurídico* (2ª ed., Buenos Aires, 1947), págs. 288 y sigtes.; *Panorama de la teoría egológica del derecho,* págs. 67 y sigtes.; WERNER GOLDSCHMIDT, *Beziehungen zwischen Ontologie und Logik in der Rechtswissenschaft (Österreichische Zeitschrift für öffentliches Recht,* nueva serie, III/2/195O; *Comentarios acerca de la sistemática cossiana de la filosofía jurídica* (Universidad Nacional de Córdoba, Argentina: *Boletín de la Facultad de Derecho y Ciencias Sociales,* IX/3/1945); *En torno de la «Escuela egológica del derecho» (Revista critica de derecho inmobiliario,* XXII/221/ 1946).

(7) Considerado desde su principal punto de vista, COSSIO es completamente consecuente al hablar de una especial «verdad jurídica»: *El derecho en el derecho judicial,* pág. 149: «...la verdad jurídica de una sentencia». Esta consecuencia fortalece nuestra duda contra su empleo de la palabra «lógica», «lógico». El filósofo del derecho finlandés ELIESER KAILA ha intentado la construcción de una lógica jurídica volitiva inspirada en la psicología de HEINRICH MAIER (*Oikeuslogiikka,* I, Helsinki, 1924); FREDE CASTBERG, *Rettsfilosofiske grunnspörsmal,* páginas 85-87; EDWARD H. LEVI, *An Introduction to Legal Reasoning,* págs. 573-574: el razonamiento jurídico tiene una lógica peculiar. Su estructura se adapta a dar sentido a la ambigüedad *y* a comprobar constantemente si la sociedad ha llegado a ver nuevas diferencias o semejanzas; E. Ehrlich, D*ie juristische Logik,* págs. 125-126.

en desarrollar una técnica para decidir si las proposiciones que estudia son lógicamente verdaderas o no (el problema de la decisión)

¿Se encuentran en el pensamiento jurídico conexiones deductivas?[(8)]. En una conexión deductiva se deriva de manera necesaria una nueva proposición o una serie de nuevas proposiciones de otra proposición o de varias. Si se analizan las objetivaciones del pensamiento jurídico expresadas por medio del lenguaje —por ejemplo, sentencias, decisiones administrativas, escritos de abogados— encontramos continuamente palabras como «en conformidad», «a base de», «por tanto». Tales palabras aparecen como eslabones de enlace y significan conexiones deductivas. Se trata de conexiones típicas del pensamiento jurídico[(9)]. Pero sería un grave error afirmar que el pensamiento jurídico se agota en deducciones. Si se analiza el proceso mental —en la medida en que es posible— podrá comprobarse que, en importantes y decisivos «puntos de enlace», aparecen imágenes mentales que, después, en las objetivaciones, se manifiestan como encadenamientos deductivos. Pero la parte del material conceptual que cuantitativamente predomina no aparece directamente relacionada de ninguna manera con la deducción. Más bien se trata de una relación indirecta[(10)].

Pensemos, por ejemplo, en una sentencia judicial[(11)] y en los procesos mentales mediante los cuales el juez llega a ella paulatinamente[(12)]. Puede afirmarse que, cuanto se manifiesta en un proceso, tiene en definitiva por objetivo la sentencia, pero no que solo aparezcan conexiones deductivas.

---

(8) Debe ser especialmente destacado M. OSVI LAHTINEN, *Entscheidung des Gerichts.*

(9) PER OLOF EKELÖF, *Jurisdik slutledning och termtnologi (Tidsskrift for rettsfitenskap,* 1945), págs. 211-220, 242-270.

(10) Tal vez se formulará la pregunta si lo deductivo no es también un rasgo constante del pensamiento jurídico y si por ello no hubiese debido ser tratado en el capítulo anterior. Sin embargo, nos parece más adecuado discutir separadamente por si solo el problema lógico de la deducción jurídica.

(11) O. Hj. GRANFELT-U. J. CASTREN, *Avgoranden, protokoll och processatgarder av allman und errati, egodelningsratt och skiljemannadomstol* (Helsingfors, 1944), Introducción. Crítica contra la teoría del silogismo, PIERO CALAMANDREI, *Istituzioni di diritto processuale civile secondo il nuovo codice* (Padova, 1943), I, pág. 62; *Eulogy of Judges* (Princeton, 1946), págs. j9-62.

(12) GUIDO CALOGERO, *La logica del giudice e il suo controllo in cassazione* (Padova, 1937); NORBERTO BOBBIO, *L'analogia nella logica del diritto* (Torino, 1938). Lo que llama la atención de estas dos obras interesantes es que el estudio de BOBBIO polemiza vivamente contra el de CALOGERO. Nos parece que CALOGERO conserva bastante intacta su posición, muy fuerte filosóficamente. Sobre el problema de una lógica jurídica específica, CALOGERO, *ob. cit.,* págs. 39 y sigtes. Sobre la teoría del silogismo, pág. 47: «... la adaptación de la sentencia a un único silogismo parece bastante problemática...»; pág. 5I: «... la verdadera y gran obra del juez no estriba precisamente en sacar de las premisas una conclusión, sino precisamente en hallar y formular las premisas». Con el concepto impreciso de «lógica de las cosas» (págs. 57 y sigtes.) no ha dado más fuerza CALOGERO a su razonamiento. En su estudio subraya BOBBIO la importancia de la lógica en el pensamiento jurídico y ciertamente que, en muchos puntos, de una manera convincente. Las corrientes irracionales de los últimos decenios —que por sí mismas eran completamente comprensibles— son expuestas como exageraciones y condicionadas por la época. No hemos conseguido ver comple-

Cuando está sometido a comprobación del tribunal tanto el problema de hecho como el de derecho, el juez y el abogado experimentado saben de sobra que la cuestión decisiva radica en el problema de hecho[13]. El pensamiento jurídico del juez está muchas veces dirigido, de manera primordial, a la cuestión muy difícil de lo que ha de estimarse probado y de lo que no. Solo después de que el tribunal —quizá después de una complicada tramitación procesal (con una serie de testigos, peritos y material de prueba por escrito que se contradicen)—, ha adoptado un criterio acerca de este problema, puede tratar de establecer un enlace deductivo entre el cuadro de la realidad así obtenido y tan fuertemente esquematizado y la norma de derecho. La imagen de la realidad queda establecida entonces en la forma de proposiciones que se coordinan con las reglas de derecho.

Si por ello se afirmara que la sentencia es un silogismo, se daría una imagen extraordinariamente simplificada[14]. Todo depende de lo que se trate de indicar con la palabra «sentencia». Si se estima como un acto dotado de autoridad, objetivado en una determinada forma por el lenguaje *y* que también contiene su fundamentación, se tratará de algo que no puede quedar caracterizado de manera agotadora con la palabra «silogismo»[15].

tamente claro qué significado atribuye BOBBIO a las palabras «lógico» y «lógica». Por ejemplo, afirma (pág. 121) de la analogía: «...la extensión analógica... es *antes que nada* un procedimiento lógico. La analogía no consigue más que hacer explícita la racionalidad inmanente al sistema» (pág. 132). Pero entonces BOBBIO expresa de pronto (pág. 154): el problema de la analogía es *solamente* un problema lógico (el subrayado es nuestro).

(13) PURO CALAMANDREI, *Il giudice e lo storico (Estratto dalla Rivista di diritto processvale civile*, XVI/XVII/1939); FRANCESCO CARNELUTTI, *Arte del diritto,* págs. 72 y sigtes.; *Teoria generale del diritto,* págs. 371 y sigtes.; WILHELM SAUER, *System der Rechts- und SozialPhilosophie*, págs. 216 y sigtes.; *Juristische Methodenlehre,* págs. 190 y sigtes.; JEROME FRANK, *Courts on Trial,* págs. 80-102; WALTER G. BECKER en *The University of Chicago Law Review*, 18/2/1951; pág. 394; LEÓN HUSSON, *Les transformations de la responsabilité. Etude sur la pensée juridtqve*, pág, 397: «La deducción opera sobre *conceptos*»; «lo que es dado al juez son *hechos* y debe aplicar los conceptos a los hechos» (págs. 398-401).

(14) Sobre la teoría del silogismo CARLOS COSSIO, *El derecho en el derecho judicial,* págs. 39 y sigtes., 85 y sigtes.; FRANCESCO CARNELUTTI, *Torniamo al 'giudizio'* (Padova, 1949), págs. 8 y sigtes.; *Arte del diritto,* págs. 63 y sigtes.: «...aquel gigantesco juicio que se llama proceso...» (pág. 71). La palabra *«giudizio» se* emplea en este caso en un sentido figurado. *Teoria generale del diritto,* págs. 364 y sigtes.

(15) HANS KELSEN, *Reine Rechtslehre,* pág. 95: «Que una sentencia judicial esté fundada en la ley no significa en realidad otra cosa sino que se mantiene dentro del marco que la ley representa, no significa que sea la norma individual, sino que es una de las normas individuales que son posibles dentro de los límites de la norma general». Pág. 98: «La pregunta acerca de cuál de las posibilidades que corresponden al marco de una norma dada es la 'justa', no es —en conformidad con lo presupuesto— ninguna pregunta dirigida al conocimiento del derecho positivo, no es un problema de teoría jurídica, lino de política jurídica»; KELSEN, *General Theory of Law end State*, págs. 132 y sigtes.; BJÖRN AHLANDER, *Är juridiken en vetenskap?*, págs. 20 y sigtes., subraya que existe una especial técnica de la argumentación jurídica. «La técnica de la argumentación jurídica es algo que todos los juristas se han apropiado más o menos. Una gran destreza y la facultad de aplicarla prácticamente no es

Si solo se pretende poner de relieve el punto central del pensamiento formal, se tratará de un rasgo muchas veces exacto. En un moderno Estado cultural del llamado derecho continental la formulación idiomática[16] de la sentencia quedará de tal manera estructurada que también en este caso podrán encontrarse —junto con muchos otros— los elementos de una co-

lo mismo que un conocimiento teórico de ella. Existen muchas expresiones de juristas destacados que demuestran que les faltan los más elementales conocimientos *de* aquella técnica que en la práctica dominan por completo» (traducido del sueco al alemán por el autor).

(16) Sobre el pensamiento judicial en el ámbito del derecho angloamericano, de manera primordial EDWARD H. LEVI, *An Introduction to Legal Reasoning.* En este estudio tan rico de enseñanza para el jurista continental europeo, LEVI compara sistemáticamente la técnica mental del *case law* y del derecho formulado en preceptos. Sobre el primero escribe: «El modelo fundamental de razonamiento jurídico es el razonamiento a base de ejemplos. Es el razonamiento de caso en caso» (pág. 501). «... Las reglas cambian de caso en caso y en cada uno de ellos se rehace. Pero este cambio en las reglas es la indispensable cualidad dinámica del derecho. Sucede así porque el alcance de (a regla de derecho y, por consiguiente, su sentido, depende de la determinación de qué hechos se considerarán semejantes a los que concurrían cuando la regla fue proclamada por primera vez... Por ello no es posible afirmar que el proceso jurídico consiste en la aplicación de reglas conocidas a hechos diferentes. Y, sin embargo, no deja de ser un sistema de reglas; éstas quedan al descubierto en el proceso de determinar semejanza o diferencia» (pág. 502). «Podría sugerirse que el razonamiento no está implicado para nada; es decir, que con la comparación de casos no se llega a ningún nuevo punto de vista. Pero se trata efectivamente de razonamiento, pues se llega a la conclusión a través de un proceso, sin que fuese directamente aparente. Parece preferible afirmar que se trata de razonamiento, pero que es imperfecto. Por ello resulta que la clase de razonamiento implícito en el proceso jurídico es uno en el que la clasificación cambia a medida que se hace. Las reglas cambian cuando son aplicadas. Más importante todavía, las reglas son resultado de un proceso en el que, mientras se comparaban situaciones de hecho, se creaban las reglas que luego fueron aplicadas» (pág. 503). Compárese ROSCOE POUND en *The Yale Law Journal*, enero de 19 51, así como WALTER G. BECKER, CHARNER PERRYS y MAX RHEINSTEIN, en *The University of Chicago Law Review*, 18/2/1951. Una introducción condensada a la técnica inglesa del precedente puede verse en GLANVILLE L. WILLIAMS, *Learning the Law* (London, 1950), págs. 58-79. «La comprobación de la *ratio decidendi* de un caso depende de un proceso de abstracción de la totalidad de los hechos que sucedieron en el mismo... ¿Cómo sabemos en qué momento hemos de detener nuestra abstracción? La respuesta es: en primer lugar, leyendo lo que el juez dice en su sentencia, pero en parte también por nuestro conocimiento del derecho en general y por nuestro sentido común, así como por nuestra sensibilidad por lo que el derecho tenía que ser» (pág. 61). EDWIN W. PATTERSON, *Dewey't Theories of Legal Reasoning and Valuation* (en la obra colectiva *John Dewey Philosopher of Science and Freedom*, New York, 1950), págs. 122, 128; E. EHRLICH, *Die juristische Logik,* págs. 126127, 139, compara el llamado pensamiento jurídico continental y el angloamericano. Estima que los supuestos fundamentales de la lógica jurídica continental son: la concepción jurídica estatal, la vinculación al precepto de derecho y la imagen de la unidad del derecho (pág. 271). Cuando EHRLICH afirma en varios pasajes que estos supuestos fundamentales no se dan en el ámbito jurídico escandinavo, apenas puede estimarse que acierte si se tiene en cuenta su formulación tan categórica. Sobre los postulados del pensamiento jurídico «continental» actual, véase también MAX *WEBER, Wirtschaft und Gesellschaft*, II, pág. 397.

nexión deductiva[17]. Sin embargo, en el sector tan importante del moderno derecho penal no consiste en un silogismo una sentencia que impone una pena: el juez siempre dispone, dentro de ciertos límites, de la necesaria libertad de movimientos y la concreta sanción penal no se obtiene de ciertas premisas como una necesidad conceptual. De ellas solo se sigue —en el caso de que no concurran causas eximentes— *que,* en este caso, debe proferirse una sentencia penal y que la sanción debe mantenerse dentro de los límites previstos en el Código penal[18].

En relación con todo ello podemos referirnos a una peculiaridad lingüística de la formulación de las sentencias finlandesas. Según una antigua tradición, una sentencia, incluso su fundamentación, debe quedar redactada en *una* frase. A muchos juristas jóvenes no les resulta ciertamente fácil dominar esta fantástica forma idiomática. Visto con un criterio puramente lingüístico —especialmente cuando la fundamentación entra en algunos detalles— tal clase de sentencia resulta algo monstruoso y extraordinariamente difícil de comprender para el profano. Con ello también se impide, en perjuicio de la cultura jurídica, que la instancia superior razone debidamente la decisión.

Esta manera de redactar se funda en que, entonces, la estructura lógica de la sentencia destaca con claridad y los tribunales quedan obligados a vigilar cuidadosamente la consistencia lógica de sus sentencias. Sin embargo, en los últimos tiempos podría haberse producido en el Tribunal Supremo una atenuación de esta antigua y venerable manera de redactar, ante las necesidades de la práctica.

Una decisión administrativa del moderno Estado cultural también contiene elementos deductivos. Así, en la decisión del Ministerio de Comercio y

---

(17) Contra toda deducción en este caso, CARLOS COSSIO, *El derecho en el derecho judicial*, pág. 160; ALF ROSS, *Towards a Realistic Jurisprudence,* págs. 150-151: «Lo que hemos dicho en este lugar acerca del carácter necesariamente finalista de la interpretación, por supuesto que se aplica en grado todavía superior a los llamados métodos de deducción. Ya se les califique formalmente de lógicos o analógicos, en ningún caso existirá un proceso de conocimiento lógicamente objetivo, sino una motivación determinada por intereses prácticos que más tarde tratarán de hallar una expresión racional en una 'inferencia' Págs. 152-153: «...las teorías marcadamente positivistas según las cuales la decisión judicial concreta se funda exclusivamente en el derecho y sus derivados lógico-objetivos, es una pura ficción». Véase pág. 158. BJÖRN AHLANDER, *Är juridiken en vetenskap?,* pág. 13: «. . .una falsa intelectualización de la jurisprudencia. Muchas de las reglas que se han aplicado para obtener una 'derivación' de la regla implícita a base del material jurídico existente, son insostenibles si se las hace objeto de una consideración crítica y aparecen como construcciones que carecen de validez científica» (traducción del danés al alemán por el autor). AATOS ALANEN, *Yleinen oikeustiede,* pág. 84: «... el juicio del juez es un juicio lógico en su fundamento esencial (*perusolemukseltaan*)».

(18) Para la libertad civil es de gran importancia que una sentencia criminal solo se profiera cuando se ha cumplido el supuesto de hecho de la ley. Para la futura posición social del acusado puede ser una cosa accesoria la cuantía de la pena. Lo esencial para él es que sea declarado inocente o culpable.

de Industria del 30 de diciembre de 1950, por la cual se concede una pensión al inspector de las fábricas metalúrgicas del Estado, se razona de la manera siguiente: «A la persona antes nombrada, que ha dejado su empleo oficial desde el 30 de noviembre de 1950 a consecuencia de una incapacidad permanente para el trabajo, se le concede una pensión anual por el importe de. . . marcos desde el 1 de diciembre de 1950, en conformidad con la ley de 30 de setiembre de 1950 relativa a las pensiones en favor de trabajadores empleados por el Estado, que corresponde al grupo III de las pensiones y que ha sido calculado en conformidad con una renta anual de. . . marcos. Para el cálculo de los años de pensión se tuvieron en cuenta los siguientes tiempos de empleo . . . Sucede a veces que la decisión administrativa no menciona expresamente una ley o un decreto aunque ello resulte presupuesto de manera evidente en virtud de un encadenamiento deductivo. «El Ministerio de Industria y Comercio ha resuelto con fecha de hoy conceder un permiso. . . meses a la empleada de la cancillería no titular X por encontrarse encinta, según resulta de un certificado médico, y al mismo tiempo, en conformidad a los. . . de la ley de 22 de diciembre de 1942, relativa a la retribución de los empleados del Estado, ha dispuesto que no debe retenérsele el sueldo durante el tiempo de permiso».

Cuando un abogado presenta un escrito a los tribunales o a una autoridad administrativa lo que por lo común le interesa en definitiva es demostrar que concurren circunstancias que imponen ciertas deducciones favorables a su cliente[19]. Lo que con frecuencia hace el abogado con su escrito es llamar expresamente la atención de los tribunales o autoridades administrativas acerca de las conexiones deductivas. Así, por ejemplo, en el escrito dirigido por B. G. con fecha 7 de abril de 1949 al Tribunal Municipal de Helsingfors. Después de exponer con detalle las circunstancias jurídicamente relevantes de un matrimonio fracasado, dice el escrito: «Estimo que mi marido y yo hemos vivido separados, tal como presupone el *§ 76*, ap. 3 de la ley matrimonial. Es cierto que habitábamos en el mismo apartamento, pero no manteníamos ninguna relación y no teníamos un hogar común. Por ser éste el caso de que ahora se trata y precisamente por la razón de que mi marido, por su propia voluntad y sin razón, se ha apartado de la vida en común, me permito solicitar del tribunal municipal que dicte una sentencia de divorcio». En el escrito del abogado H. D. dirigido al Tribunal Supremo de Finlandia el 26 de junio de 1947, apa-

---

(19) Cuando las circunstancias de hecho están todas ellas por completo fuera de duda, el abogado puede ciertamente concentrarse a la exposición de las normas de derecho. Existen casos en los que la concentración del abogado sobre las circunstancias de hecho tiene en definitiva por objetivo la calificación jurídica del caso de que se trate. Compárese PIERO CALAMANDREI, *Eulogy of Judges* (Princeton, 1946), págs. 54-58. Debe destacarse expresamente: *si* concurren circunstancias que obligan a una deducción determinada, en el pensamiento jurídico no se harán constar de manera deductiva, sino a base de una valoración de hechos empíricos. En el caso de que la deducción tuviera que conducir a un resultado indudablemente injusto, esta circunstancia puede producir por reacción un cambio en la valoración precedente.

rece, entre otras cosas, lo siguiente: «Debe considerarse por ello probado que la sociedad anónima X, al recibir las planchas de acero sabía que eran de origen alemán, pues para ello tenía los necesarios conocimientos periciales. Por consiguiente, si la parte adversaria ha tenido conocimiento de que las planchas eran un producto alemán del tiempo de guerra, acerca de cuya consistencia química no se había dado ninguna clase de garantía al comprador, resulta evidente que la parte adversaria no podía suponer sin más que las planchas resistirían la acción de los ácidos».

También cabe señalar cómo se manifiesta claramente en el escrito de un abogado la aplicación del razonamiento deductivo al resultado de la prueba. Así, en el escrito de B. G. del 26 de mayo de 1949, dirigido al tribunal de Abo: «Por tanto, llego al resultado de que las manifestaciones de los testigos que han declarado en este proceso no permiten de ninguna manera fundamentar una sentencia como la dictada por el Tribunal Municipal. Para demostrar que en mi matrimonio no existía ninguna discordia y que sucede simplemente que mi marido me ha abandonado, solicito que el artista X y su esposa Y sean citados a declarar ante este tribunal. . .

Podrían ser aumentados a voluntad los ejemplos concretos de conexiones deductivas en el pensamiento jurídico.

¿Qué tarea funcional cumplen las conexiones deductivas en el pensamiento jurídico?[20]. Actúan como una garantía de la objetividad[21]. Las regularidades lógicas se imponen a la subjetividad del particular: no puede librarse de ellas como formas necesarias de pensar[22]. De nuevo nos encontramos con nuestro punto de partida antropológico: es un hecho importante que el hombre se vea enfrentado con normas lógicas. Ya mucho antes de que haya cono-

---

(20) E. EHRLICH, *Die juristische Logik*, págs. 303-347.

(21) E. EHRLICH, *Die juristische Logik*, págs. 411-412: «Puesto que la lógica formal... no conduce a un pensamiento creador sino que simplemente enseña cómo se obtienen conceptos que son deducidos de otros conceptos, no cabe duda que en la jurisprudencia (ciencia jurídica) la expresión 'lógica' precisamente debe servir para hacer notar que el juez solo debe seguir la ley y que le está fundamentalmente prohibida toda creación original». Acerca de la lógica jurídica dice EHRLICH: «Solo se trataba de lograr con ella una cosa: que si el juez no podía resolver a base de la ley, tampoco adoptara sus decisiones a base de sus personales ponderaciones de los intereses en juego» (págs. 412-413). Nos parece que las apreciaciones críticas de EHRLICH contra la vinculación del juez no consideran de manera suficiente un hecho fundamental: la posición principal de la justicia en el Estado de derecho continental. Por supuesto que cabe desear que esta posición sea distinta que la que efectivamente es, pero, en tal caso, la crítica debería estar encaminada contra el punto central del derecho constitucional. Sobre la división de poderes ERNST VON HIPPEL, *Gewaltenteilung im modernen Staat* (Koblenz, 1947?), páginas 41-50; PIERO CALAMANDREI, *Istituzioni di ditritto processuale civile secondo el nuovo codice* (Padova, 1943), I, pág. 71.

(22) FRANZ W. JERUSALEM, *Kritik der Rechtswissenschaft*, pág. 60: «...la jurisprudencia de los tribunales es tratada... no como comprobación de lo que es válido, sino como expresión de la verdad».

cido y formulado claramente dichas normas se siente ligado a ellas. Pero tampoco ahora podríamos entregarnos a una teoría objetiva del valor. Es cierto que las normas lógicas no proceden de ningún individuo determinado o concreto, pero sí «del hombre». En este punto consideramos primordialmente la elemental lógica de escuela, tal como aparece en el enlace deductivo del pensamiento jurídico. Así debe hacerse también cuando el lógico moderno formula una teoría, aunque para ello se sirva de conceptos y símbolos nuevos y originales: el contenido conceptual de su teoría presupone, no obstante, un tipo normal del hombre capaz de pensar. Sin este presupuesto, solo él mismo podría comprender la nueva teoría lógica[23].

Cuando el «ordenamiento jurídico» queda caracterizado como un complejo de normas de derecho, en este concepto del orden ya existe una tendencia a la objetividad[24]. Un complejo de esquemas de actuación formulados abstractamente (dirección en masa), que los miembros de una sociedad humana sienten como obligatorios, está por encima de la subjetividad del individuo aislado. Mediante la aplicación de este complejo de normas, de los casos concretos de la vida solo se toman en consideración como jurídicamente relevantes algunos pocos rasgos esquematizados. El hombre individual desaparece detrás de un tejido de esquemas[25]. No puede pretender que se tenga en cuenta su personalidad individual en medida superior de lo que ha hecho el ordenamiento jurídico.

En las actuales épocas culturales del mundo occidental en las que los tradicionales valores religiosos metafísicos ya no son los portadores de la cultura, la objetividad aparece como uno de los pocos valores todavía existentes[26]. Esto podría estar en relación con el hecho de que una actitud científicamente objetiva no ha hecho más que incrementarse desde el Renacimiento y que sus efectos, incluso, se dejan sentir, poco a poco, en el terreno social, a pesar de fuerte resistencia. Éste es uno de los rasgos fundamentales de nuestra concepción, propia de la cultura occidental que está en radical contraposición con la metafísica marxista. Los metafísicos marxistas que estiman ser los representantes de la única teoría de la sociedad «exacta», han conservado de

---

(23) G. H. VON WRIGHT, *Deontic Logik (Mind,* enero de 1951), pág. 14, después de haber enunciado seis *laws on commitment,* manifiesta: «La verdad de todas esas leyes es resultado de nuestras nociones intuitivas de obligación y permisión. Pero no todas ellas son intuitivamente evidentes».

(24) LUIS RECASENS SICHES, en la obra colectiva *Latin-America Legal Philosopby* (Cambridge, Mass., 1948), páginas 42-50; B. A. WORTLEY, *Keeping the Ptace (The Law Quarterly Review,* 63/1947); WURZEL, *Das juristische Denken,* págs. 98-99.

(25) FRANZ W. JERUSALEM, *Kritik der Rechtswissenschaft,* pág. 115, expresa lo siguiente acerca de la doctrina de que la sentencia judicial es una subsunción: «Ahora resulta que esta doctrina simplemente se funda en que, tanto la jurisprudencia de los tribunales como la teoría, tenían como base el imperio espiritual de los conceptos jurídicos...».

(26) Sobre la objetividad, NICOLAI HARTMANN, *Vas Problem des geistigen Seins,* págs. 99-105; CARLOS COSSIO, *El derecho en el derecho judicial,* págs. 153 y sigtes.; *Panorama de la teoría egológica del derecho,* págs. 92 y sigtes.

todos modos las palabras «objetividad», «objetivo», en su vocabulario, pero les atribuyen una significación completamente nueva, contrapuesta a la concepción occidental. Un científico y un ciudadano es «objetivo» según el vocabulario marxista, cuando defiende sin reservas «los verdaderos intereses del proletariado», es decir, se someten a la dirección espiritual del partido comunista en todos los problemas que son vitales para la sociedad[27]. Hemos destacado la diferencia entre la concepción occidental y marxista de la sociedad para poner en claro que la objetividad no es algo que aparezca de manera obvia y desligada de toda circunstancia temporal. A pensadores cristianos les gusta subrayar que el reconocimiento de la objetividad y de la dignidad humana descansa sobre una base cristiana. En esto puede haber mucho de verdad. Pero cabe preguntar si una objetividad científica no afectada por emociones religioso-metafísicas no es una peculiaridad de nuestra época cultural postcristiana, en la que todavía existe la base cultural del cristianismo, pero en la que esta fe ya no tiene bastante fuerza para mover al aparato estatal en persecución de los herejes.

¿En qué relación están las conexiones deductivas del pensamiento jurídico y los rasgos antes mencionados del mismo pensamiento? La deducción corresponde al campo de la lógica, la esquematización, la consideración del fin y la visión de conjunto corresponden al de la psicología. La deducción aparece como resultado de un proceso jurídico mental ya transcurrido. Con ello el pensador ha sabido que, después, podrá verificarse esta comprobación lógica. La esquematización, la consideración del fin y la visión de conjunto, por el contrario, son peculiaridades del proceso jurídico mental cuando está en curso.

La deducción jurídica se halla en correlación con la situación social en su conjunto[28]. En un Estado de derecho de tipo liberal se pondrá el máximo

---

(27) F. I. KOSCHEWNIKOW, *Lenin y Stalin acerca de la beligerancia bolchevique en la ciencia* (en ruso, *Sowetskoje gasudarstvo i pravo*, 1950/6, págs. 1-10; la revista es publicada por el Instituto Jurídico de la Academia de Ciencias de la U.R.S.S. y el Instituto de Ciencias Jurídicas del Ministerio de Justicia); A. W. WOSTRIKOW, *Lenin y Stalin en la lucha por la beligerancia de la filosofía marxista* (en ruso: Moscú, 1948); A. M. PANKRATOVA, *La educación político ideológica por medio de la enseñanza de la historia en la escuela* (en ruso, en la obra colectiva *Ideinopolititseskoje wospitanie na urokah istorii*, Moscú, 1948), publicado por la Academia de Ciencias Pedagógicas de la U.R.S.S. Como colección de fuentes es muy completa la revista publicada por el Instituto de Filosofía de la Academia de Ciencias de la U.R.S.S. *Problemas de la filosofía (Vaprosi filosofii).* En la revista aparece de manera permanente una sección que lleva por título «Contra la filosofía de la reacción burguesa». De los artículos más importantes, subrayamos el de M. A. LEONOV, *El espíritu crítico revolucionario de la ciencia marxista leninista*, y el de G. F. ALEKSANDROV, *Nacimiento del marxismo, gran conmoción revolucionaria en la filosofía* (los dos en 1948/1).

(28) MAX WEBER, *Wirtschaft und Geselschaft*, II, páginas 468.482: «A medida que el aparato de dominación de os príncipes y jerarcas se hizo racional por medio de 'funcionarios', tanto más se dirigió también su influencia... a conferir carácter racional... a la administración de justicia por su forma y contenido» (pág. 468). Por supuesto que en ello también juega un

acento en que los ciudadanos estén protegidos contra los abusos del poder estatal[29]. Una teoría ostensiblemente tan errónea como la de que la decisión judicial es un silogismo, apenas hubiese podido surgir y en todo caso no hubiese podido sostenerse durante tanto tiempo y de manera tan tenaz si no hubiese sido el producto de una ideología jurídica liberal. Por ello la crítica de la teoría del silogismo será rechazada en este caso como algo que causa un daño general, que pone en peligro la seguridad jurídica de los ciudadanos.

Que fuera del círculo cultural angloamericano la jurisprudencia y con ello todo el pensamiento jurídico esté encadenado deductivamente a normas jurídicas abstractas, formuladas por la autoridad y fijadas con precisión por el lenguaje, también podría muy bien estar históricamente relacionado con el absolutismo estatal. El enlace deductivo originariamente condicionado por el Estado absoluto en un complejo normativo fijado por la autoridad se ha transformado, sin embargo, en una protección de la libertad ciudadana[30].

Es indudable que la importancia de la deducción jurídica ha aumentado con el nacimiento de una especial clase de juristas, formada en las escuelas superiores. Cuando, sin prejuicios, se trata de profundizar en el pensamiento jurídico medieval, anterior a dicha época, se tiene la impresión de que existe en lo esencial un pensamiento en imágenes y no en conexiones deductivas[31].

---

papel decisivo el orden económico dominante en el Estado: «... mientras el específico formalismo jurídico permite el funcionamiento de la máquina del derecho como una máquina técnica racional, permite a los particulares el relativo máximo de margen de juego para su libertad de movimiento y especialmente para el cálculo racional de las consecuencias jurídicas y de las oportunidades de su obrar finalista» (pág. *469). «*Para los interesados en el mercado de bienes, la racionalización y sistematización del derecho significa la creciente posibilidad de calcular el funcionamiento de la administración de justicia: una de las condiciones previas más importantes para las empresas económicas duraderas, en especial para los capitalistas que necesitan la 'seguridad de tráfico' jurídico» (pág. 505).

(29) MAX RHEINSTEIN (en *The University of Chicago Law Review,* 18/2/1951, pág. 409) afirma igualmente —y se gún nos parece, sin carecer de fundamento— que ni en las comunidades jurídicas en las que predomina el derecho articulado en preceptos, puede ser hallada la decisión sin recurrir a la lógica o al silogismo. «El juez crea la premisa mayor bajo la cual coloca el caso, pero al crearla aplica otros silogismos, derivando de otras reglas existentes los principios o reglas de un orden superior de las que obtiene la regla del nuevo caso. Su función le obliga a aplicar este proceso, simplemente porque la comunidad no toleraría la arbitrariedad judicial». Compárese OTTO BRUSIIN, *El arbitrio judicial en los casos de lagunas* (en finlandés, con un resumen en alemán; Helsinki, 1938, págs. 258 y sigts.).

(30) Sobre las deducciones jurídicas, CESARE BECCARIA, *Vei delitti e delle pene,* § IV: «En todo caso de delito el juez debe hacer un silogismo perfecto» (edición de PIERO CALAMANDREI, Firenze, 1950, pág. 174. Compárese la nota crítica de CALAMANDREI a dicho pasaje. Su introducción es fértil desde el punto de vista histórico cultural, págs. 17-139); JAN-MAGNUS JANSSON, *Hans Kelsen statsteori,* págs. 29 y sigtes., 46-47, 23 8; E. EHRLICH, *Die juristicbe Logik$_f$* págs. 205-245 (la concepción jurídica estatal).

(31) MAX WEBER, *Wirtschaft und Gesellschaft,* II, pág. 462: «Desde el punto de vista formal, el derecho empírico que constaba en los libros de derecho de la Edad Media era bastante

El derecho era sentido como una sucesión de situaciones contempladas plásticamente. Solo de esta manera podía la tradición ser trasmitida como una cosa viva de generación en generación. También en los testimonios escritos que solo dan una débil impresión del proceso mental, aparece de manifiesto lo que tiene de imagen plástica[32].

Antes de hacer algunas consideraciones históricas sobre el método de la teoría del derecho, queremos señalar un hecho que, con frecuencia, no se ha tenido bastante en cuenta. Debe hacerse una clara separación principal entre el pensamiento jurídico, esto es, el pensamiento del jurista práctico en la aplicación profesional del derecho, y el pensamiento de la teoría del derecho, es decir, de la investigación científica del derecho positivo[33]. Aquí existe, en efecto, una conexión pedagógicamente necesaria: la clase de los juristas prácticos solo aparece como creación de la actividad pedagógica de los investigadores del derecho. Pero los objetivos mentales del investigador y profesor de derecho y los del jurista práctico son completamente diferentes. Por ello no hemos colocado en este estudio al pensamiento propio de la teoría del derecho bajo el concepto general de «pensamiento jurídico». Si no se hace esta distinción principal será posible que, entre otras, se obtengan tan raras consecuen-

---

desarrollado, pero desde el punto de vista sistemático y casuístico era escasamente racional, poco orientado por la lógica jurídica y la interpretación abstracta del sentido y, en su lugar, muy fuertemente, por los medios de diferenciación perceptibles». Compárese LUDWIG KLAGES, *Der Geist als Wtdersacber der Seele* (Leipzig, 1929-1932), págs. 1190 y sigtes., 1224, 1254; HANS DOLLE, *Vom Stil der Rechsprache* (Tubingen, 1949), páginas 21-23.

(32) Sería fácil en este punto la aportación de pruebas. Por ejemplo, «*Germanenrechte*», tomo 2: las leyes del imperio carolingio, I (Weimar, 1934). El fenómeno muy discutido del «Humor en el derecho» sería inconcebible en la técnica del pensamiento jurídico moderno. Desde el punto de vista de la psicología de la cultura puede comprobarse que muchas regulaciones del derecho medieval que no están adoptadas con una intención cómica, producen esta impresión al lector moderno. Pensemos, por ejemplo, en la casuística del robo de cerdos que encontramos en la Lex Sálica (2). Pero, junto a ello, aparecen formulismos en el antiguo derecho que tienen una intención burlesca. Así, por ejemplo, en el Apéndice al más antiguo *Westgotalag*, donde se trata del caso de ser herido un jugador que anda por el lugar. En tal ocasión debía tomarse un becerro, quemar los pelos de su cola y untarla después con grasa. El jugador era calzado con zapatos también untados de grasa y se le hacía agarrar el becerro por la cola. Éste era entonces golpeado con un palo de duras aristas. Si el jugador podía mantenerse agarrado «dann mag er die gute Kreatur bekommen und es geniessen wie der Hund Gras frisst». Es indudable que, en este caso, se trataba de una diversión popular.

(33) Esta distinción no se encuentra, por ejemplo, en F. B. CICALA, *Corso di filosofía del diritto*, págs. 266, 296. WALTER BURCKHARDT, *Methode und System des Rechts*, pág. 16, afirma igualmente de manera textual: «Tampoco cabe separar la tarea de la ciencia de la tarea de la práctica, es decir, de la que incumbe a quienes formulan el derecho y lo aplican; es decir, que están ocupados en una tarea práctica». De manera primordial, el libro de BURCKHARDT proporciona un método del pensamiento jurídico teórico y en grado inferior del pensamiento práctico jurídico. FRANZ W. JERUSALEM, *Kritik der Rechtswissenschaft*, pág. 56, manifiesta acerca de la ciencia del derecho: «Por su misma esencia es jurisprudencia...». Compárese M. OSVI LAHTINEN, *Wissenschaftliche und nichtwissenschaftliche Geistestätigkeit.*

cias como la de que las normas jurídicas son juicios. Cuando la ciencia del derecho expone sistemáticamente el contenido de las normas jurídicas, es indudable que aquella exposición debe tener lugar en la forma lógica de juicios. Pero esto no significa que también las normas jurídicas sean juicios. A base de este erróneo criterio se han obtenido en la teoría la más profundas consecuencias. En contra de cuanto decimos podría objetarse que la palabra «juicio» puede ser contenida perfectamente en una acepción tan amplia que también comprenda las normas jurídicas. Pero nos parece que esto sería sumamente inadecuado desde el punto de vista del uso del lenguaje científico[34]. El anterior pensamiento con frecuencia se formula diciendo que la «regla de derecho» es un juicio. En este caso queda facilitada la sugestión de juicio con la ambigua expresión de «regla de derecho» («*Rechtssatz*»)[35], que tanto puede significar la norma jurídica como también su formulación lingüística, o las dos a la vez[36].

Aunque nosotros establecemos una separación radical entre pensamiento jurídico y científico, nos interesa subrayar que la unidad del pensamiento jurídico, no solo dentro de un determinado Estado sino incluso más allá del mismo,

---

(34) Compárese B. E. KING, *Propositions about Law (The Cambridge Law Journal,* II/I/1951). WERNER GOLDSCHMIDT, *Comentarios acerca de la sistemática cossiana de la filosofía jurídica* (Universidad Nacional de Córdoba, Argentina, *Boletín de la Facultad de Derecho y de Ciencias Sociales,* Año IX, 1945, págs. 395-399).

(35) Puede verse claramente expresado en E. EHRLICH, *Die juristische Logik,* pág. 127: «Por regla de derecho *(Rechtssatz)* hay que entender la norma jurídica que está redactada con palabras y que tiene fuerza vinculante para el juez».

(36) HANS KELSEN, en cuya teoría la doctrina de que la regla de derecho es un juicio hipotético constituía primeramente una piedra angular *(Reine Rechtslehre,* pág. 22), pero más tarde ha abandonado este punto de vista. En la *General Theory of Law and State,* pág. 45, expresa: «Esas afirmaciones por medio de las cuales la ciencia del derecho lo expone no deben confundirse con las normas creadas por las autoridades legislativas. Es preferible no llamar normas a esas afirmaciones, sino reglas de derecho *(legal rules)* ... La regla le derecho, la expresión usada en un sentido descriptivo, es un juicio hipotético que atribuye ciertas consecuencias a ciertas condiciones». En la *Theorie der Rechtswissenschaft,* de RUDOLF STAMMLER, el postulado de que el pensamiento jurídico es un pensamiento científico juega un papel funesto (págs. 167, 168, 176, *209,* 217, 25I). De este falso postulado se deducen las más importantes consecuencias. Si STAMMLER se hubiese limitado, en conformidad con el título de su obra, a poner en claro el pensamiento en la ciencia del derecho, la jurisprudencia, nada habría que objetar. Pero continuamente oscila entre el pensamiento jurídico científico y un pensamiento jurídico concebido más ampliamente. Así, por ejemplo, en la página 161: «Pensar jurídicamente significa: contemplar un contenido de voluntad en su peculiaridad de querer jurídico». También según CARLOS COSSIO la regla de derecho *(Rechtssatz)* es un juicio, no de carácter hipotético, sino disyuntivo. *Norm, Recht und Philosophie,* pág. 376 *(Österreichische Zeitschrift für Öffentliches Recht,* 1/4/1948). Con ello se corresponde perfectamente la afirmación de COSSIO de que la actividad del juez y del legislador son de naturaleza científica: «la resistencia del intelectualismo jurídico para ver conocimiento científico en la tarea judicial o legislativa» *(Ciencia del derecho y sociología jurídica,* págs. 71-72); *El derecho en el derecho judicial,* pág. 49: «... el jurista como cualquier científico .

solo puede quedar aclarada con su remisión a la unidad de su base docente, que es la teoría del derecho. El tema de ésta lo conciben con frecuencia sus representantes como si con ella solo se tratara de una interpretación científica sistemática del derecho positivo. Esta concepción —que anteriormente también el autor había compartido— parece ser demasiado estrecha(37). No debe olvidarse que la teoría del derecho constituye la base de toda nuestra cultura jurídica continental. Con la labor científica y pedagógica, se mantiene viva y se propaga la gran tradición. Debe desearse vivamente que muchos, si es posible, de los representantes de las ramas especializadas de la ciencia del derecho sientan la grandeza de su profesión como un deber. Semejante disposición personal es la condición indispensable para una cultura jurídica viva, nacional e internacional(38).

Que a la teoría del derecho le corresponde una gran tarea supranacional al servicio de la cultura jurídica, resulta también visible de sus numerosos elementos mentales, superiores a todo derecho positivo(39). Si la teoría del dere-

(37) También es demasiado estricto E. EHRLICH, *Die juristische Logik*, pág. 259. Habla de una «eterna tarea de la jurisprudencia (ciencia jurídica) de proporcionar al juez en todo instante los preceptos de derecho en los que puede apoyarse la administración de justicia y que necesita para poder seguir el movimiento de la sociedad». También así pág. 278. Sobre la formación de conceptos en la ciencia del derecho procesal, TAUNO TIRKKONEN, *Suomen rikosprosessioikeus* (Vammala, 1948), I, págs. 17-18.

(38) Sobre la peculiaridad y las tareas de la ciencia del derecho TAUNO ELLILA, *Oikeustieteen ja oikeuskaytannon keskniaisesta ja yhteensovittamisesta (Defensor Legis,* 1950/7-9); *Oikeusalan yliopisto-opetuksen merkityksesta oikeustieteen ja oikeuskaytannon yhteensovittamisessa (Rikosoikeudellisia kirjoitelmia,* II, *Bruno A. Salmialalle* 24/8/1950 *omistanut Helsingin Yliopiston Lainopillisen Tiedekunnan Rikosoikeudellinen Seminaariy* Vammala, 1950); M. OSVI LAHTINEN, *Eintelung der rechtlichen Forschung;* OTTO BRUSIIN, *Über die Objektivität der Rechsprechung* (Helsinki, 1949), págs. 77-87; BJÖRN AHLANDER, *Är juridiken en vetenskap*?; PER OLOF EKELOF, *Är den juridiska doktrinen en teknik eller en vetenskap?* (Lund, 1951); *Vinding Kruse,* Retslaeren I, págs. 82 y sigtes., destaca enérgicamente que la ciencia del derecho no debe limitarse a una interpretación y sistematización del derecho vigente, pues es igualmente importante la construcción del derecho que ha de ser creado sobre una base empírica y experimental. «En la ciencia no pueden ser separados el pasado, el presente y el futuro» (pág. 84); FREDE CASTBERG, *Rettsfilosofiske grunnsporsmaly* págs. 10-17; PER AUGDAHL, *Forelesninger over rettskilder* (Oslo, 1949?), págs. 12 y sigtes.; KNUD ILLUM, *Lov og ret* (Copenhague, 1945), págs. 150-174; CARL SCHMITT, *Die Lage der europäischen Rechtswissenschaft* (Tübingen, 1950*)*, págs. 7-14, 29-32; FRANZ W. JERUSALEM, *Kritik der Rechtswissenschaft;* WALTER BURCKHARDT, *Methode und System des Rechts*, págs. 254 y sigtes.; JULIUS BINDER, *Philosophie des Rechts*, págs. 836-891; KARL LARENZ, *Rechts- und Staatsphilosophie der Gegenwart* (2ª ed., Berlin, 1935), páginas 168-173.

(39) E. EHRLICH, *Die juristische Logik*, pág. 259, se lamenta amargamente de que la jurisprudencia de conceptos haya «tejido una gigantesca red de conceptos con las reglas de derecho y la mantenga en lo alto para lanzarla sobre la humanidad para capturar de manera incesante todo lo que suceda en sus anillos ya amplios, ya estrechos». Acerca del fondo filosófico cultural de la jurisprudencia (ciencia jurídica) medieval, Francesco CALASSO, *Introduzione al diritto comune*, págs. 183-205 (humanismo jurídico). Sobre la difusión del patrimonio conceptual del derecho romano, págs. 305-340. Sobre la unidad europea en el terreno del pensamiento jurídico, Francesco CALASSO, *I Glossatori e la teoria della sovranità* (Milano, 1941, págs. 14-16.

cho no fuese nada más que una interpretación sistemática del derecho positivo, aquellos elementos mentales serían difíciles de explicar. No solo en las doctrinas generales —por ejemplo, en el derecho civil, penal y público— sino en todo su ámbito, la teoría del derecho está transida de tales elementos mentales que simbolizan la común herencia jurídica de Occidente[(40)].

La jurisprudencia (ciencia jurídica), en el sentido moderno, surgió como resultado de la situación global, en lo social y espiritual, de la alta Edad Media[(41)]. No basta imaginar simplemente que la antigua *jurisprudentia* romana fue redescubierta y continuada. Esto hubiese sido una tarea imposible desde el punto de vista de la historia de la cultura. La alta Edad Media sentía una gran atracción por el planteamiento lógico de los problemas. Que aquellos análisis lógicos en una escolástica de coloración teológica estaban fuertemente arraigados, nada varia en el hecho fundamental[(42)]. Después del fuerte im-

(40) Igualmente en el ámbito cultural marxista han penetrado aquellos elementos conceptuales que entonces son vivamente combatidos como «formalismo». A. A. KARIN, *Importancia de un curso marxista leninista en la enseñanza de las ciencias jurídicas* (en ruso; *Soweskoje gasudarstwo i prawo*, 19509/II, pág. 41), propone que, en materias jurídicas, se ejerza un control sistemático sobre el contenido conceptual de las lecciones universitarias y ejercicios de seminario. F. I. KOSCHEVNIKOW, *Lenin y Stalin sobre la beligerancia bolchevique en la ciencia (en ruso: Sowetskoje gasudarstwo i prawo*, 1950/6, pág. 10), destaca que todo trabajo de ciencia jurídica, toda disertación, toda enseñanza de una disciplina jurídica debe estar penetrada desde el principio hasta el fin por la beligerancia *bolchevique* S. V. PAVLOV, *Para una lucha creadora en el campo de la ciencia jurídica soviética* (en ruso: *Boletín de la Academia de Ciencias* de la U.R.S.S. sección de Economía y Derecho, I950/5). PAVLOV dirige una crítica destructora contra el Instituto de Derecho de la Academia de Ciencias y encuentra que la causa principal de los inconvenientes radica en que en el instituto ha faltado una crítica y autocrítica bolchevique (pág. 343). En este sentido cita una frase de STALIN; según la cual «ninguna ciencia puede desarrollarse y florecer sin pugna entre las opiniones, sin libertad de la crítica *(bjes swabodi kritiki)*» (STALIN, *El marxismo y los problemas de la ciencia del lenguaje*, en ruso, Moscú, I950, pág. 64).

(41) Sobre esta situación de conjunto ERICH GENZMER, *Kritische Studien zur Mediaevistik (Zeitschrift der Savigny. Stiftung für Rechtsgeschichte*, Sección de derecho romano, tomo 61/1941), I, págs. 297-301; FRANCESCO CALASSO, *Introduzione al diritto comune*, págs. 142, 178 y sigtes.; MARTIN GRABMANN, *Mittelalterliches Geistesleben* (Münich, 1926), I, págs. 109-110, 143-144; EMIL SECKEL, *Die Anfänge der europaeischen Jurisprudenz im 11. und 12. Jahrhundert (Zeitschrift der Savigny-Stiftung für Rechtsgeschichte*, sección de derecho romano, tomo45/1925, págs.. 391-394); GEORGES KAUFMANN, *Die Geschichte der deutschen Universitäten* (Stuttgart, 1888), I, págs. 18-22, 75-80.

(42) ERICH GENZMER, *Die iustinianische Kodifikütion und die Glossatoren*, pág. 37: «A diferencia de lo que sucedía con los padres de la Iglesia, ya en la escolástica primitiva (siglos XI y XII) se reconoce que la filosofía es una ciencia distinta de la teología. Pero la armonía de las dos clases de conocimiento se da por supuesta. Las doctrinas de la fe trasmitidas son intocables. El programa de la escolástica se dirige a demostrar el carácter racional y sostenible de las doctrinas de U. Iglesia en relación con un sentido unitario del mundo. MARTIN GRABMANN, *Die Geschichte der scholastischen Methode* (Freiburg in Breisgau, 1909-1911), I-II. «El método escolástico quiere lograr, con la aplicación de la razón, la posible comprensión por parte de la filosofía de las verdades de la Revelación, para aproximar el contenido de la verdad sobrenatural a la inteligencia humana» (I, pág. 36).

pulso experimentado por el pensamiento occidental en el terreno de la lógica durante los últimos decenios, se nos ha revelado bajo un nuevo aspecto el conjunto de la situación espiritual de la Edad Media. Desde el punto de vista de la historia de la cultura se comprende perfectamente que los siglos que siguieron inmediatamente a la Edad Media se caracterizan por una fuerte oposición espiritual a la imagen medieval del mundo, católica y teocéntrica. La escolástica apareció como algo extraño y extraviado, como un juego vacuo hecho con distinciones lógicas. Es característico que, con la palabra «escolástico», se halle enlazado un sentido negativo, por lo menos en el mundo cultural del protestantismo(43).

Pero el conjunto de la situación histórico cultural también se ha modificado lentamente en los países protestantes. La Reforma, que puede ser interpretada como una sublevación del hombre contra la autoridad acaecida en el marco global del Renacimiento(44), disolvió todos los vínculos tradicionales y la evolución histórica que, de esta manera comenzó, ha conducido poco a poco a una progresiva secularización. Para grandes masas humanas el cristianismo solo significa, en la actualidad, un rudimento al que se recurre en discursos oficiales y en solemnidades nacionales. La vida política y cultural ya no está dirigida por el espíritu del cristianismo: la fe está muerta(45). Toda la situación de la historia universal se ha convertido al mismo tiempo en una espantosa pesadilla. La humanidad se ve irremediablemente lanzada de una sangrienta catástrofe hacia otra. ¿No se nos aparece como una maravilla, al dirigir la mirada a la Edad Media, aquella época en la que fueron creados los fundamentos de la cultura occidental?

Cuando los científicos de la naturaleza echan en cara a los representantes de la teoría del derecho que su método es escolástico y anticientífico, el reproche es perfectamente comprensible desde el punto de vista de la historia

---

(43) EMCH ROTHACKER, *Probleme der Kulturanthropologie* (Bonn, 1948), pág. 163: «La pasajera derrota que, por ejemplo, experimentó la escolástica a fines de la Edad Media frente al Humanismo, no se fundaba en contradicciones materiales de los tan diferenciados conocimientos conceptuales, sino en una desviación del interés por temas que se convirtieron en indiferentes y que por ello quedaron oscurecidos».

(44) KARL ADAM, *Das Wesen des Katbolizismus* (Dusseldorf, 1946), pág. 47: «El individualismo del alma occidental que comenzó con el Renacimiento...». Una elocuente defensa del principio de autoridad se encuentra en JAIME BALMES, *El protestantismo comparado con el catolicismo (Obras Completas,* Madrid, 1949), IV, págs. 47 y sigtes., 55 y sigtes. BALMES subraya que la débil capacidad humana de comprensión necesita «un apoyo y dirección» (pág. 52). JACQUES MARITAIN, *Trois réformatturs* (Paris, 1925), págs. 17-19, 26-27.

(45) JOSÉ ORTEGA y GASSET, *Obras Completas* (Madrid, 1947), IV, pág. 17, sobre la fe viva que impulsa la vida humana, en contraposición con la fe muerta que perdura sin fuerza, «... creemos en algo con fe viva cuando esa creencia nos basta para vivir, y creemos en algo con fe muerta, con fe inerte, cuando, sin haberla abandonado, *estando en ella todavía,* no actúa eficazmente en nuestra vida».

de las ideas, pero da la impresión de que pertenece a una época pretérita[46]. En la nuestra, que de nuevo manifiesta un gran interés por problemas lógicos, no es posible imputar a la teoría del derecho como un error que desde el principio se haya concentrado en el análisis lógico del material jurídico existente[47]. De buen grado confesamos que, en dicha teoría, se manifiesta una tradición no interrumpida desde la Edad Media hasta la actualidad. Por estas razones el método de pensamiento de la moderna ciencia del derecho solo puede ser comprendido sobre un fondo histórico cultural[48].

Si se compara el método mental de la jurisprudencia o teoría del derecho de la alta Edad Media con el de la *jurisprudentia* romana, se manifiesta de manera especial una diferencia: la medieval se interesa por problemas lógicos, considerados en sí mismos, y por la sistematización que de ellos resulta. Cuando se profundiza en el curso del pensamiento de doctos juristas medievales, se nota que, para ellos, aquellos problemas lógicos incluso eran los más esenciales[49]. Con ello no tratamos de afirmar que los elementos mentales lógicos fueran ajenos a la *jurisprudentia* romana. Aquellos elementos que eran *maneja-*

---

(46) La patética posición de disconformidad de ALFRED BOZIS, *Die Weltanschauung der Jurisprudenz* (Hannover, 1907) frente a los elementos «escolásticos» de la jurisprudencia (ciencia jurídica) ofrece un anticuado aspecto en la actualidad. Por ejemplo, págs. 81-84, 126-129. Según E. EHRLICH, *Die juristische Logik, pág.* 388, BOZIS ha expuesto la influencia de la escolástica sobre los glosadores «de una manera digna de gratitud».

(47) HEINRICH SCHOLZ, *Was ist Philosophie*? (*Archiv fur Rechts- und Sozialphilosophie,* 33/1940, pág. 41, nota): «... el lenguaje jurídico especializado puede ser considerado antes que otros como un idioma que representa una de las primeras etapas del camino hacia un idioma leibniziano *(Leibnizsprache*). Con un trabajo de duración secular se ha logrado que cristalizara un lenguaje artificioso a base del lenguaje natural con su propia sintaxis... En este caso el profano suele hablar de una propia *lógica.* Ésta es la muy discutida lógica jurídica».

(48) En este sentido hemos de señalar primordialmente los estudios de ERICH GENZMER. Por ejemplo, *Die justinianische Kodifikation und die Glossaíoren, Vorbilder fur die Disíinctionen der Glossatoren* (Roma, 1935), *I glossatori* (separata del *Archivio giuridico,* CXIX/2/1938), *Kritische Studien zur Mediaevistik, 1 (Zeitscbrift der Savigny-Stiftung für Rechtsgeschichte*, sección de derecho romano, tomo 61/1941). El profesorr GENZMER tuvo la gran amabilidad de poner a disposición del autor algunos de estos estudios tan difíciles de conseguir. De la abundante bibliografía hemos de referirnos todavía a las obras siguientes: HERMANN KANTOROWICZ y W. W. BUCKLAND, *Studies in the Glossators of the Roman Law* (Cambridge, 1938), WOLDEMAR ENGELMANN, *Die Wiedergeburt der Rechtskultur in Italien durch die wissenschaftliche Lehre* (Leipzig, 1938).

(49) Por ejemplo, las *summulae* de Bulgarus en KANTOROWICZ-BUCKLAND, *Studies in the Glossators of the Roman law,* págs. 241-246. Los pasajes dispersos del *Corpus Iuris* quedan refundidos en un todo sistemático, como de manera convincente *v:* desprende de las notas de calce de BUCKLAND. ERICH GENZMER, *Die iustinianische Kodifikation und die Glossatoren,* pág. 46: «Las glosas son las células germinales, no solo de la ciencia jurídica medieval, sino también de la moderna». FITTING, *Über neue Beiträge zur Geschichte der Rechtswissenschaft im frühen Mittelalter (Zeitschrift der Savigny- Stiftung für Rechtsgeschichte,* sección de derecho romano, tomo 7/1886), I, págs. 14-15 (artesanía y ciencia); ERNST LANDBERG en la misma revista, tomo 9, sección de derecho romano, 1888, págs. 409 y sigtes.

dos de manera tan virtuosa por la antigua *jurisprudentia* romana no pertenecían, sin embargo, al punto de interés central para los juristas romanos de la época clásica(50). Solo la alta Edad Media elevó a lo lógico, de manera definitiva, a la categoría de problema central y así quedó fundada la jurisprudencia como ciencia en el sentido moderno(51).

Podría ser una cuestión todavía no esclarecida definitivamente la de saber hasta qué punto la antigua *Jurisprudentia* ha influido en el método escolástico. Si, por una parte, se comprueba que el método de la jurisprudencia medieval solo puede ser comprendido en correlación con la filosofía de la misma época, por otra parte es probable que los elementos mentales lógicos contenidos en la antigua *jurisprudentia* no hayan dejado de tener alguna influencia en la formación de un método escolástico(52).

(50) FRITZ SCHULZ, *History of Román Legal Science* (Oxford, 1946), pág. 32, hace constar que ya en la época arcaica la *jurisprudentia* romana poseía «una capacidad muy desarrollada para la generalización abstracta... a pesar de la completa falta de definiciones, exposición de principios abstractos y sistematización» (págs. *62-69,* 129-137); WOLFGANG KUNKEL, *Komische Hechtsgeschichte* (Heidelberg, 1948), págs. 59-82; VINCENZO ARANGIO-RUIZ, *Storia del diritto romano* (Napoli, 1950), págs. 121-133, 270-304; Max WEBER, *Wirtschaft und Gesellschaft*, II, págs. 462-467.

(51) ERICH GENZMER, *Die iustinianiscbe Kodifikation und die Glossatoren*, págs. 47-48; *I glossatori*, págs. 3-4. GENZMER subraya que el papel fundamental de los glosadores no destaca con la misma fuerza en las distintas ramas de la ciencia del derecho: es inferior, por ejemplo, en el derecho penal, político y administrativo, lo mismo que en sectores modernos como el derecho del trabajo (en su obra *I glossatori).* Podía haber añadido perfectamente, además, la doctrina moderna del derecho procesal. Pero las doctrinas generales del derecho político y administrativo se enriquecen con una serie de ideas cuyo origen ha de buscarse en la doctrina del derecho privado. MARTIN *GRABMANN, Die Geschichte der scholastischen Methode, II, pág. 47, manifiesta acerca del Tractatus quídam de philosophia et partibus eius que contiene una nueva división de la ciencia:* «En esta ... división de la ciencia en física, teología y derecho aparece ante todo como digno de ser tenido en cuenta la recepción de la *scientia legum* en el organismo de las ciencias que no existía en las anteriores divisiones filosóficas, y su coordinación con la física y la teología como un fenómeno nuevo y singular. Hasta tal momento no podía citarse en la literatura de los siglos XII y XIII sobre la clasificación filosófica un segundo ejemplo de semejante recepción de la jurisprudencia (ciencia jurídica) en la sistemática *de* las ciencias». MAX WEBER, *Wirtschaft und Gesellschaft*, II, págs. 492-493. FRANCESCO CALASSO, *I glossatori e la teoria della sovranità* (Milano, 1951), págs. 12-14.

(52) Compárese ERICH GENZMER, *Vorbilder für die «Distinctionen der Glossatoren*, págs. 5 y sigtes.; *Kritische Studien zur Mediaevistik*, I, págs. 302-305; *Die justinianische Kodifikation und die Glossatoren*, págs. 38-40, 55-57, 72-74; *I glossatori*, pág. 8. VOLDEMAR ENGELMANN. *Die «Wiedergeburt der Rechtskuliur in Italien durch die -wissenschaftliche Lehre*, págs. 20, 25, 42. «La ciencia del derecho italiana ... fue la primera ciencia de Italia y de Europa que descansaba por completo sobre sí misma, evolucionaba por sí sola y no tenía necesidad de buscar apoyo o complementación en la teología y filosofía de los padres de la Iglesia o de la Escolástica» (pág. 20). ERNST LANDBERG en la *Revista de la Fundación Savigny para la historia del derecho (Zeitschrift der Savigny Stiftung für Rechtsgeschichte*, sección de derecho romano, tomo 10/1889), pág. I56*:* «. . .entre la ciencia del derecho y la escolástica tiene lugar en términos generales un movimiento paralelo». FRANCESCO CALASSO, *introduzione al diritto comune*, pág. 189.

En este siglo se habla mucho de que la jurisprudencia (ciencia jurídica) está en crisis. En lugar de una «jurisprudencia de conceptos» se trata de colocar una «jurisprudencia de intereses»(53) fundada en «consideraciones de la realidad social». Cuando se tiene en cuenta que el método de la jurisprudencia europea continental se ha desarrollado desde la Edad Media sin interrupción y de manera uniforme, no cabe excluir la posibilidad de que este método aparezca extraño en una nueva época cultural(54). Nuestra época está dominada por el pensamiento en el poder económico que —como ya hemos dicho— se ha propagado desde el Renacimiento como una fuerza irresistible. Ciencia, arte, religión —en general todas las manifestaciones de una creación espiritual—, poco a poco han descendido a la categoría de simples medios de la lucha por el poder económico. ¿Cómo podría contentarse semejante época con una jurisprudencia cuyos métodos proceden de una situación espiritual completamente diferente? Para la Edad Media los datos espirituales, incluidos los de la lógica, eran los más esenciales. Para nosotros lo son los intereses económicos. Éstos son en definitiva lo «real»(55). No debe maravillar que también la jurisprudencia tradicional se vea precisada a adaptarse a esta disposición fundamental y que se rechace por «escolástico» el método que ha seguido hasta la actualidad(56). Des-

(53) E. EHRLICH, *Die juristische Logik*, págs. 310-313; PHILIPP HECK, *Begriffsbildung und Interessenjurisprudenz* (Tübingen, 1932), págs. 159-160: «Los conflictos de intereses de los que *se* ocupa la ciencia del derecho se los proporciona en número inagotable y en gran diversidad la vida a la que, en tal medida, también pertenece el derecho vigente, es decir, que la realidad los brinda a la decisión. Cada decisión se funda en observación ... el sistema interno de la jurisprudencia de intereses solo puede ser justamente reproducido con una clasificación descriptiva o inductiva, pero no por la que sea analítica o deductiva. De todos modos sería posible que especiales intereses expositivos pudiesen justificar una reproducción inexacta y 6u transformación en un sistema deductivo».

(54) GEORGES GURVITCH, *Sociology of Law*, pág. 11; W. FRIEDMANN, *Legal Theory*, págs. 400-413; E. EHRLICH, *Die juristiscbe Logik*, pág. 286. Acerca de la recíproca vinculación entre fenómenos estatales y filosofía de Estado, J. J. VON SCHMID, *Rechtsphilosophie*, págs. 78 y sigtes.

(55) Max WEBER, *Wirtscbaft und Gesellschaftt* II, pág. 506: «... diversidad de la peculiar legalidad lógica de todo pensamiento jurídico formal, en general, frente a los convenios y actos jurídicamente relevantes de los interesados dirigidos a un efecto *económico* y fundados en expectativas económicamente cualificadas; W. FRIEDMANN, *Legal Theory*, págs. 203-217, coloca a IHERING en el marco global del utilitarismo, esta típica filosofía de una época de cultura económica; EDWIN W. PATTERSON, *Pound's Theory of Social Interests* (en la obra colectiva *Interpretations of Modem Legal Philosophies*, New York, 1947). Cuando PHILIPP HECK., *Begriffsbildung und Interessetijurisprudenz*, pág. 37, hace destacar que la jurisprudencia de intereses no se limita a tener en cuenta intereses económicos, sino .que también considera «intereses ideales», resulta que el concepto de interés es por sí mismo un derivado de una época cultural dominada por el pensamiento económico. El concepto «interés ideal» no significa otra cosa que al fenómeno no originariamente económico se le coloca una camisa de fuerza resultante del pensamiento económico. Es característico que HECK *(ob. cit.*, pág. 38) hable de «bienes vitales». Cuando IHERING vio en el «interés» la base del derecho subjetivo, resultó que este nuevo enfoque —que ahora nos parece una cosa evidente— estuvo históricamente condicionado. Compárese KARL LARENZ, *Über Gegenstand und Methode des völkischen Rechtsdenkens* (Berlin, 1938), págs. 37-40.

de el punto de vista de la historia de la cultura merece tenerse en cuenta que, en las más diversas comunidades jurídicas, apareció aproximadamente al mismo tiempo la crítica contra la jurisprudencia tradicional y contra la tradicional interpretación de la ley y que, en general, se impusiera victoriosamente en todas partes, como era de esperar(57).

Cuando las corrientes críticas dentro de la jurisprudencia (ciencia jurídica) se manifiestan como emanación del conjunto de nuestra situación social, resulta inútil luchar contra ellas. Pero lo pertinente es preguntar si, en este punto, no podría realizarse una síntesis fructífera(58). Con el método tradicional de la jurisprudencia se ha logrado un resultado duradero y de gran valor: fueron elaboradas formas mentales con las que puede cribarse y ordenarse claramente la cantidad ingente y siempre en aumento de material jurídico(59).

---

(56) FRANZ W. JERUSALEM, *Kritik der Rechtswissenschaft*, págs. 74-75: «La proposición de que el derecho es conducta jurídica no es la doctrina dominante. Para ella el derecho es exclusivamente realidad espiritual, en último caso norma y conjunto de normas. El método jurisprudencial que en la actualidad domina en la ciencia del derecho y en la práctica te retrotrae a los juristas medievales». Sobre el método de los juristas medievales escribe JERUSALEM: «Pero éste en lo esencial participaba de la peculiaridad del método escolástico. El último se caracterizaba por *auctoritas* y *ratio*». Pág. 83: «... el imperio espiritual de los juristas es un objeto independiente de la ciencia del derecho...».

(57) O. SOLNÖRDAL, *Individy stat og rett*, págs. 18-20; HANS KELSEN, *Reine Rechtslehre*, pág. I5: «Considerado desde el punto de vista del conocimiento racional, solo existen intereses y por ello conflictos de intereses...». Es característico de nuestra época que incluso un teórico del derecho profundamente religioso como FRANCESCO CARNELUTTI tome como punto de partida el concepto de interés: *Teoria generale del diritto*, pág. 11; WALTHER BURCKHARDT, *Die Organisation der Rechtsgememschaft*, pág. 133: «El derecho valora los intereses humanos».

(58) Resulta ejemplar T. M. Rivimaki, *Tejikanoikeus (Autorrechty* Turku, 1948). Proyecto de método de una moderna jurisprudencia (ciencia jurídica) por VINDING KRUSE, *Retslaeren*, I, págs. 73-100. «Después que el pensamiento escolástico medieval consistente en una interpretación y elaboración lógica de *libros* (primordialmente de la Biblia y de las obras de Aristóteles) fue sustituido durante el Renacimiento por una ciencia natural fundada en la observación y en la experimentación ... la ciencia se ha hecho cada vez más realista... De la ciencia natural, el método realista o fundado en la experiencia se ha difundido por las ciencias del espíritu» (traducido del danés al alemán por el autor).

(59) Franz W. JERUSALEM, *Kritik der Rechtswissenschaft*, pág. 81: «Por la tendencia a la forma, los conceptos jurídicos que son la base de la jurisprudencia de los tribunales cada vez son pensados con más precisión. Mediante el proceso de reducción que se realiza en las formas mentales, se forman continuamente nuevos conceptos abstractos...». Una crítica fantástica y divertida del pensamiento sistemático: *ob. cit.*, págs. 123-142.
Las consideraciones críticas de JERUSALEM contra la «jurisprudencia de conceptos» (págs. 142-182) son de gran interés, pues demuestran que, en este caso, se intentó algo así como una axiomatización de la ciencia del derecho (en el sentido de [a moderna lógica). La tarea práctica de la ciencia del derecho y la variabilidad del objeto de su investigación por desgracia han hecho fracasar tan ambiciosa tentativa. Pero cabe preguntar si la teoría del derecho —en la medida en que pretende ser una disciplina rigurosamente teórica— debía quedar reducida a axiomas con tanta amplitud como fuera posible. Lo empírico y lo axiomático: una síntesis fructífera.

No afirmamos que aquellas formas mentales vayan a permanecer de manera eterna e inalterable, que una nueva situación social de tipo general nada pueda variar en ellas(60). Pero es preciso tener precaución antes de desechar las que fueron conservadas durante muchas generaciones de juristas(61). Forman un puente entre la jurisprudencia (ciencia jurídica) y el mundo del pensamiento del jurista activamente práctico. De figuras teóricas han pasado a ser formas fundamentales del pensamiento jurídico práctico(62). Apenas existe un jurista práctico que quisiera trabajar sin ellas(63).

(60) E. EHRLICH, *Die juristische Logik*, págs. 321 y sigtes.

(61) FRANZ JERUSALEM, *Kritik der Rechtsiwissenschaft*, pág. 48; MAX WEBER, *Wirtschaft und Gesellschaft*, II, páginas 457.458, ha puesto bien de relieve la importancia de una instrucción jurídica de carácter científico «... donde los prácticos del derecho, especialmente los abogados, como portadores de la doctrina jurídica y del monopolio gremial, recaban para sí el derecho de admitir a otros al ejercicio profesional, existe un elemento económico —el de los ingresos profesionales— que juega un importante papel en la estabilización del derecho oficial, la evolución de su aplicación solo con medios empíricos y la obstaculización de su racionalización por medio de la legislación o de la ciencia.

(62) Una cautivadora tarea de investigación: la que ponga detalladamente en claro las correlaciones que existen entre ti aparato conceptual de la jurisprudencia (ciencia jurídica) y el del jurista práctico. Las valiosas contribuciones de PHILIPP HECK, en *Begriffsbildung und lnteressenjvrisprudenz*, las consideraríamos nosotros más bien como un estímulo para ulteriores investigaciones que como soluciones definitivas.

(63) Sobre conceptos jurídicos fundamentales Alf ROSS, *Towards a Realistic Jurisprudence*, págs. 175 y sigtes.; HANS NAWIASKY, *Allgemeine Rechtslehre*, págs. 152-263: un examen crítico de los tradicionales conceptos fundamentales; A. H. CAMPBELL, *Diritto internazionale e teoria generale del diritto (Rivista internazionale di filosofia del diritto*, XXVII/II/1950), páginas 199-211; WILHELM SAUER, *Juristiscbe Metbodenlehre*, págs. 441-512; RUDOLF STAMMLER, *Lebrbuch der Rechtsphilosophie* pág. 4: «El objeto de la investigación *filosófico jurídica* puede, según ello, ser designado con más precisión como el *sistema de las formas puras*, con las que pensamos jurídicamente»; *Theorie der Rechtswissenschaft*, pág. 118: «Los conceptos fundamentales del derecho precisamente no son otra cosa que métodos unitarios de una cierta clase del pensamiento que llamamos *jurídicos*. De ninguna otra manera conseguimos ponerlos en claro que como modos de proceder que nos descubren el concepto del derecho». La manera con que STAMMLER procede entonces a desarrollar del concepto de derecho sus conceptos fundamentales «simples», «concentrados», y «encasillados», nos parece fantástica. JULIUS BINDER, *Philosophie des Rechts*, pág. 411: «Para darnos cuenta de los momentos singulares que se producen en la tarea de convivencia forzosa, nos es menester desarrollar su sentido con un análisis... Los instantes singulares contenidos en la idea del derecho, aunque de momento no nos demos cuenta de ellos, los llamamos categorías del derecho...». En BINDER aparece una separación entre categorías y conceptos fundamentales del derecho (pág. 436). Las primeras son «aquellos momentos que pueden ser obtenidos directamente de la idea de derecho por meditación sobre su contenido». Y BINDER prosigue diciendo: «Sobre esta base... llegamos más adelante a los conceptos fundamentales del derecho, cuya validez para nosotros es resultado de que pueden ser reconducidos a las indicadas tareas fundamentales del derecho». Aunque esta división en «categorías» y «conceptos fundamentales» convence poco, todavía resulta menos satisfactoria la tabla que BINDER presenta de las categorías y de los conceptos fundamentales. Para esto nos ofrece una serie de sustantivaciones de diversas fórmulas verbales plenas de sentido histórico cultural a las que él deja luego enlazados ingeniosos ensayos de filosofía de la

Cuando ahora entramos en el examen de aquellas formas y conceptos fundamentales del pensamiento jurídico[(64)] no pretendemos alcanzar una sistematica[(65)] ni tratamos de poner en claro qué formas y conceptos fundamentales deberían ser utilizados. Solo consideramos algunas formas mentales y conceptos que los juristas prácticos emplean efectivamente en su trabajo[(66)]. Ejemplos de formas mentales: «si-entonces», «rige», «está obligado», «está facultado», «formular una demanda», «probar», «juzgar», «formular una petición», «decidir», «ejecutar». Ejemplos de conceptos: «ordenamiento jurídico», «órgano jurídico», «deber jurídico», «derecho subjetivo», «persona jurídica», «relación jurídica», «objeto jurídico», «capacidad de obrar», «negocio jurídico», «indemnización de daños». La diferencia entre una forma jurídica y un concepto jurídico la veríamos en que el pensamiento jurídico se realiza por medio de las formas fundamentales y para ello se sirve de los conceptos fundamentales como elementos mentales. En el pensamiento jurídico puede comprobarse una tendencia hacia la sustantivación: se forman conceptos como «vigencia», «deber», «derecho subjetivo», «acción», «prueba», «sentencia». Con estas palabras también pueden ser designadas las formas fundamentales del pensamiento jurídico y cabe preguntar si el esquema mental de la tradicional lógica aristotélica

---

cultura. Si en la tabla de las categorías de STAMMLER —en todo caso con una realización fantástica— lo formal domina de manera exclusiva, en BINDER aparece débilmente representado. Que los grandes clásicos de la moderna filosofía del derecho alemana, STAMMLER y BINDER, no hayan encontrado ninguna solución satisfactoria para los conceptos jurídicos fundamentales, es una prueba de la dificultad que ofrece este problema. GIORGIO DEL VECCHIO, *Lezioni di filosofía del diritto,* págs. 194 y sigtes., 253-255, 259-270; Luis LEGAZ Y LACAMBRA, *La triple misión de la filosofía del derecho*, páginas 218 y sigtes.; LEÓN HUSSON, *Les transformations de la responsabilité. Etude sur la pensée juridique*, págs. 228-278.

(64) Una destacada exposición de contenido filosófico del pensamiento en la ciencia y en la práctica del derecho, puede verse en F. B. CICALA, *Corso di filosofia del diritto*, páginas 239-303; FRANCESCO CARNELUTTI, *Teoria generale del diritto,* págs. 107-190; RUDOLF STAMMLER, *Theorie der Rechtswissenschaft,* págs. 161 y sigtes.; AATOS ALANEN, *Ylernen oikeustiede,* págs. 25-49; *Oikeudellista ajattelua kehittavista humanistisista ameista* (Lakimies, I95O); B. C. CARLSON, *Nagra anmarkningar om rattsvetenskap och sociologi* (*Tidskrift, utgiven av Juridiska Voreningen i Finland,* 1924); VINDING KRUSE, *Retslaeren,* I, págs. 95-99; FREDE CASTBERG, *Retsfilosofiske grunspörsmal,* págs. 77-124; LÉON HUSSON, *Les transformations de la responsahilité. Etüde sur la pensée juridique,* págs. 182-275, 393-412. Acerca de esta obra, FRANCESCO MILANI, en *Rivista internazionale di filosofía del diritto,* XXVII/I/1950, páginas 147-152.

(65) En KARL PETRASCHEK, *System der Rechtsphilosophie* (Freiburg in Breisgau, 1932) aparece una división en conceptos de forma y de contenido jurídico. Pero igualmente se subraya (pág. 274) que el paso de los conceptos jurídicos formales a los de contenido no se produce súbitamente sino de manera paulatina a través de diversas fases intermedias. Ideas dignas de consideración para la doctrina de los conceptos jurídicos en págs. 273-282. KARL LARENZ, *Über Gegenstand und Methode des völkischen Rechtsdenkens* (Berlin, 1938), pág. 52.

(66) LÉON HUSSON, *Les transformations de la responsabilité. Etüde sur la pensée juridique,* págs. 205-25I; LUIS LEGAZ Y LACAMBRA, *La triple misión de la filosofía del derecho,* págs. 218 y sigtes.

(sujeto-predicado) ha ejercido aquí su influencia: las relaciones quedan encajadas en este esquema[(67)].

¿Se da cuenta el jurista práctico de los conceptos fundamentales en el proceso mental? En el caso de tratarse de sustantivaciones de formas mentales fundamentales, la respuesta procedente sería la negativa. En cuanto a las formas mentales, cuya posterior cristalización en símbolos teóricos da por resultado aquellas sustantivaciones, apenas quedan reconocidas en los procesos mentales que transcurren con rapidez y se dirigen a la aplicación práctica del derecho: son las formas sobrentendidas por las que discurre la corriente del pensamiento del jurista[(68)]. Pero tan pronto aparecen interrupciones y dificultades en el proceso mental, los conceptos fundamentales se convierten en conscientes.

La estrecha correlación entre el pensamiento del jurista práctico y el del científico resulta de que, en ambos, aparecen conceptos fundamentales comunes. Pero los criterios relativos a su utilización son diferentes[(69)]. Un concepto que, en el pensamiento del jurista práctico, presta muy buenos servicios —por lo que aparece funcionalmente ajustado al fin— puede resultar un auténtico problema para el teórico, lleno de oscuridades y complicaciones. Pensemos, por ejemplo, en los conceptos de «vigencia» y de «derecho subjetivo». ¿Cómo podría, en definitiva, trabajar un jurista práctico sin tan cómodos o útiles medios de pensamiento? El teórico todavía podrá exponer con elocuencia que para él significan algo sumamente problemático: el práctico sigue utilizándolos sin vacilar, precisamente porque para él son completamente diferentes los criterios que rigen su aplicación.

Para el práctico, una norma jurídica articulada «está vigente» cuando ha sido promulgada como derecho positivo en forma ajustada a derecho y no ha quedado sin efecto ni por otra norma jurídica articulada ni por el derecho consuetudinario. En su pensamiento jurídico este concepto de vigencia es suficiente para que pueda manejar el derecho articulado. Pero si concurre el derecho de la tradición (el llamado derecho consuetudinario), el práctico debe recurrir a un segundo concepto de vigencia: entonces habla de *opinio necessitatis* y de un prolongado uso efectivo[(70)]. Para un teórico la cosa no es tan sencilla: en *su* pensamiento el concep-

---

(67) Sobre la relación como concepto jurídico fundamental, primordialmente la obra monumental de F. B. CICALA, *Il rapporto giuridico* (3ª ed., Firenze, 1940); FRANCESCO CRESTATO, *Filosofia del diritto* (Milano, 1941), págs. 97 y sigtes.; ALESSANDRO LEVI, *Teoria generale del diritto,* págs. 211 y siguientes.

(68) El aspecto teórico cognoscitivo del pensamiento jurídico se ofrece con especial relieve en ALESSANDRO LEVI, *ob. cit.,* (píes, 5, 7. 53-34, 42, 110. 112, 157); CAUTOS COSSIO, *El derecho en el derecho judicial,* págs. 118 y sigtes.

(69) Compárese LEÓN HUSSON, *Les transformations de la responsabilité. Etude sur la pensée juridique,* págs. 272-273.

(70) Sobre el derecho de la tradición, M. OSVI LAHTINEN, *Costumbre;* JOSEF ESSER, *Einführung in die Grundbegriffe des Rechtes und Staates,* págs. 116 y sigtes.; J. HAESAERT, *Théorie générale du droit,* págs. 174 y sigtes.; PER AUGDAHL, *Forelesninger oier rettskilder* (Oslo, 1949?), págs. 216-249; MAX WEBER, *Wirtschaft und Gesellschaft,* II, págs. 397-398, 402-403.

to de vigencia jurídica es de los más difíciles. No puede aceptar un dualismo y sigue preguntándose: ¿en qué recíproca relación se hallan la vigencia y la efectividad, así como la vigencia y la existencia?(71). ¿No significa la vigencia la forma específica de la existencia del derecho?(72). ¿Son equivalentes las expresiones «Existe la norma jurídica *A*» y «La norma jurídica *A* está vigente»?(73).

Para el jurista práctico el «derecho subjetivo» significa una fórmula mental abreviada. Si el teórico pretende demostrarle que, a pesar de todo, se trata de un concepto sumamente nebuloso, contestará: «Proporcionadme, pues, una nueva fórmula que funcionalmente también esté adaptada a su finalidad. Sus dificultades teóricas no existen para mí, como práctico»(74).

---

(71) Una buena exposición del problema «validez/efectividad» en M. OSVI LAHTINEN, *Rechtsquellenproblem*; JAN-MAGNUS JANSSON, *Hans Kelsen statsteori mot bakgrunden ev hans rattsfilosofiska askadning*, págs. 68 y sigtes.; 83, 192 y sigtes. Sobre la llamada concepción jurídica realista, *ob. cit.*, págs. 274 y sigtes.; KARL OLIVECRONA, *Om lagen och staten*, págs. 11 y sigtes.; ALF ROSS, *Towards a Realistic Jurisprudence*, págs. 125 y sigtes.; THEODOR GEIGER, *Vorstudien zu einer* Soziologie *des Rechts*, págs. 157 y sigtes., 320 y sigtes.; ALF ROSS, *Om begrebet «gaeldende ret» hos Theodor Geiger (Tidsskrijt for rettsvitenskap*, 1950); INGEMAR HEDENIUS, *Om ratt och moral* (Stockholm, 1941), págs. 109 y sigtes.; BJÖRN AHLANDER, *Är juridiken en vetenskap?*, págs. 44 y sigtes., 53 y sigtes.; HARALD OFSTAD, *Alf Ross' begreppsbestemmelse av begrepet "rettsregel»* (Oslo, 1949), págs. 86: «Creemos que la discusión acerca de si el derecho pertenece al mundo de [a validez o al de la realidad, es expresión de un problema aparente ocasionado por las clases de la lógica aristotélica» (traducción por el autor del noruego al alemán); B. E. KING, *Propositions about Law (The Cambridge Law Journal*, 11/1/1951), pág. 32.

(72) JAN-MAGNUS JANSSON, *Nagra synpunkter pa begreppen «rättsordning» och «stat»*, págs. 3-6; HANS KELSEN, *Reine Rechtslehre*, pág. 7.

(73) CARLOS COSSIO sostiene el punto de vista de que el derecho no consiste en normas sino en conducta humana. *El derecho en el derecho judicial*, págs. 127-128: «... el derecho es la conducta humana en su interferencia intersubjetiva...»; *Panorama de la teoría egológica del derecho*, pág. 61. Nosotros preferiríamos afirmar, no que el derecho *es* conducta humana, sino que *se refiere* a la conducta humana. JOSEF L. KUNZ, *LAtin-American Philosophy of Law in the Twentietb Century* (New York, 1950), pág. 120: «... el derecho no es conducta humana, sino la regulación de la conducta humana». Pero damos la razón a COSSIO cuando afirma que la imagen que nos brinda KELSEN del derecho como el imperio del deber ser, separado del imperio del ser, prescinde de lo más central que es la conducta humana. El esfuerzo de COSSIO de asegurar a la conducta humana una posición digna dentro de la teoría del derecho es una idea fructífera. Es perfectamente congruente con ello que COSSIO entienda la «teoría pura del derecho» de KELSEN como una simple *lógica* del deber ser. Compárese LUIS LEGAZ Y LACAMBRA, *La triple misión de la filosofía del derecho*, páginas 204 y sigtes. LEGAZ manifiesta que la teoría del derecho de COSSIO es «enormemente sugestiva» (pág. 205).

(74) OSVI LAHTINEN, *Das Problem des subjektiven Rechts*; J. N. LEHTINEN, *Mita oikeus on?* págs. 69 y sigtes.; B. C. CARLSON, *Rattigheten* (Helsinki, 1940); ALF ROSS, *Towards a Realistic Jurisprudence*, págs. I59 y sigtes.; KARL OLIVECRONA, *Om lagen och staten*, págs. 81 y sigtes.; *Licentiaten och fiskslen* (Lund, 195O), págs. 23 y sigtes.; BJÖRN AHLANDER, *Ar juridiken en vetenskap?*, págs. 139 y sigtes.; PER OLOF EKELOF, *Om begagnandet av termen rattighet inom juridiken (Festskrift tillagnad Birger Ekeberg*, Stockholm, I950); HANS NAVIASKY: *Allgemeine Rechtslehre*, págs. 152 y sigtes.: una exposición muy buena de la problemática del derecho subjetivo; F. B. CICALA, *Il rapporto giuridico* (3ª ed., Firenze, 1940), págs. 57-300; HANS KELSEN, *Reine Rechtslehre*, pág. 43; *General Theory of Law and States*, págs. 75 y sigtes.

Lo que acabamos de expresar no significa que la ciencia y la práctica deban seguir cada una su propio camino. Por el contrario: siempre existirá una acción recíproca y representa un beneficio para la cultura jurídica que, en este punto, se produzca continuamente un íntimo y recíproco contacto. Lo único que conviene es percibir con claridad que los criterios de adaptación al fin de los conceptos fundamentales que se utilizan en los dos sectores, son fundamentalmente diferentes.

El concepto de sujeto de derecho, de persona, como también el concepto de objeto de derecho, están condicionados por el concepto de derecho subjetivo. Un sujeto de derecho es algo susceptible de derechos y obligaciones, un objeto de derecho algo que puede ser objeto de derechos y obligaciones. Por tanto, la diferencia entre sujeto de derecho y objeto de derecho debe ser referida a la contraposición entre la imagen mental de «tener» y de «ser objeto». La expresión «persona jurídica» es muy especial desde el punto de vista del pensamiento jurídico, pues desde el mismo todas las personas son ciertamente «jurídicas»(75).

Desde el punto de vista de la historia de la cultura es digno de atención que, en nuestra época cultural, la calificación de «sujeto de derecho», «persona», se atribuya al hombre en sí mismo, como algo evidente(76). Como expresión de este carácter evidente resulta adecuado hablar de «persona natural», mientras que, desde el punto de vista del pensamiento jurídico formal, es algo monstruoso. Cuando la palabra *homo* aparece usada por los juristas romanos, alude al hombre como objeto de derecho; por tanto, al esclavo(77). En la ciencia jurídica moderna también aparece un concepto como el de «derecho de la personalidad», esto es, un derecho subjetivo que corresponde al hombre como tal personalidad humana (derechos de autor, etc.)(78).

La relación «si-entonces» («*wenn-so*») adopta una posición central en el pensamiento jurídico. ¿Cómo se comporta aquella relación con la de causalidad

---

(75) B. C. CARLSON, *Rättspersonen, stat och rättsordning* (Sartryck ur *Statsvetenskaplig Tidskrifi*, 1939/2); *Kan vite anvandas sasom tvangsmedel mot jurisdik person*? (*Tidskrifi, utgiven av juridiska Foreningen i Finland*, 1925); M. OSVI LAHTINEN, *Till laran om juridiska personer (Tidsskrift for rettsvitenskap*, 1949); PER NILSSON STJERNQUIST, *Föreningsfirmans funktion* (Lund, 1950) pags. 52 y sigtes.; FRANCESCO CARNELUTTI, *Teoria generale del diritto*, pags. 114-119; *W.* FRIEDMANN, *Legal Theory*, pags. 3 59-373.

(76) ALESSANDRO LEVI, *Teoria generale del diritto*, páginas 380 y sigtes.; ALF ROSS, *Towards a Realistic Jurisprudence*, pags, 194 y sigtes.; KARL ENCISCH, *Vom Weltbild des Juristen*, pags. 26-35.

(77) D, I, 8, 1: Quaedam praeterea res corporales sunt, quaedam incorporates. Corporales hae sunt, quae tangi possunt, veluti fundus homo vestis D. 30, 35: Si heres alienum hominen dare damnatus sit...; D. *7,7*, 4 (bajo el equigrafe *De operis servorum*): Fructus hominis in operis consistit *et* retro in fructu hominis operae sunt.

(78) F. B. CICALA, *Il rapporto giuridico*, págs. 446-484; FRANCESCO CARNELUTTI, *Teoria generale del diritto*, páginas 112-114; JAN MAGNUS JANSSON, *Hans Kelsen statsteori*, páginas 205 y sigtes. (el puesto del hombre en el derecho).

que, igualmente, pertenece a las formas fundamentaos del pensamiento jurídico? Señalemos un ejemplo concreto. El Código penal suizo del año 1937, en su art. 218 dice así: «Quien abandona a una mujer sabiendo que la ha dejado encinta sin estar unido a ella en matrimonio y conociendo que se halla en situación apurada, por lo que la deja en estado de necesidad, será castigado con la pena de prisión a petición de parte». La relación de causalidad, caracterizada por las palabras «por lo que» *(«dadurch»)*, incide en este caso en el supuesto de hecho que, por su parte, forma una relación «si-entonces» en su primera mitad (Quien ... abandona). En la relación de causalidad existen dos hechos enlazados entre sí (en este caso: un hombre abandona a una mujer y «por ello» *[«dadnrch»]* se encuentra esa mujer en estaco de necesidad). En la relación «si-entonces», un hecho (en este caso: el acto descrito en el supuesto de hecho del derecho penal, con inclusión de la situación de necesidad que ha ocasionado) está enlazado con el deber del tribunal de condenar al autor a la pena de prisión. En un caso aparecen, pues, mutuamente enlazados un hecho con otro hecho, y en el otro lo están un hecho y un deber jurídico(79).

Este texto legal también tiene interés desde otro punto de vista: abandonar no es un obrar o hacer, sino un dejar de hacer, un omitir, a pesar de lo cual la omisión se imputa al autor como conducta punible. El concepto de «capacidad de obrar» comprende igualmente el no obrar, tanto en el derecho penal como en el derecho privado. Capacidad jurídica de obrar significa que la acción o la omisión puede ser jurídicamente imputada al sujeto de derecho. El obrar constituye aquí el caso normal: por estas razones el complejo concepto jurídico tanto del razonamiento del práctico como del teórico del derecho está designado con la expresión «capacidad de obrar» que, desde el punto de vista del lenguaje, es inapropiado(80).

---

(79) HANS KELSEN, *Reine Rechtslehre*, pág. 22; *General Theory of Law and State*, págs. 46, 393. En interés de una consideración teórica unitaria podría formularse la pregunta de si la conexión no es la misma en los dos casos. La estructura del «si-pues» (*wenn-so*) que a primera impresión parece normativa queda entonces reconducida a algo causal. Pero semejante reconducción —teóricamente imaginable— aparece como algo sumamente artificioso para el punto de vista del jurista práctico. Compárese HANS KELSEN, *Causality and Imputation (separata* de Ethics, LXI/1/1950); KARL ENGISCH, *Vom Weltbild des furisten*, págs. 110-140.

(80) Compárese KARL ENGISCH, *ob. cit.*, págs. 36-39.

VI

LA DISPOSICIÓN JURÍDICA FUNDAMENTAL. LO METAFÍSICO EN EL PENSAMIENTO JURÍDICO

El pensamiento jurídico está en relación con el conjunto de la situación social dentro de la cual se produce[1]. El pensamiento jurídico puede considerarse como una función de esta situación social[2]. Ahora se trata de un aspecto sociológico. Pero, tan pronto como se pasa a ejemplos concretos, se está en el plano de una consideración histórico cultural (el pensamiento jurídico en distintas épocas concretas de la cultura)[3].

---

(1) CARLOS COSSIO, *Ciencia del derecho y sociología jurídica*, pág. 69: «...el conocimiento del sociólogo es el conocimiento de un espectador, en tanto que el conocimiento del jurista es el conocimiento de un protagonista. En los juristas se trata de un saber conceptualmente emocional» (pág. 71). También así en *La coordinación de las normas jurídicas y el Problema de la causa en el derecho* (Buenos Aires, 1948), pág. 104. J. J. VON SCHMID, *Rechtsphilosophie,* pág. 167 (Recht en Wereld — en *Levensbeschouwing).* La obra de SCHMID es una teoría del derecho histórico-cultural y sociológico consecuentemente realizada con un criterio histórico-cultural y sociológico. Todos los fenómenos del derecho y las teorías más importantes en este terreno son contempladas desde este punto de vista unitario. De especial interés, *Phaenomenologie van bet recht* (págs. 6 y sigtes.), *Phaenomenologie van den staat* (págs. 56 y sigtes.), *De logische mogelijkheid van de rechtsphaenomenologie* (págs. 138 y sigtes.). JOSEF ESSER, *Einfübrung in die Grundbegriffe des Rechtes und Staates*, págs. 49-96: una historia estilizada del derecho y del pensamiento jurídico. HEINRICH TRIEPEL, *Von Stil des Rechts* (Heidelberg, 1947), págs. 46 y sigtes., 67, 84 y sigtes., 100 y sigtes., 122 y sigtes. AATOS ALANEN, *Yleinen oikeustiede,* págs. 107-108.

(2) CARL SCHMITT, *Über die drei Arten des recktswissens chaftlichen Denkens* (Hamburg, 1934), págs.; 11-24, 40-57; MAURICE HAURIOU, *Aux sources du droit* (Paris, 1933), páginas 89-128; SANTI ROMANO, *L'ordinamento giuridico* (2ª ed., Firenze, 1945?), págs. 4-84; MARIO GIULIANO, *La comunità internazionale e il diritto* (Padova, 1950) págs. 221-305. «. . .l'ordinamento giuridico intemazionale, cosi come ogni ordinamento giuridico, è un *prodotto,* una *sovrastruttura,* di un determinato ambiente sociale, di una determinata comunità...» (pág. 221). Interesante para la historia de las ideas, KARL LARENZ, *Über Gegenstand und Methode des völkischen Rechtsdenkens,* págs. 27, 37, 52-53.

(3) En este punto no penetramos más en la cuestión de cómo están principalmente relacionados los aspectos sociológico e histórico cultural. J. HUIZINGA, *Im Bann der Geschichte* (Basel,

Ahora aplicamos la expresión «situación social en su conjunto». En su lugar podría hablarse de «campo de fuerzas sociales». Estos términos que proceden del mundo mental de la física son signos característicos de un hecho histórico cultural: una gradual aproximación entre las ciencias de la naturaleza y de la cultura[4]. Es una aproximación que parece deseable si las últimas quieren librarse poco a poco de una confusión especulativa y de una oscuridad poético metafísica[5][6]. KURT LEWIN ha demostrado con su creación científi-

---

1943), págs. 36 y sigtes.; 52 y sigtes.; 66, 90 y sigtes.; J. E. SALOMAA, *Philosophie der Geschichte* (Turku, 1950), págs. 76 y sigtes.; ERICH ROTHACKER, *Probleme der Kulturanthropologie* (Bonn, 2948), págs. 147-198; GIORGIO DEL VECCHIO, *Evoluzione ed involuzione nel diritto* (Roma, 1945), págs. 17 y sigtes.; 39 y sigtes.; LUIS LEGAZ Y LACAMBRA, *La triple misión de la filosofía del derecho,* págs. 213-214; ERNST CASSIRER, *An Essay on Man* (New Haven, 1948), págs. 171-206.

(4) El condicionamiento antropológico de las ciencias de la cultura queda bien destacado por HEINRICH RICHERT, *Kulturwissenschaft und Naturwissenschaft* (6ª y 7ª eds., Tubingen, 1926), pág. 14: «Una contraposición *material* de los objetos solo puede por ello servir de base para la división de las ciencias particulares cuando de la realidad total destaca una serie de cosas y fenómenos que para nosotros poseen una especial importancia o significación...»; pág. 18: «...La cultura como algo directamente producido por el hombre que dirige sus actos a una finalidad valorada, o bien, cuando ya existe, a lo *atendido* intencionadamente por razón de los *valores* inherentes...». Con esta separación entre naturaleza y cultura parece que no se halla en ninguna conexión necesaria el criterio de distinción ciertamente dudoso de RICKERT entre naturaleza e historia (dos aspectos: el general, el individual, pág. 55). La crítica de RICKERT contra la expresión «ciencia del espíritu» (pág. 98: «... no delimita ni los *objetos* ni los *métodos* frente a los de las ciencias de la naturaleza») es exacta. FELIX KAUFMANN, *Methodology of the Social Sciences* (New York, 1944), págs. 141-147, 169-181. *Compárese WILHELM FLITNER, Vom Gesetz in der Geschichte (en la obra colectiva Das Problem der Gesetzlichkeit, I, Geisteswissenschaften,* Hamburg, 1949), págs. 10-12; GERHARD *STAMMLER, Vom Gesetz mit und ohne Gesetzgeber (Archiv für Rechts – und Sozialphilosophie,* XXXVIII/2/ 1949).

(5) FRANK E. HARTUNG, *Sociological Foundations of Modern Science (Philosophy of Science,* XIV/ 1947); PHILIPP FRANK, *The Place of Logic and Metaphysics in the Advancement of Modem Science (Philosophyof Science,* XV/1948); ALBERT EINSTEIN, *Bemerkungen zu Betrand Russells Erkenntnistheorie* (en la obra colectiva *The Philosophy of Bertrand Russell*, Menasha, U.S.A. 1946); FRANZ W. JERUSALEM, *Kritik der Rechtswissenschaft*, pág. 183: «El (auténtico) positivismo... es un método que intenta transportar una parte esencial de la manera de trabajar propia de las ciencias naturales sobre las ciencias del espíritu»; KARL ENGISCH, *Vom Weltbild des Juristen*, páginas 19-21.

(6) Según WERNER SOMBART, *Vom Menschen* (Berlin-Charlottenburg, 1938), XXI, las ciencias de la naturaleza y del espíritu se hallan en una insuperable contraposición. LEOPOLD VON WIESE, *Ethik* (Bern, 1947), pág. 12: «En las ciencias que tienen por objeto el hombre seguimos siendo en gran medida astrólogos y no hemos podido llegar a astrónomos» (v. 18). THEODOR GEIGER, *Some Reflections on Sociometry and its Limitations (Theoria,* XVI/1950, pág. 36: «Estando libre del *handicap* de una tradición metafísica, la sociología americana ha comprendido la necesidad de las mediciones antes que la europea... Sin la medición, el razonamiento no pasará nunca de los sonidos a las cosas». HELMUTH PLESSNER, *Aspekte sozialer Gesetzmässigkeit* (en la obra colectiva *Das Problem der Gesetzlichkeit, I, Geisteswissenschaften,* Hamburg, 1949). MAX BENSE, *Konturen einer Geitesgeschichte der Mathematik. Die Mathematik und die Wissenschaften* (Hamburg, 1946), págs. 55-58, 82 y

ca que el mundo mental de las ciencias naturales puede tener una influencia fecunda en zonas vecinas. En todo caso hace falta mucha precaución en el trasplante de semejantes expresiones. En su originario ámbito de aplicación llevan adheridas significaciones precisas y críticamente aseguradas. En el nuevo ámbito científico cultural las expresiones serán usadas de una manera más o menos figurada y por ello imprecisa, subsistiendo al mismo tiempo la ilusión de que esos términos designan algo claro y unívoco.

También podría expresarse la dependencia social del pensamiento jurídico diciendo que este pensamiento designa una función de la ideología social dominante en cada caso(7). Pero nos parece que el concepto «ideología» no

---

sigtes., 106 y sigtes. «DESCARTES es, por tanto, el primer pensador occidental que, de una manera consciente y metódica, separa la teología de la filosofía y, como podemos ver, el medio de que se vale procede de la exigencia de formulación matemática de las ciencias y de la filosofía. En todo caso, éste es el momento histórico en el que la *filosofía se* separa definitivamente de la esfera de dominación de la teología con la penetración de la manera de pensar propia de las matemáticas (*ob. cit.*, pág. 111). Compárese G. H. VON WRIGHT, *Descartes och den vetenskapliga ideutvecklingen* (*Ajatus*, XVI, Helsinki, 1950). MAX DEURING, *Sinn und Bedeutung der mathematischen Erkenntnis* (en la obra colectiva *Das Problem der Gesetzlichkeit, II, Naturwissenschaften,* Hamburg, 1949), pág. *26:* «...desde el principio apenas ha habido polémica en la matemática y cuando se han planteado cuestiones discutibles, han podido ser resueltas en su mayoría. MORITZ SCHLICK., *Philosophy of Nature* (New York, 1949), pág. 4: «... el conocimiento exacto es un conocimiento que puede ser expresado de manera plena y clara en conformidad con las regias de la lógica. Las 'matemáticas' no son más que un nombre para designar el método de una formulación lógicamente exacta». Ejemplar HEINRICH SCHOLZ, *Der Forscber (Archiv fur Rechts- und SozialPhilosophie,* 35/1942): *Was ist Philosophie?* (ibidem, 33/1940). Acerca de la matemática occidental expresa SCHOLZ: «El ámbito en el que ha sido elaborada es el más antiguo y se halla tan herméticamente cerrado en todos sentidos que los charlatanes hasta ahora no han podido penetrar en él de ninguna manera» (*ARSph* 35, pág. 5).

(7) Según MARIO GIULIANO, *La comunità internazionale e il diritto,* págs. 307-308, el mismo ordenamiento jurídico es una ideología: «El fenómeno jurídico. . . es el reconocimiento formal, ideológico, entre los miembros de una comunidad, del modo de ser y de la permanencia de un cierto orden social, de un cierto equilibrio de fuerzas sociales...». Compárese J. STALIN, *Marxismo y problemas de la ciencia del lenguaje* (en ruso, Moscú, I950), pág. 10: «La base es el orden económico de la sociedad en una determinada fase de su evolución. La superestructura la constituyen concepciones (*vsgljadi)* políticas, jurídicas, religiosas, artísticas y filosóficas de la sociedad y las correspondientes regulaciones políticas, jurídicas y de otra clase». Pág. 17: «La superestructura es producto de una época en el que vive y actúa un determinado orden económico». El pequeño estudio de STALIN contiene una serie de conceptos de la ideología marxista. Acerca de su importancia en este sentido, puede verse, por ejemplo, el *Boletín de la Academia de Ciencias* de la U.R.S.S. sección de Economía y Derecho, I950/5, artículo editorial (en ruso): *«Los trabajos del camarada Stalin sobre la ciencia del lenguaje y su importancia para el desarrollo de las ciencias económicas y jurídicas».* Con la expresión «marxismo» designamos en este estudio la concepción de la vida con fuerte acento emocional, que aparece en la forma externa de una teoría y que sirve como base espiritual de la Unión Soviética y de los partidos comunistas de diversos países y que por ello tiene la eficacia de un fuerte dinamismo. Desde el punto de vista marxista, el mismo marxismo —si es pensado consecuentemente— debe ser entendido como una ideología.

pertenece a los medios más claros del pensamiento científico. Hace falta una designación breve y resumida que designe los valores dominantes en una determinada sociedad. Pero, cuando quieren deducirse conclusiones relativas al pensamiento jurídico a base de esta «ideología», no cabe olvidar que el punto de partida es ciertamente indeterminado. Con ello, de ninguna manera pretendemos poner en duda la fecundidad científica del «aspecto ideológico». Pertenece a las más valiosas —y en sentido filosófico interesantes— conquistas del espíritu occidental, en el sentido científico, que poco a poco haya sido capaz de someterse a un análisis realizado «desde fuera», objetivamente, de la propia base social que le nutre. No se trata en este caso de una consideración que corresponda a la historia de las ideas, sino de algo mucho más radical: nuestro pensamiento *actual* queda establecido como una correlación social[8].

La doctrina marxista de que el marxismo continuamente está sometido a cambios socialmente condicionados, parece confirmar esta interpretación. Basta pensar, por ejemplo, en el dogma fundamental del primitivo marxismo de que una revolución socialista solo es posible como una revolución mundial, que en el marxismo stalinista ha sido sustituido por el dogma de que una revolución socialista es posible en *un* Estado. Acerca de las razones para esta variación de criterio, Stalin, *ob. cit.*, págs. 101-104. Sobre la doctrina del más antiguo marxismo de que el Estado desaparecerá después de una revolución socialista, Stalin, *ob. cit.*, págs. 104-106. Sobre la mutabilidad del marxismo como problema general de la filosofía, págs. 112-114. Compárese F. W. Konstantinow, *El papel de las ideas progresivas en la evolución social* (en ruso, Moscú, 1947), páginas 14-17: doctrina ideológica. Karl Jaspers, *Vernunft und Widervernunft in unserer Zeit* (Munich, 1950), págs. 10-17.

(8) Hans Kelsen ha esclarecido con maestría la significación ideológica de los conceptos jurídicos fundamentales. *Reine Rechtslehre*, págs. 42, 45-46, 52 y sigtes., 110 y sigtes., 116. Ha señalado el sentido múltiple de la palabra «ideología» diciendo que «en un caso significa la afirmación de un espíritu opuesto al de la naturaleza y en otro es una representación que oculta, aclara o desfigura la realidad» (págs. 37-38); *General Theory of Law and State*, pág. 174. Félix Kaufmann, *Methodology of the Social Sciences*, págs. 182-198: la objetividad de la ciencia social: Sobre la formación de ideologías desde el punto de vista del sociólogo, Theodor Geiger, *Sociologi* (Copenhague, 1939): toda la sección relativa a la sociología del saber; *Estudios preliminares a una sociología del derecho*, págs. 259 y sigtes.; *Debat med Uppsala om moral og ret* (Lund, 1946), págs. 44 y sigtes., 86 y sigtes. La moderna técnica confiere en la actualidad a un Estado totalitario la posibilidad de formar y de dirigir el mundo emocional y mental de los ciudadanos. Así sucede, por ejemplo, en la Unión Soviética, donde el autor pudo comprobar un fuego graneado extraordinariamente intenso de la propaganda (radio, cine, teatro, periódicos, folletos, libros, discursos públicos, influencia personal, etc.). El moderno Estado totalitario solo ha sido posible por el gran desarrollo de la técnica. J. J. Von Schmid, *RechtsPhilosophie*, págs. 76 y sigtes.; Josef Esser, *Einführung in die Grundbegriffe des Kechtes und Staates*, pág. 93: «... se pretende someter a 'dirección' no solo la existencia económica y social —y esto es lo nuevo— sino también al hombre espiritual, las ideas». Las condiciones de efectividad de semejante dirección constituyen un fascinador problema teórico social. Karl Mannheim, *Ideology and Utopia* (London, 1948), págs. 49 y sigtes., 237 y sigtes.; Robert K. Merton, *Sociology of Knowledge* (en la obra colectiva *Twentieth Century Sociology*, New York, 1945, págs. 366-405); Helmuth Schoeck, *Die Zeitlichkeit bei Karl Mannheim* (Ar*chiv fur Rechts- und Sozialphilosophie*, XXXVIII/3/195O); Luigi Bagolini, *Valutazioni morali e giuridiche...*, págs. 37, 39, 65-66; Luis Legaz y Lacambra, *Direito e política* (Lisboa, I950?), págs. 22 y sigtes.

Si se intenta un estudio global del pensamiento jurídico de una época cultural determinada, sin que este pensamiento quede enfrentado contra la total situación social, existe el peligro de que la atmósfera, en definitiva, no quede vivida[9]. Formas básicas del pensamiento jurídico de épocas pasadas pueden así ser interpretadas erróneamente desde nuestra propia época[10]. Incluso las definiciones del derecho que nos proporciona el pensamiento teórico en diferentes épocas de la cultura representan una función del conjunto de la situación social de entonces[11].

Existe un factor que, en este punto, induce fácilmente a error al que investiga: el lenguaje. El lenguaje jurídico de épocas pretéritas en gran parte usaba las mismas palabras que todavía son utilizadas en la actualidad. Para el investigador de nuestros días, aquellas palabras parece que se refieren a algo conocido, aunque aparecen en correlación con una época completamente extraña. Les atribuye significaciones peculiares de su propia época. Esta tentación resulta especialmente temible en palabras de fuerte contenido emocional. Por otra parte, incluso aquellas emocionales palabras del lenguaje jurídico son fecundas desde el punto de vista de la historia de la cultura cuando son estudiadas con cautela crítica. Como en un pequeño ejercicio preliminar, el investigador puede profundizar en las cualidades emocionales del lenguaje jurídico de su propia época cultural. Estas cualidades que son vividas como algo evidente para el jurista práctico y que, de manera permanente, acompañan a su pensamiento, el teórico las eleva a problema. El derecho penal y el de familia ofrecen aquí un rico repertorio. Cabe comparar las cualidades emocionales del lenguaje jurídico y las del lenguaje profano para captar con ello aspectos de lo que el pensamiento jurídico tiene de peculiar[12].

---

(9) F. B. CICALA, *Corso di filosofía del diritto*, págs. 131-132; ERICH ROTHACKER, *Probleme der Kulturanthropologie* (Bonn, 1948), pág. 157: «toda cultura, como un estilo de vida, *debe* corresponder a una correlativa imagen del mundo, es decir, a un específico 'mundo circundante'»; JOSÉ ORTEGA Y GASSET, *Obras Completas* (Madrid, 1947), VI, págs. 13-14: «... los cambios más decisivos en la humanidad son los cambios de creencias, la intensificación o debilitación de las creencias». Pág. 18: «Las creencias constituyen el estrato básico, el más profundo de la arquitectura de nuestra vida. Véase en *Obras Completas*, V, págs. 379-390: ideas y creencias.

(10) Acerca del fondo tan distante de nosotros del pensamiento jurídico romano AXEL HÄGERSTRÖM, *Der römische obligationsbegriff im Lichte der allgemeinen römischen Rechtsanschauung*, I (1927); *Socialfilosofiska uppsatser*, págs. 171 y sigtes.; ALF ROSS, *Towards a Realistic Jurisprudence*, páginas 216 y sigtes.; KARL OLIVECRONA, *Three Essays in Roman Law* (Copenhague, 1949).

(11) J. J. VON SCHMID, *Rechtsphilosophie*, págs. 153 y sigtes.; KARL LARENZ, *Rechts-und Staatsphilosophie der Gegenwart* (2ª ed., Berlin, 1935): también de gran interés desde el punto de vista de la historia de las ideas.

(12) Alf ROSS ha subrayado especialmente en el pensamiento jurídico un fenómeno que llama «racionalización». Por ejemplo, *Towards a Kealistic Jurisprudence*, pág. 140: «Si... las racionalizaciones de validez quedan reducidas a lo que son, meras expresiones simbólicas de factores irracionales, y si, en relación con ello, toda la construcción del derecho expresada con lógica normativa, como consistente en un sistema de significados, proposiciones y

La disposición global del jurista acentuadamente valorativa (emocional) frente al derecho es lo que llamamos su «disposición jurídica fundamental». Nos encontramos con ello frente a los últimos presupuestos[13] del pensamiento jurídico que normalmente el jurista no percibe[14].

Puede advertirse con claridad que la disposición jurídica fundamental en una época de cultura metafísica, profundamente religiosa, es completamente diferente que en una sociedad secularizada[15]. Nos encontramos con un importante fenómeno dentro del uso del lenguaje y del pensamiento jurídicos[16]: los rudimentos[17]. Por rudimentos jurídicos entendemos las palabras y

afirmaciones normativas, queda reemplazada por una concepción del derecho fundada en el estudio de los hechos psicofísicos del fenómeno jurídico, entonces el mismo concepto, lo mismo que el problema de las fuentes del derecho, cambiará ante todo su carácter». Compárese ALF ROSS, *Kritik der sogenannten praktischen Erkenntnis* (Copenhague y Leipzig, 1933), pág. 431: «Las formas en que se manifiestan las reglas morales son: sentido, racionalidad, expresión de conocimiento, juicio. Pero se trata de ilusiones. En realidad son: ser, irracionalidad, expresiones de vida, gestos. Probablemente aquella racionalización de lo irracional, aquella objetivación de lo subjetivo, aquella reducción a forma lógica de la vivencia que se realiza en la práctica consciente, constituye desde el punto de vista psicológico un proceso elemental de necesidad tan apremiante que nadie se encuentra en estado directo de librarse de su denominación. La ilusión práctica de objetividad probablemente es un verdadero *idolum tribus* GEORGES GURVITCH, *Sociology of Law,* págs. 52-60, 306-309.

(13) E. EHRLICH, *Die juristische Logik,* pág. 282; en su gran obra *Teoria generale del diritto,* ALESSANDRO LEVI ha esclarecido de una manera destacada la base crítica cognoscitiva del pensamiento jurídico práctico y científico.

(14) J. HAESAERT, *Tbéorie générale du droit,* págs. 199285 (las fuentes primarias del derecho); HANS NAWLASKY, *Allgemeine Rechtslehre,* págs. 2-3; BARNA HORVATH, *Rechtssoziologie*, págs. 242 y sigtes. (saber y derecho). «Por saber, en el más amplio sentido de la palabra, se entiende la *vivencia* —primordialmente la vivencia *del derecho*— en la medida en que en el acto vital de carácter voluntarista o emotivo aparece un *objeto*» (pág. 243); HEINRICH MITTEIS, *Vom Lebenswert der Rechtsgeschichte* (Weimar, 1947), pág. 111: «Esta posición inicial por lo pronto no puede ser llevada más atrás, y para el derecho empírico es algo previamente dado. Queda determinado por el marco de la estructura fundamental ético cultural en la que el derecho está encajado... todo depende de las postreras representaciones acerca de la esencia del hombre y de su puesto en el cosmos...».

(15) J. HAESAERT, *Theorie générale du droit,* págs. 163 y sigtes.; *Essai de Sociologie* (Bruxelles, 1946), págs. 359, 365; MARCEL MAUSS, *Manuel d'Etbnograpbie* (Paris, 1947), páginas 110 y sigtes.; GEORGES GURVITCH, *La vocation actuelle de la sociologie* (Paris, 1950), págs. 409-525 (la magia, la religión y el derecho).

(16) J. J. VON SCHMID, *Grote Denkers over Staat en Recht* (2ª ed., Haarlem, 1948); *Het Denken over Staat en Recht in de negentiende eeuw* (2ª ed., Haarlem, 1948); *Sociologie van bet Denken* (en *Rechtsphilosophische en Sociologische Studien,* Amberes, 1939), págs. 335-35O.

(17) ALF ROSS, *Kritik der sogennanten praktischen Erkenntnis,* págs. 15-16: «... a consecuencia de su origen y evolución histórica, nuestros conceptos jurídicos fundamentales han crecido tan fuertemente ligados con el mundo de las representaciones metafísicas del llamado conocimiento práctico —de la ética y especialmente el derecho natural— que en la actualidad su propio contenido significativo no resulta inteligible si no se empieza por poner al descubierto y en claro este mundo imaginario... la ciencia del derecho ha heredado un sistema de ideas cuyo contenido conceptual ha surgido de un mundo mental metafísico

formas de pensamiento que, procedentes de una época cultural, han sido heredadas por otra profundamente diferente. En el nuevo medio producen una impresión especialmente extraña, no encajan en el conjunto, no se adaptan al ambiente. Pensemos, por ejemplo, en el castigo de los actos nefandos cometidos con animales, o bien —en todo caso en Finlandia— con el duelo.

En una época cultural religioso metafísica el acto lascivo con un animal era considerado como un ultraje extraordinario al que seguía una reacción de derecho penal intensamente afectiva. En la actualidad —en nuestra sociedad secularizada— preferiríamos dejar la cuestión en manos de un especialista en enfermedades mentales. En el Código penal suizo del año 1937 ya no está considerado como un delito este «crimen» tan especial y hasta la pederastia solo es punible en casos especialmente calificados (artículo 194, aps. 2 y 3). Tratándose de actos lascivos afines a la cohabitación con un animal se tomaban incluso severas medidas contra el animal en las épocas de cultura religiosa. Así, en el Código sueco del año 1734 se decía que el autor debía ser decapitado y quemado y el animal sacrificado y, asimismo, quemado: con ello se trataba de purificar a la tierra de cuanto había participado en un acto ultrajante(18).

El duelo se considera como un delito en el vigente Código penal finlandés. En definitiva, la idea del duelo se retrotrae a una época religiosa en la que Dios daba a conocer su decisión justa por medio del duelo (compárese: las ordalías)(19). En segundo lugar, el duelo es expresión de una sociedad clasista: aunque el Parlamento finlandés ha estado compuesto por cuatro estamentos hasta el año 1906 (nobleza, clérigos, burgueses y campesinos), ya desde hacía tiempo habían desaparecido de la realidad social casi sin dejar rastro tales usos peculiares de la nobleza —como, por ejemplo, el duelo— y las normas de derecho penal relativas a lesiones corporales serían sobradamente suficientes.

Ahora queremos examinar más detenidamente, a base de iluminarlos con algunos ejemplos de la historia de la cultura, los hechos designados con la expresión de «disposición jurídica fundamental».

---

inadecuado a la realidad que no permite percibirlo directamente con claridad». AXEL HÄGERSTRÖM, *Om primitiva rudimenter i modernt föreställninggssatt* (en *Socialftlosofiska uppsatser*, págs. 140 y sigtes.).

(18) «... then skal halshuggas, och i bale brannas, varde ock samma diur tillika dodadt och brandt». En una ocasión el autor asistió al juicio de un caso ante un tribunal en un apartado lugar del Norte de Finlandia en el que un soldado licenciado había cometido un acto nefando con la vaca de una comunidad. La vaca fue inmediatamente sacrificada y enterrada y el municipio pedía al imputado el valor de la vaca como indemnización de daños. Cuando el autor hizo notar al presidente del tribunal que ningún motivo racional asistía al municipio para sacrificar la vaca, le contestó desolado: «¿Hubieses tu bebido la leche de *semejante* vaca?».

(19) Numerosas disposiciones detalladas sobre el juicio de Dios se encuentran, por ejemplo, en el derecho español medieval. Es significativo que, en el derecho territorial de Navarra, estuviesen regulados en el mismo capítulo el duelo y la prueba del hierro candente (V, III: de reptorios et bataylla). *Germanenrechte* tomo 12, Weimar, *1936*, págs. 110-131.

Fijémonos primeramente en la moderna sociedad secularizada de Occidente. ¿Cómo experimenta en este caso el derecho el jurista? Como algo prácticamente necesario, más o menos ajustado a su finalidad que, en última instancia, deriva su validez de la sanción estatal[(20)]. Es cierto que todavía existen vivencias jurídicas de carácter religioso y metafísico en numerosos miembros de semejante comunidad cultural, pero, en la mayoría de los casos, aparecen como un pálido reflejo sin vigor, procedente de una época en la que tales vivencias ocupaban un lugar central de la existencia humana. Se nutrían a basa de una educación religiosa durante la infancia y de la pertenencia formal a una Iglesia. No cabe duda que, en la indicada sociedad, existen juristas que experimentan el derecho en un sentido profundamente religioso, precisamente porque están animados por una fe cristiana viva y para quienes Dios es el punto central absoluto de toda su existencia. Pero con ello no se altera en manera alguna el cuadro cultural en su conjunto.

Para la disposición jurídica fundamental de esta época es característico que el principio de una libertad confesional (pertenencia o no pertenencia a la comunidad religiosa que se prefiera) es considerado como «lo principalmente justo» incluso por muchos cristianos creyentes. En una época religiosa en la que la fe justa era concebida como algo esencial y de importancia central, incluso por las personas que actuaban como órganos de la maquinaria jurídica, una disposición fundamental tan tolerante hubiese sido inconcebible[(21)].

Muchos actos que, al principio, eran considerados como punibles han quedado libres de sanción: la cohabitación fuera de matrimonio y el adulterio ya no son punibles en Finlandia. La disposición o actitud penal respecto del llamado suicidio es menos rigurosa ahora, en las comunidades jurídicas secularizadas, que antiguamente. La palabra «*Selbstmord*» (el asesinato de sí mismo: suicidio) ya por sí sola revela una fundamental disposición religiosa: la vida humana está en la mano de Dios. Residuos del juramento procesal de importancia tan capital en otro tiempo son vividos de una nueva manera. Ahora se considera que el perjurio es principalmente un delito contra la administración de justicia estatal y no un ultraje contra Dios[(22)].

¿Cómo sentía el derecho el jurista medieval? Como algo santo que, en última instancia, derivaba su validez de Dios. No se trataba para él de una necesidad puramente práctica, más o menos bien ajustada a su finalidad, sino como algo completamente diferente. La blasfemia era considerada como un ultraje inaudito y no simplemente como un «agravio de los sentimientos reli-

---

(20) El concepto de «capa rectora, que da el tono» de HANS NAWIASKY, *Allgemeine Rechtslehre,* págs. 18 y sigtes., 129, 137 parece ser muy útil para una teoría empírica del derecho. THEODOR GEIGER, *Vorstudien zu einer Soziologie des Rechts,* págs. 275 y sigtes. (derecho y poder).

(21) SVEN GORANSSON, *Ortodoxi och synkretism i Sverige,* págs. 1647-1660 (Uppsala, 1950).

(22) Acerca del proceso medieval en Suecia y en Finlandia, RAGNAR HEMMER, *Suomen oikeushisiorian oppikirja* (Helsinki, 1950), I, págs. 115-163.

giosos de los ciudadanos»[23]. La existencia del diablo era igualmente un hecho tan evidente e importante como la existencia de Dios[24]. Las personas que se aliaban con el diablo solo podían expiarlo con las sanciones jurídicas más rigurosas[25]. Quien tenía una fe religiosa falsa igualmente quedaba sometido a las sanciones jurídicas más graves que quepa imaginar[26]. Estos ejemplos que podrían aumentarse fácilmente demuestran que existía una disposición jurídica fundamental completamente diferente de la nuestra[27].

---

(23) La actual doctrina del derecho penal finlandés pretende dejar justificada de la manera canalada en segundo lugar el castigo impuesto al acto sacrílego. Pero el extremado rigor de la pena (cuatro años de prisión) solo puede ser explicado como repercusión de una fundamental disposición jurídica de tipo metafísico y religioso. El moderno Código penal suizo, art. 261, dice: «Quien de manera pública y grosera agravia o se burla de las creencias de otros en cuestiones de fe, especialmente de la creencia en Dios, o ultraja objetos de veneración religiosa... será castigado con la pena de prisión hasta seis meses o con multa». Sobre el castigo criminal de los sacrílegos, véase J. HAESAERT, *Théorie genérale du droit,* págs. 75 y sigtes.

(24) EINO E. SUOLAHTI, *La creencia en el demonio en el mundo de ideas de la ortodoxia* (en finlandés, Helsinki, 1950); PENTTI RENVALL, *El hombre finlandés del siglo* XVI *a la luz de sus concepciones jurídicas* (en finlandés, Turku, 1949), págs. 97 y sigtes.; 180 y sigtes. El comentario de esta obra por RAGNAR HEMMER puede verse en *Tidskriff, utgiven av furidiska Foreningen i Fmland,* 1950/7, págs. 376-385.

(25) Una alteración en la disposición jurídica fundamental puede resultar aparente por el hecho de que el carácter punible de una actividad sea ciertamente conservado, pero solo bajo especiales cualificaciones, o que un delito primeramente valorado como grave quede reducido a la categoría de una transgresión insignificante. Así, el blasfemar —principalmente la invocación de Dios o del diablo— solo es punible, según el vigente derecho finlandés, cuando tiene lugar en público y con ello se perturba la paz. La adivinación y la magia solo son punibles, según el derecho finlandés, cuando se realizan a cambio de una contraprestación.

(26) Una imagen de la Inquisición llena de comprensión puede verse en JAIME BALMES, *El protestantismo comparado con el catolicismo (Obras Completas,* Madrid, *1949),* IV páginas 363 y sigtes.

(27) Una buena introducción a la disposición jurídica fundamental de la Edad Media puede verse en FRANCISCO ELÍAS DE TEJADA, *Historia de la filosofía del derecho y del Estado* (Madrid, 1946), II, págs. 56 y sigtes.; *Las doctrinas políticas en la Cataluña medieval* (Madrid, 1950); ETIENNE GILSON, *L'esprit de la philosophie médiévale* (Paris, 1944), págs. 175 y sigtes., 304 y sigtes.; J. J. VON SCHMID, *Grote Denkers over Staat en Recht*, págs. 62 y sigtes. Acerca de la moderna disposición católica hacia el derecho, W. FRIEDMANN, *Legal Theory*, págs. 264-269: LOUIS LE FUR, *Les grands problèmes du droit* (Paris, 1937); R. P. SERTILLANGES, *La philosophie des lois* (Paris, 1946); F. B. CICALA, *La moralità delle azioni umane* (Firenze, 1934); *Ordine giuridico e ordine morale nella parola dell'Augusto Pontefice* (Milano, 1950); GIORGIO DEL VECCHIO, *La parola del S. Padre Pio XII e i giuristi* (Roma, 1944); FRANCISCO ELÍAS DE TEJADA, *La filosofia jurídica en la España actual* (Madrid, 1949), págs. 3-22, 26-29; *Introducción al estudio de la ontologia jurídica.* Prólogo: «...venimos a la tierra con un fin ultraterreno; ... esta nuestra actual existencia no es sino un valle de lágrimas; ... nos espera una eternidad plagada de infinitos que hemos forzosamente de merecer y conquistar con nuestro propio esfuerzo...»; págs. 23-24: «... el grande asunto del destino humano. Andar por la tierra con los ojos en el cielo; reconocer un camino de asperezas guiado por la luz de las alturas...»; pág. 51: «...ser portador del valor eterno de un destino ultraterreno... «; págs. 30-31: «Se vive con

En nuestros días ha surgido una nueva clase de comunidad jurídica metafísica: la marxista. ¿Cómo vive el derecho un jurista marxista en semejante comunidad? El derecho, lo mismo que el Estado, es un resultado y al mismo tiempo un medio de la lucha de clases. Su validez, en el Estado marxista, queda referida, en definitiva, a los intereses revolucionarios del proletariado. En este sentido el derecho marxista es sagrado, lo mismo que la lucha dirigida con medidas jurídicas contra los herejes («saboteadores» y «espías»: dos designaciones fuertemente emocionales). También la lucha contra los que causan daños a la propiedad socialista y contra los que quebrantan la disciplina del trabajo socialista se lleva a cabo como una guerra santa. La policía secreta ocupa una posición clave en la lucha jurídica santa pues, mediante ella, queda vigilada la fe verdadera[28]. Por otra parte, se declara escatológicamente que el derecho y el Estado solo representan un fenómeno transitorio y que desaparecerán cuando quede destruido el cerco capitalista del Estado socialista y se alcance el estadio superior del socialismo, una sociedad comunista[29]. En los Estados marxistas existe gente, como es sabido, que tienen una disposición jurídica fundamental rudimentaria; es decir, que viven el derecho en un sentido religioso o en el propio de la secularizada cultura occidental. Contra semejantes «residuos espirituales del capitalismo» se luchará enérgicamente por parte del dogma dominante.

Podríamos estimar que es una hipótesis no comprobada hasta ahora la afirmación de que la actual forma cultural de Occidente solo es un episodio entre dos épocas metafísicas. Por el contrario, en el catolicismo y en el bolchequismo marxista pueden señalarse muchas semejanzas formales. Ambos se

---

vistas al infinito, pero entre amargas limitaciones de presente...» Sobre la peculiaridad y grandeza de la fundamental disposición jurídica medieval véase también la destacada obra de FRANCESCO CALASSO, *Introduzione al diritto comune*, págs. 140-180.

(28) La importancia de la policía secreta para el régimen marxista queda puesta de manifiesto de manera convincente por G. M. LJUBAROW, *Félix Emundovits Vjersinski* (en ruso; 2ª ed., Moscú, 1950). LJUBAROW escribe sobre el célebre jefe de la policía secreta: «Félix Djersinski. . . el adorado del pueblo soviético y del partido, nuestra perfección, nuestro orgullo. . . Hoy como siempre el acerado Félix está con nosotros» (pág. 40). Expresamente se subraya: «La fuerza de la checa radica en que el partido de Lenin y de Stalin fue su creador y caudillo» (pág. 23). «Djersinski ha puesto de relieve lo importante que es incluso se preste atención a pequeñeces. «Debe saberse analizar la manera de hablar y comportarse *(frast i postupki)* de la gente, analizar las menudencias. . . Tiene gran importancia que no solamente sea detenido el criminal después de haber cometido su oscura acción, sino —y esto es lo principal— debe saberse evitar el crimen» (páginas 23-24). Queda, pues, claramente proclamado el principio preventivo para los crímenes políticos. Según LJUBAROW, Djersinski enseñó a los chequistas que deben «no tener compasión para los enemigos del pueblo, enemigos de nuestro Estado socialista, ni para los agentes y espías extranjeros, siempre, en todas partes, mostrando continuamente una elevada vigilancia revolucionaria» (pág. 24).

(29) Sobre la escatología marxista, ALF AHLBERG, *Eschatologiscbe Motive des Marxismus* (*Theoria*, XV/1949).

fundan en concepciones metafísicas que aparecen en la forma externa de una creencia autoritaria rigurosamente mantenida(30). La única fe verdadera está preservada en ambos casos a base de textos canónicos por un colegio de la comunidad de la fe en cuya cúspide se halla un conductor investido de la máxima autoridad personal. La fe se mantiene viva en los más amplios círculos con impresionantes actos del culto y manifestaciones en masa. Pero estas semejanzas puramente formales no deben servir para ocultar las muy grandes diferencias sustantivas. Los valores fundamentales del marxismo y del catolicismo están separados por un abismo. En un caso se trata de los valores fundamentales del cristianismo tradicional, que constituyen un elemento históricamente esencial de la cultura de Occidente(31). En el otro tenemos una metafísica de fuerte coloración teórica (el materialismo dialéctico) que significa que el ideal del poder económico, cada vez más dominante desde el Renacimiento, ha sido pensado hasta sus últimas consecuencias(32). En manera alguna es debido al azar que los dos grandes dogmas actuales(33) estén enfrentados en una pugna radical: la educación de la juventud constituye la posición clave por la que tan vivamente se combate(34).

---

(30) Las semejanzas formales entre el curso de las ideas de una revista católica de teología y filosofía y una revista marxista de filosofía —por ejemplo, la revista teórico política del Comité Central del partido Comunista de la U.R.S.S., *Bolsewik* saltan a la vista. Las autoridades que se citan son diferentes, pero en ambos casos se trata del principio de autoridad.

(31) Sobre la importancia histórica y filosófica del cristianismo F. B. CICALA, *Corso de filosofia del diritto*, págs. 118 y sigtes.; MAURICE BLONDEL, *Exigences philosophiques du christianisme* (Paris, 1950).

(32) J. STALIN, *Sobre el materialismo histórico y dialéctico* (en ruso, en J. STALIN: *Vaprosi leninismo*, 11ª éd., Moscú, 1947, págs. 535-563); ADRIANO TILGHER, *Interpretazione del marxismo (Rivista internazionale di filosofia del diritto*, XXII/ 1942); NICOLÁS BERDIAEFF, *El cristianismo y el problema del comunismo* (Buenos Aires, 1944), págs. 9 y sigtes.; 29 y sigtes., 89 y sigtes.; M. A. LEONOV, *La cosmovisión marxista leninista — Una poderosa conquista de la Humanidad* (en ruso, Moscú, 1947), págs. I5 y sigtes.; *El leninismo marxista y la previsión científica* (en ruso, Moscú, 1948), págs. 23 y sigtes. Cuando nosotros caracterizamos al marxismo como una creencia metafísica, no afirmamos que esté referido a un más allá al que se llegue *después* de la vida terrenal, como en la metafísica cristiana. Por el contrario: el marxismo es completamente mundano, pero su declaración mundanal contiene en puntos fundamentales afirmaciones supraempíricas, que no pueden comprobarse objetivamente. Tales son, por ejemplo, las tesis sobre un progresivo empobrecimiento de las masas trabajadoras m los Estados capitalistas, sobre el carácter inevitable del hundimiento del capitalismo y el inevitable triunfo final del proletariado, sobre la desaparición de la sociedad clasista, la desaparición del Estado (y del derecho). Los elementos metafísicos confieren al marxismo su poderosa dinámica espiritual.

(33) La totalitaria y exclusivista disposición del catolicismo la fundamenta KARL ADAM, *Das Wesen des Katholizismus* (11ª ed., Düsseldorf, 1946), pág. 190: «La Iglesia católica es, por tanto, el Cuerpo de Cristo, como la realización del Reino de Dios sobre la tierra, la Iglesia de la Humanidad... De filo también resulta su *exclusividad*, esto es, su pretensión de ser simplemente la Iglesia de la Humanidad, la exclusiva institución para la salvación de todos los hombres».

(34) No es puramente casual que el estudio de M. SCHEIMANN, *El Vaticano, enemigo de la paz y de la democracia* (en ruso, Moscú, I950) haya sido publicado en la editorial «Maladaja

¿Qué posición adopta la idea de justicia en las distintas situaciones sociales de conjunto?[35]. Podría parecer que esta idea es un rudimento de una época pretérita. Pero la cuestión no es tan sencilla[36]. Es cierto que la idea de justicia ocupa un lugar menos central en una comunidad jurídica secularizada que en la Edad Media, en la que el mundo entero era vivido como un «orden» (*«ordo»)* poderoso y supraempírico[37]. A la idea de justicia se le confiere gustosamente en la actualidad una significación psicológica[38]; es decir, la justicia queda transformada, de un principio universal metafísico[39] en una vivencia subjetiva[40]: una transformación histórico cultural extremadamente

---

guardia» de la liga de la juventud comunista (*Komsomol).* Según SCHEIMANN, La Iglesia Católica propaga el fanatismo (pág. 21), niega el principio fundamental de la libertad de palabra (pág. 30), siempre ha sido enemiga de una ciencia progresiva, especialmente del materialismo dialéctico (pág. 31), persigue a los investigadores avanzados y trata de poner mano a la ciencia y de someterla a su dirección (página 31). «Los oscurantistas exigen ser tenidos como los árbitros supremos de los problemas científicos. La Iglesia católica es el obstáculo más poderoso que se opone al desarrollo de la ciencia» (pág. 32). Acerca de los fines de la educación marxista de la juventud, puede verse la obra colectiva *Leninsko-stalinski komsomol* (en ruso, Moscú, 1949), págs. 3778; N. A. MIHAILOW, *El Comité Central del partido comunista - Organizador y dirigente de la organización del komsomol* (en ruso, Moscú, 19s0), pág. 30: «El deber sagrado del *komsomol...* la educación de toda la juventud soviética en el sentido de un amor sin límites y de una fidelidad inquebrantable al partido de Lenin-Stalin, al gran conductor y maestro, camarada Stalin»,

(35) JULIUS BINDER, *Philosopbie des Rechts,* págs. 255 y sigtes., 362 y sigtes. BINDER, como la mayoría de los filósofos del derecho, trata separadamente de «la idea del derecho» y de «la justicia». Pero, ¿no se trata de dos diferentes designaciones verbales de *una* misma vivencia anímica, que resulta más ajustado a su finalidad tratar bajo *un* aspecto? Una concepción unitaria puede verse en WILHELM SAUER, *System der Rechts — und Sozialphilosophie.*

(36) F. B. CICALA, *Corso de filosofía del diritto,* págs. 106-114.

(37) ALESSANDRO LEVI, *Riflessioni sul problema della giustizia* (Lodi, 1943): un análisis empirico, psicológico (por ejemplo, págs. 51 y sigtes.); ALESSANDRO RASELLI, *Giustizia e socialità* (Milano, 1950): una orientación igualmente empirica (por ejemplo, la declaración programática en la página *252);* J. N. LEHTINEN, *Mita oikeus on?,* pág. 28; B. C. CARLSON, *Rättfäärdighet och kriminalpolitik* (Helsinki, 1939); *Rattfärdigbet och kriminalpolitik* (Helsinki, 1939); J. N. LEHTINEN, *Oikeellisuudesta, oikeudenmukaisuudesta ja siitä mikä on oikeudellista* (Lakimies, 1943); ERIK AHLMAN, *Oikeudenmukaisuus ja sen suhde moraliin* (Helsinki, 1943); GIORGIO DEL VECCHIO, *La giustizia* (2ª ed., Bologna, 1924); FRANCESCO CARNELUTTI, *Teoria generale del diritto,* pág. 18: «La justicia es la conformidad con el orden del universo»; HELMUTH COING, *Grundzüge der Rechtsphilosophie,* págs. 90-150.

(38) Por ejemplo, en GORGES GURVITCH, *Sociology of Law,* pág. 54: «La justicia o los valores jurídicos son los elementos más variables entre todas las manifestaciones del espíritu...»; HANS KELSEN, *The Metamorphoses of the Idea of Justice* (en la obra colectiva *Interpretations of Modern Legal Philosophies,* New York, 1947), págs. 392-395; LÉON HUSSON, *Les transformations de la responsabilité. Etude sur la pensée juridique,* págs. 230, 394, 395.

(39) CERNER JAEGER, *Humattism and Theology* (Milwaukee, Wisconsin, 1943); *Praise of Law. The Origin of Legal Philosophy and the Greeks* (en *Interpretations of Modern Legal Philosophies*); A. VERDROSS-DROSSBERG, *Grundlinien der Antiken Rechts- und StaatsPhilosophie* (2ª ed., Wien, 1948); AXEL HAGERSTRÖM, *Lecturas on so-called Spiritual Religión (Theoria,* XIV/1948), págs. 59-60.

(40) Una etapa en este proceso de transformación lo significa la doctrina de la justicia de

significativa. Con ello nos encontramos enfrentados con un hecho antropológico, al aparecer la justicia como algo que pertenece necesariamente a la esfera de las vivencias del hombre. Por ello no puede quedar nunca eliminada del pensamiento jurídico[41]. También en una época de cultura secularizada destaca en primera línea este fenómeno antropológico primordial, aunque de todas maneras siempre más débilmente que en una situación social religiosa en su conjunto[42].

WILHELM SAUER, *System der Rechts — und Sozialphilosophie*, pág. 195: «De manera general, la tan deseada y tan fracasada justicia puede determinarse como el tratamiento de aspiraciones humanas en conformidad con el valor que poseen para la comunidad (estatal). El criterio es, por tanto, el expresado por la Constitución política (el bienestar para el pueblo: *Wohl fur das Staatsvolk*), aunque no obstante tan discutido, el «principio de la prestación». Si *te* pregunta a SAUER quién decide en las casos concretos acerca de lo que tiene o carece de valor, nos vemos remitidos a un acto psicológico. Las aspiraciones valiosas deben ser, en este caso, valoradas: una situación psicológica en doble sentido. Adviértase también en SAUER el giro: «... Justicia... muy *codiciada*». La *formulación* por SAUER de la constitución jurídica es de gran interés para la historia de las ideas. Cuando habla del «bienestar para el pueblo» y luego desarrolla con más detalle esta idea, parece que nos encontramos ante una síntesis de lo metafísico y lo empírico, como en general en su pensamiento.
El concepto de «bien común» (*Gememwohl*), con una coloración metafísica, adopta una posición central en la tradicional filosofía católica. Por otra parte, resulta característico que la Escuela de Hagerstrom — por ejemplo, Lundstedt y Olivecrona — que *se* esfuerza para adoptar ante el derecho una posición fuertemente empírica, parece que no puede prescindir del concepto del bien común. El «bien común» de Sauer no deja de estar en conexión con el insípido concepto de interés de la moderna jurisprudencia (ciencia jurídica). Que la «justicia», que en el pensamiento de Sauer ocupa una posición central, está caracterizada por la completa indeterminación de su contenido, es algo que corresponde al hecho de que se trata de tina vivencia emocional cuyo contenido no admite ninguna formulación técnica precisa. Sauer escribe (*ob. cit.*, pág. 27): «La fundamental ley jurídica es la científicamente exacta, a saber, la expresión configurada por el propio aparato conceptual de la ciencia jurídica para el sentimiento del derecho que existe en el interior de todo jurista y de todo hombre creador de derecho, para la sana sensibilidad jurídica, para la convicción de todos los hombres justos y que piensan rectamente ...

(41) HANS KELSEN, *Reine Rechtslehre*, pág. 13: «El anhelo de justicia es — psicológicamente considerado — el anhelo eterno del hombre por la felicidad, que no puede encontrar como ser aislado y que por ello busca en la sociedad». Nos parece que la llana expresión «felicidad» está desplazada en este caso. Una vivencia como la de la justicia no puede quedar nunca agotada con una fórmula semejante — y tampoco «psicológicamente considerada» —. HANS KELSEN, *General Theory of Law and State*, pág. 5; BARNA HORVATH, *Die Idee der Gerechtigkeit (Zeitschrift für öffentliches Recht*, VII/1928); *Gerechtigkeit und Wahrheit (Internationale Zeitschrift für Theorie des Rechts*, 1929); ALF ROSS, *Towards a Realistic Jurisprudence*, pág. 145: «Esta pretensión puramente formal por la igualdad, que meramente expresa la tendencia del derecho a la regularidad, es el único significado real del concepto de justicia»; AXEL HÄGERSTRÖM, *Om social rättvisa* (en *Socialfilosofiska uppsatser*, págs. 121 y sigtes.). Ideas muy dignas de ser tenidas en cuenta en KARL LARENZ, *Neue juristische Wochenschrift*, 1950/5, pág. 172.

(42) THEODOR GEIGER, *Vorstudien zu einer Soziologie des Rechts*, pág. 274; «Palabras como justicia, honor, sentido común, etc., han sido objeto de un uso tan exagerado que, ya en la actualidad, detrás de la solemnidad retórica con que con utilizadas, es sorprendente el escaso

El derecho positivo queda referido a la justicia en un doble sentido. Por un lado, el hombre tiene necesidad de idealizar su orden jurídico positivo y considerarlo justo en su totalidad. Esta función conservadora de la justicia es la que predomina. Por otra parte, la justicia puede quedar contrapuesta al ordenamiento jurídico positivo(43).

Hasta qué punto la vivencia de justicia está arraigada en la constitución espiritual del hombre(44) resulta de las fuertes emociones que están enlazadas con esta vivencia. Si el hombre está convencido de que ha sufrido una grave injusticia, toda su vida futura puede quedar envenenada. No existe ningún crimen del que no fuese capaz un hombre sumido así en la desesperación: todos los obstáculos formales desaparecen, se siente fuera de la comunidad humana y del orden jurídico. Lo característico de la vivencia de injusticia consiste precisamente en que no se trata de un pasajero hervor emocional, sino de un envenenamiento permanente de toda la personalidad que, cada vez, corroe a más profundidad. El hecho de que este sentimiento de injusticia también pueda alcanzar una fuerza extraordinaria en una comunidad jurídica secularizada y entre hombres completamente incrédulos, es una prueba de que aquí se trata de algo primordialmente antropológico. Incluso en el campo de la teoría del derecho pueden manifestarse efectos reflejos del fuerte carácter afectivo del sentimiento de

---

sentido moral que existe». GEIGER ha puesto en este punto de manifiesto un fenómeno característico de nuestra época: la justicia se invoca de manera tan considerable como un tópico que posee determinadas cualidades emocionales. La inutilidad de las tentativas para racionalizar la vivencia de justicia queda puesta de manifiesto de manera convincente por JOSEF ESSER, *Einführung in die Grundbegriffe des Rechtes und Staates,* págs. 13 y sigtes.

(43) Acertadamente HANS KELSEN, *Reine Rechtslehre,* pág. 14. FRANCISCO ELÍAS DE TEJADA, *Introducción al estudio de la antología jurídica,* pág. 91: «... la norma jurídica es la norma política del contenido justo». Si, como dice JOSEF ESSER, *Etnfübrung in die Grundbegriffe des Rechtes und Staates,* pág. 136, la tarea del derecho consiste en «ordenar las relaciones sociales en el sentido de la justicia», se trata con ello, lo mismo que con la formulación de ELIAS DE TEJADA, de que está incluida una sugerencia de que el derecho vigente «realiza» efectivamente —más o menos— la justicia. De lo contrario, no se trataría de un derecho. HEINRICH MITTEIS, *Vom Lebenswert der Rechtsgeschichte,* pág. 119, también ha sido consecuente al llegar a la conclusión de que: «El derecho natural es el derecho propiamente vigente. Frente a él, el derecho positivo solo tiene una validez derivada, mediada, provisional». Por supuesto que también cabe atribuir semejante significación a las palabras «vigente» (*geltend*), «que rige» (*gelten*). No entramos ahora en la cuestión de si ello exige una teoría empírica del derecho. En su estudio *Sobre el derecho natural* (Berlín, 1948), pág. 38, MITTEIS admite ciertamente que, para la validez «derivada», «provisional», del derecho positivo «en todo caso existe a su favor una presunción». HANS NAWIASKY, *Allgemeine Rechtslehre,* págs. 24 y sigtes.: pensamientos críticos a las construcciones jurídicas metafísicas. «La identificación entre derecho y justicia encierra un grave peligro. Los detentadores del poder estatal pueden darle la vuelta al asador: todo lo que es derecho es justo, aunque sea un escarnio para la idea de justicia».

(44) F. B. CICALA, *Il rapporto giuridico,* pág. 598: «... aquel derecho que el hombre mismo ha expresado desde su profunda naturaleza pág. 599: «... el fundamento *y* la razón de toda concreción es una sola y no puede ser otra: es el hombre...

justicia[45]. Científicos que quieren aplicar el *concepto* de justicia como una piedra angular en la construcción de su teoría, pueden irritarse profundamente cuando alguien trata de llamarles la atención acerca de que lo único que aquí existe es una vivencia anímica que no puede ser racionalizada para fines teóricos. Tienen la sensación de que el crítico roza algo profundamente personal que, como hombre, deben «defender» a toda costa[46].

En las guerras los gobiernos recurren intencionadamente al sentimiento de justicia para aumentar la belicosidad de los ciudadanos. Jamás ha existido en la historia una guerra que haya sido tan inmoral y egoísta que no haya permitido al gobierno presentarla como una guerra justa. Siempre ha sido más fácil inducir a los hombres a sacrificar en masa sus vidas si se les convence de

(45) Sería una tarea fascinadora interpretar antropológicamente la doctrina de RUDOLF STAMMLER del derecho justo. Existió en su caso una significativa vivencia central, fuertemente emotiva, que él cubrió con un ropaje teórico y a la que siempre volvió en sus distintas obras. Cuando se siguen cuidadosamente las finas matizaciones de su libro *Die Lebre von dem richtigen Rechte* (nueva edición, Halle, 1926), le percibe detrás del texto una profunda vivencia personal. No fue un azar que STAMMLER colocara al principio de su libro, como lema, la frase de Platón: «En lo recognoscible la idea del bien es la más distante y solo con fatiga se la puede ver. . . Pero debe verla quien quiera obrar racionalmente, ya sea calladamente para sí o públicamente». Los giros «distinguir con dificultad», «ver», en Platón se refieren a una visión artístico-metafísica. Cuando STAMMLER (pág. 373) afirma de su doctrina del derecho justo: «se diferencia completamente de empresas metafísicas de tiempos anteriores», solo en parte es ello exacto. Todo el pensamiento de STAMMLER ha sido orientado por una vivencia metafísica profundamente personal: solo la forma externa es de una crítica del conocimiento. «A quien en este punto le falte la confianza en un completo ordenar, dirigir y ajustar el mundo según una voluntad *divina*, deja rota y completamente insatisfecha su aspiración a una *perfecta unidad* de su vida y de su ser» (*Lehrbuch der Rechtsphilosophie*, pág. 378). Una reducción antropológica parecida también puede realizarse con las teorías iusnaturalistas de GIORGIO DEL VECCHIO. OTTO BRUSIIN, *Oikeellisuudesta* (sobre la justicia; *Defensor legis,* 1934: en el mismo lugar también es analizada la doctrina de la justicia de FRANÇOIS GÉNY). GIORGIO DEL VECCHIO, *Lezioni di filosofía del diritto*, págs. 345 y sigte.

(46) Las vivas invectivas polémicas contra el positivismo durante los últimos años también tienen interés desde el punto de vista de la historia cultural, como también y de manera primordial, desde el antropológico. Pocas veces se precisa lo que se entiende por positivismo, pero esta dirección es el origen de todas las desdichas, incluso de las políticas BJÖRN AHLANDER, *Är juridiken en vetenskap?*, pág. 52, subraya que las teorías positivistas del pensamiento iusfilosófico han dado lugar, sin embargo, a un gran progreso. «La superación del derecho natural fue un servicio importante. Solo con ello pudo la filosofía del derecho ser liberada de su antigua vinculación a la ética, a la teología y a la especulación política. Que de vez en cuando el positivismo sirviera como fundamento a las aspiraciones del poder estatal, es el reverso de la medalla. Solo mediante el positivismo resultó posible concebir a la filosofía del derecho como una *teoría* del derecho. La tan preconizada exigencia actual y muy general de establecer una radical separación entre la ciencia y la valoración, igualmente ha nacido sobre una base positivista» (traducción del sueco al alemán por el autor). W. FRIEDMANN, *Legal Theory*, págs. 142-157; FRANZ W. JERUSALEM, *Kritik der Rechtswissenschaft,* págs. 183 y sigtes. Contra el positivismo, Karl Larenz, *Rechts- und Staatsphilosophie der Gegenwart*, págs. 11-25.

que se lucha para la realización de la justicia. El hombre experimenta entonces aquella realización como algo que está por encima de su existencia biológica, como algo que es capaz de comunicar un sentido profundo a su vida biológica[47]. Entonces experimenta igualmente la necesidad de lanzar fuera de sí su existencia biológica y sacrificarse para la gran causa.

Asimismo podrían señalarse los numerosos casos de pacífica lucha de intereses dentro de la sociedad ordenada jurídicamente, en la que la «lucha por el derecho» es efectivamente vivida como una lucha por la justicia. También aquí la vivencia de justicia contribuye esencialmente a fortalecer la base afectiva. La pugna de intereses puede ser conducida en el campo del derecho político en dimensiones extraordinarias: pensemos en la larga y dura lucha jurídica de Finlandia contra la prepotente Rusia zarista. Esta lucha fue llevada con un fuerte *pathos* de justicia.

En la actual comunidad cultural secularizada de Occidente, ¿es más débil la vivencia de justicia en el pensamiento de un jurista que en el pensamiento acerca del derecho de un profano? Antes hicimos constar que el jurista adopta frente al ordenamiento jurídico una disposición activa, instrumental, acentuadamente finalista. ¿Cómo queda valorada la tarea de ocupación práctica de un jurista con el derecho: 1, por los mismos juristas; 2, por el profano? Entre los juristas —incluso entre los completamente secularizados— se halla muy extendida la opinión que valora su ocupación profesional con el derecho, no como una corriente labor remuneradora, sino como algo «más elevado». Según esta valoración, el jurista es un guardador del derecho y ello implica como vivencia algo más que la simple defensa de los párrafos de la ley positiva. Muchos profanos valoran de manera parecida el trabajo del jurista práctico. De manera bastante general los profanos exigen a los juristas que sean guardadores del derecho, que bajo ninguna circunstancia deben tergiversarlo; es decir, que no deben defender con medios jurídicos una causa injusta. ¿Puede por ello el jurista práctico cuya ocupación profesional con el derecho es valorada de tal manera tanto por sus colegas como por los profanos, contentarse en su pensar y obrar sin la vivencia de justicia? Este sentimiento se halla tan profundamente arraigado en el jurista actual, aunque se ocupe del derecho de una manera tan profesional y racional, que lo acompaña continuamente en su

---

[47] GIORGIO DEL VECCHIO, *La giustizia*, pags. 78-79: «Sin ella (esto es, la justicia) ni la vida sería posible», ni, aunque lo fuese, merecería ser vivida. Por ella nunca vacilarán en ofrendar su vida los espíritus más selectos a los que la historia humana debe su nobleza suprema». El noble *pathos* de DEL VECCHIO es antropológicamente interesante. HEINRICH MITTETS. *Vom Lebensviert Jer Rechtsgeschichte*; *Über das Naturrecht*, pág. 43: «Nuestra verdad es la justicia y por ella debemos luchar incesantemente como auténticos *milites legum*, como caballeros contra la muerte y el diablo». Las obras de MITTEIS que acabamos de citar están poseídas por un fuerte *pathos* metafísico; ERTTIN RIEZLER, Das *Rechtsgefühl*, págs. 61 v sigtes.; una actitud empírico-psicológica frente al problema de la justicia, págs. 91, 102.

tarea diaria. Si por ello comparamos la vivencia de justicia de un jurista y de un profano, llegamos al siguiente resultado: En el jurista esta vivencia puede estar amortiguada en una situación jurídica concreta por su disposición racional y acentuadamente orientada hacia un fin. Pero en su labor diaria se le presentan situaciones jurídicas en una comente incesante. En este sentido, pues, la vivencia de justicia en el jurista juega un papel más importante que en el profano, que solo por excepción se encuentra enfrentado con conflictos jurídicos serios.

El interés por el planteamiento de problemas de derecho natural ha sido muy vivo en Alemania durante los últimos años(48). Entre otras cosas, se ha hablado del eterno retorno del derecho natural. Nosotros estimaríamos que, en esto, no solo se ha de ver una reacción debida al desastre político, pues el derecho natural siempre estaba presente(49). Las teorías condicionadas, por el momento, no consiguen modificar en nada este hecho humano fundamental. El hombre siempre está obligado a referir sus vivencias jurídicas a una realidad supraempírica. El problema del derecho natural se convirtió en un problema eterno, insoluble porque sus bases antropológicas permanecían más o menos ocultas. Demuestra muy poca visión polemizar contra el derecho natural como algo supuestamente sin sentido. Cabe aproximarse con éxito a las construcciones mentales iusnaturalistas aparentemente más peregrinas si se las interpreta como una emanación del hombre(50) y no de algo objetivo, que

---

(48) Un testimonio elocuente, entre otros, lo constituye la exposición de HELMUTH COING, *Grundzüge der Rechphilosophie,* págs. 151 -225.

(49) Por otra parte tiene razón HANS KELSEN cuando, acerca de la actualización de las corrientes iusnaturalistas después de la primera guerra mundial, escribe (*Reine Rechtslehre,* págs. 24-25): «La teoría jurídica tradicional, desde la conmoción social ocasionada por la guerra mundial, parece dispuesta a regresar en toda la línea a la teoría del derecho natural». ADOLF JULIUS MERKL, *Neue Naturrechtssysteme im heutigen Deutschland als Ausdruck der Krise des gesatzten Rechts* (*Juristische Blätter,* 3/1951), pág. 61: «La borrachera de poder y el hundimiento del *Reich* nacionalsocialista ha preparado, mientras tanto, el terreno para el reavivamiento de las corrientes iusnaturalistas en el grupo de los cultivadores de la ciencia del derecho de la Alemania actual... Los escritos reflejan después la extraña contraposición entre el derecho natural ligado a la religión y el derecho natural libre, por lo menos en la intención, pues también el último es ideología cristiana cecularizada». Acerca del fondo sociológico de las doctrinas del derecho natural, MAX WEBER, *Wirtschaft und Gesellschaft,* II, págs. 496-503. GIORGIO DEL VECCHIO, *Il concetto delta natura e il principio del diritto* (2ª ed., Bologna, 1922), págs. 79 y sigtes.; *Dispute e conclusioni sul diritto naturale* (separata de la *Rivista internazionale di filosofía del diritto,* XXVI/II-III/1949); ERNST WEIGELIN, *Recht und Naturrechtslehre* (*Archiv für Rechts- und Sozialphilosophie,* XXXIX/1/1950); W. FRIEDMANN, *Legal Theory,* págs. 15-65; JEROME FRANK, *Courts on Trial,* págs. 346-373; J. J. VON SCHMIDT, *Rechtsphilosophie,* págs. 123 y sigtes. (el aspecto histórico cultural).

(50) Compárese WALTER G. BECKER, *Die symptomatische Bedeutung des Naturrechts im Rahmen des bürgerlichen Rechts (Archiv für die civilistische Praxis,* 150/2/1948), pág. 122: «Solo con la disolución del concepto estático de derecho natural y su conversión en el dinámico concepto del mejoramiento jurídico efectivo se revelan los continuos esfuerzos para establecer

exista por encima del hombre. El «eterno» problema del derecho natural demuestra hasta qué punto el derecho se halla profundamente arraigado en la personalidad del hombre.

Como ya se advirtió en el capítulo de introducción a este estudio, designamos con la expresión «vivencia metafísica» una vivencia del hombre fuertemente emotiva que se refiere a lo supraempírico, objetivo y no susceptible de comprobación. Ahora nos interesa exclusivamente la vivencia considerada en sí misma, pues esta vivencia, como hecho psíquico, y sus efectos, pueden empíricamente, de una manera válidamente objetiva, ser convertidos en objeto de estudio. Los llamados problemas eternos siempre permiten sospechar que son una emanación del hombre. El problema en este caso es eterno. Las respuestas nunca lo son. Puesto que las vivencias metafísicas de hombres diferentes —especialmente en aquellos que viven en la misma comunidad— muestran rasgos profundamente comunes, queda de manifiesto que se refieren a realidades objetivas que existen fuera («por encima») del hombre. La profunda coincidencia de las vivencias metafísicas de hombres diferentes queda, por tanto, «aclarada» mediante su atribución a algo que existe fuera del hombre. El hombre se concibe como una función de aquella realidad. Mediante un enlace duradero con la misma se siente elevado, libre e inmortal.

Regresemos al pensamiento jurídico. Si se quisiera mencionar un ámbito jurídico en el que lo metafísico se halle representado de una manera especialmente intensa, deberíamos referirnos al derecho penal. Desde el punto de vista de la evolución histórica, este sector del derecho es de los más interesantes(51). El pensamiento jurídico penal de un moderno jurista contiene elementos que nos retrotraen a las épocas más primitivas de la evolución cultural del hombre. Cabe incluso preguntar si aquellos elementos no se refieren a un estado originario primitivo, anterior a la cultura(52). Las vivencias sobre cuya base se

---

una correlación dinámica entre el 'derecho natural' y el 'derecho legislado'... BECKER habla de la posibilidad de caracterizar al derecho natural no como lo dado sino como lo *abandonado* (pág. 122), de una «cláusula general del derecho» (pág. 123); MAX LASERSON, *Positive and 'Natural' Law cnd their Correlation* (en la obra colectiva *Interpretations of Modern Legal philosophies,* New York, 1947); KARL LARENZ, *Rechts- tund Staatsphilosophie der Gegenwart,* págs. 79-87.

(51) Debe ser especialmente destacado RAGNAR HEMMER, *Suomen oikeushistorian oppikirjs (Tratado de historia del derecho de Finlandia,* Helsinki, 1950), págs. 73-111. El gran conocedor del derecho penal sueco finlandés en la Edad Media nos proporciona en este lugar una concentrada visión general de la historia del derecho. En las prelecciones de JAAKKO FORSMAN sobre la parte especial del Código penal finlandés del año 1889 (varias ediciones desde 1896), el aspecto histórico jurídico ocupa un lugar dominante.

(52) HANS KELSEN, *Causality and Imputation* (separata de *Ethics*, LXI/1950, pág. 3): «... el principio más primitivo que determina la vida social, la norma de retribución». KELSEN, *Vergeltung und Kausalität* (La Haya, 1941), págs. 50-174: la interpretación de la naturaleza según el principio de la retribución.

edifica el derecho penal pertenecen a las más ancestrales del hombre, y durante milenios hasta nuestros días han sido vividas de manera incesante(53).

En palabras como las de «crimen» y «castigo» existen resonancias que jamás podrán explicarse mediante una consideración jurídica puramente racional y finalista. En el actual lenguaje cultural —y en el lenguaje especializado de los juristas— también corresponde a estas palabras un tono emotivo que lleva directamente a la vivencia supraempírica, metafísica. No es una casualidad que el gran metafísico DOSTOYEVSKI siempre se replanteara el problema del crimen y del castigo. Este problema nos lleva a algo humano en el más profundo sentido. ¿Acaso existe otro sector del derecho que, con tanta frecuencia, haya merecido la atención de los grandes artistas? ¿No es sintomático que este problema también fascine poderosamente a los más amplios círculos profanos? Precisamente por ello se ha censurado —con toda razón— a los periódicos del mundo cultural de Occidente que, con excesiva fruición, describen sucesos criminales. Los cines proyectan continuamente películas de la misma clase. ¿Cuál es la razón más profunda de que el hombre tenga un interés tan extraordinario precisamente para *esta* esfera de su existencia? La razón podría consistir, en parte, en que el hombre es un ser muy metafísico(54) y que el crimen y el castigo significan igualmente algo completamente metafísico(55).

El pensamiento jurídico penal de un jurista de la actualidad ofrece un panorama peculiar. Por una parte estamos ante todo un sector jurídico que ha sido objeto de una elaboración teórica llevada a cabo con extremada agudeza y cuidado(56). Por otra parte, nos encontramos con elementos mentales que

---

(53) BERTRAND RUSSELL, *Autbority and the Individual*, pág. I5: «Hay que suponer... que nuestras congénitas cualidades mentales, en oposición a lo que aprendemos, no difieren mucho de las del hombre paleolítico»; BARNA HORVATH, *Recht und Wirtschaft*, pág. 3 54: «... se desarrolla un ordenamiento jurídico primitivo, principalmente construido según la idea de la *retribución* y caracterizado por fantásticas supersticiones mucho antes de que comience la agricultura; INGEMAR HEDENIUS, *Tro och vetande* (Stockholm, 1949), págs. 254 y sigtes. (la idea primitiva de la retribución); HANS KELSEN, *Society and Nature* (London, 1946), VII y pág. 263.

(54) Un punto de vista diferente en BERTRAND RUSSELL, *Authority and the Individual*, pág. 21: «Quien confíe que, con el tiempo, ha de ser posible eliminar la guerra, debe pensar seriamente en el problema de satisfacer de manera inocua los instintos que hemos heredado de muchas generaciones de salvajes. Por mi parte, me bastan como evasión las historias policiacas, en las que alternativamente me identifico con el criminal y con el detective cazador de hombres. . .

(55) FRANCESCO CARNELUTTI, *Arte del diritto*, pág. *97:* Mientras el civil manifiesta la corporalidad del derecho, el penal revela su espiritualidad; AXEL HAGERSTRÓM, *Socialfilosofiska uppsatser*, págs. 229 y sigtes.

(56) BRYNOLF HONKASALO, *Suomen rikosoikeus. Ylehet opit. (El derecho penal de Finlandia. Las doctrinas generales,* Helsinki, 1948-1952), I-III; KARL SCHLYTER, *Straffbalk eller Skyddsbalk?* (Stockholm, 1946); *Skyddsbalk* (Goteborg, 1946); OLOF KINBERG, *Aktuella kriminalitetsproblem i psykologisk belysning* (Stockholm, 1930); *Varfor bit manniskor brottsliga?* (Stockholm, 193 5); *Le Droit de Punir* (*Theoria*, XIV/1948); ARE PETZALL, *The Social Function of Punishment*

resulta imposible adaptar a una construcción teórica consecuente, precisamente porque son ateóricos, metafísicos. Sobre estos puntos la teoría ha hecho esfuerzos heroicos y duraderos. Las mentes más agudas estaban en acción. Todo fue en vano. Está desencadenada una lucha permanente entre las más diversas teorías y esta lucha tiene algo de especial: una decisión parece estar tan lejos en la actualidad como el primer día.

El joven estudiante que debe examinarse de derecho penal y que, con este fin, profundiza en la teoría general de esta disciplina, ya advierte vagamente que en este punto existe una fisura. Las teorías construidas con la sutileza y agudeza más extremadas no pueden disimular tal verdad al estudiante. Esto le resulta tanto más sensible si se tiene en cuenta que, de todas las materias jurídicas, el derecho penal es la más humanamente interesante y la que promete las más amplias perspectivas.

Si se quiere poner al descubierto la razón de aquella falta de armonía, puede hacerse un experimento: proceder a una sistemática comparación entre conceptos fundamentales del derecho penal y de la teología. Entonces podrá comprobarse que conceptos teológicos como «culpa», «crimen», «expiación», «castigo», corresponden a conceptos de derecho penal. Y no solo esto. Los conceptos fundamentales del derecho penal también están relacionados por su contenido con los correspondientes conceptos teológicos[57]. Antes hicimos

---

(*Theoria*, XIII/1947); Zar *Dialektit der Strafdiskussion (Archiv fur Rechts- und Sozialphilosophie*, XXXVIII/1950); JOHS. ANDENAES, *Litt on straffteoriene og tilregnelighetslaeren (Festskrift for Karl Schlyter*, Stockholm, 1949); ALESSANDRO GROPPALI, *Filosofía del diritto e diritto penale* (Milano, 1948); EDMUND MEZGER, *Moderne Wege der Strafrechtsdogmatik* (Beriin-Münich, *1950;* RICHARD BUSCH, *Moderne Wandlungen der Verbrechenslehre* (Tübingen, 1949); WILHELM SAUER, *Allgemeine Strafrechtslehre* (Berlin, 1949): discusión crítica y construcción.

(57) En los diccionarios filosóficos publicados por el jesuita WALTER BRUGGER (Wien, 1948) leemos, en la voz «retribución» *(Vergeltung)*: «Retribución, en el más amplio sentido es dar a cada uno lo que le corresponde según su ser, su dignidad y especialmente según sus actos. Es una exigencia de la justicia. En sentido estricto, la retribución consiste en dar lo que corresponda y en la justa sanción de las acciones buenas o malas... El 'castigo' *(Strafe)* consiste en la imposición de un mal físico por un mal moral que ha sido libremente querido. Es la justa retribución del acto malo o culposo» (texto de Johannes B. Schuster) ... Sobre «culpa» (*Scbuld)* leemos (Schuster): «'Culpa' es la decisión libre, y por ello imputable, contra la ley moral y el valor moral. Por estar la razón decisiva del deber moral en la voluntad expresada en la ley de Dios, el acto culposo no solo consiste en la perturbación de un ordenamiento concebido de manera puramente impersonal. sino que además es un *pecado*, es decir, un ultraje contra la voluntad, el ordenamiento y el objetivo fijado por Dios, es decir, contra la misma majestad de Dios y el mismo bien». Sobre la «expiación» (*Sübtte*) se dice (por SCHUSTER): «la 'expiación' es la reparación exigida por la esencia y el poder del ordenamiento moral por un pecado cometido y la culpa, así como por sus consecuencias frente a los hombres, la comunidad y sobre todo ante Dios. De esta manera la expiación es... un deber de honor moral del hombre por el que nuevamente se sitúa en la relación justa frente a Dios y la comunidad y restablece su propio honor. El castigo del Estado sirve, en primer lugar, para el aseguramiento del bien público y en lo posible para el mejoramiento, pero todo castigo presupone la libre culpa». En setiembre de 19; 1, el

constar que el mundo mental teológico ha revelado valiosas experiencias antropológicas. Tales conceptos teológico-antropológicos no deberían, sin embargo, ser empleados como elementos constructivos en una teoría científica del derecho penal, fundada en una comprobación empírica objetiva.

Que no se nos mal entienda. No afirmamos que debe edificarse un derecho penal racional, libre de todo lo metafísico. La gran masa de los ciudadanos se sentiría completamente extraña frente a un derecho semejante. Pero la *teoría* del derecho penal creemos que podría obtener un gran beneficio si se librara de conceptos metafísico-teológicos y en su lugar colocara una consecuente teoría racional para combatir la conducta del hombre perjudicial para la comunidad. Por supuesto que, en esta teoría, también serían detenidamente analizadas aquellas vivencias anímicas que, desde antiguo, están simbolizadas por conceptos teológico-metafísicos.

Hasta qué punto es difícil a los juristas librarse de formas de pensamiento tradicionales, puede ilustrarse con un ejemplo de Suecia. Karl Schlyter, que goza de consideración internacional como criminalista, propuso hace algunos años que, en lo sucesivo, fuera eliminado del lenguaje de la ley la palabra «castigo», que tiene una herencia tan cargada, sustituyéndola por la de «medidas de protección». Pero, ¿por qué ha conservado Schlyter la palabra «crimen»? Crimen y castigo están, sin embargo, indisolublemente enlazados entre sí.

En relación con el derecho penal se plantea esta pregunta: La existencia de un ordenamiento jurídico, ¿ha de ser valorada como algo positivo para el hombre? Metafísicos de profunda sensibilidad se vieron siempre enfrentados con este problema tan grande y eterno en el más pleno sentido. Sintieron que un poder estatal organizado, que ante todo se deja sentir en las sanciones penales, es al mismo tiempo algo inquietante. ¿Puede el hombre mantener el orden en su comunidad solo mediante la premeditada imposición de un sufrimiento (castigo)?[58]. Que el hombre idealiza el castigo como una «expiación

---

conocido penalista holandés, profesor W. Pompe, dio una conferencia en Helsinki sobre el tema «La culpa del derecho penal». Copiamos algunas frases del resumen escrito de la misma: «El concepto de culpa comprende dos elementos: primero lo indebido, lo inmoral, lo malo, y segundo la imputabilidad, la libertad. En estos dos elementos el concepto de culpa aparece adecuado a la dignidad del hombre, pues sin las categorías de lo bueno y de lo malo y sin la libertad, la vida del hombre carece de todo valor moral. El castigo como retribución (expiación) se refiere a la responsabilidad del hombre por sus actos criminales y por ello es moralmente valioso». En estas frases de Pompe destacamos algunos conceptos: «el mal», «la libertad», «la dignidad humana», «retribución», «expiación», «responsabilidad», que también señalan cuestiones decisivas en la moderna antropología filosófica. Compárese Ingemar Hedenius, *Tro och vetande*, pág. 95.

(58) Giorgio del Vecchio, *Nota sul risarcimento del danno in relazione alla pena (Rivista internazionale di filosofía del diritto*, XXVIII/1951), pág. 138: «... queda por resolver el problema fundamental: el de si puede justificarse, y cómo, el concepto tradicional de la pena como '*malum passionis propter malum actionis*'. Una meditación nada breve me ha convencido de que este

justa» es algo que, antropológicamente, ha de esperarse sin más. De la misma manera que no consigue reconocer su típica naturaleza de animal de presa sin recurrir a una idealización, tampoco logra reconocer las reacciones típicas que aplica contra sus semejantes en nombre del ordenamiento jurídico, sin una superestructura metafísica idealizada(59).

No son los pensadores «ateos» los que, frente al ordenamiento jurídico y primordialmente ante el derecho penal, han sentido los más graves escrúpulos. Tampoco puede olvidarse que Cristo fue *condenado* a muerte y que la sentencia proferida estaba ajustada a todas las formas jurídicas. En la célebre escena con el Gran Inquisidor, DOSTOYEVSKI ha formulado la pregunta de qué sucedería si Cristo apareciera en la tierra por segunda vez. Llegó a la conclusión de que sería detenido y acusado del crimen más grave. También ahora se vería en él a un peligroso perturbador de la paz; es decir, a un perturbador del ordenamiento jurídico erigido fríamente y sin amor por el hombre contra el hombre. Las más graves sanciones penales, que en muchos países se aplican contra personas que por razones de conciencia se niegan a empuñar las armas contra otros hombres, también dejan que aparezca agudamente destacada la problemática del ordenamiento jurídico. Que, por el mandamiento jurídico del gobierno de un Estado, la muerte de un hombre se convierta del crimen más grave en un deber sagrado, es algo que pertenece a las eternas paradojas metafísicas del derecho(60).

Para terminar, vamos a añadir algunos pensamientos sobre la actitud principal del investigador del derecho hacia lo metafísico. Puede hablarse en este punto de una tesis, antítesis y síntesis. En una época cultural de actitud metafísica se consideraría que es una tarea que incumbe al investigador que ponga su pensamiento teórico al servicio de lo religioso-metafísico. Tendría que aportar las pruebas necesarias(61). La antítesis de esta actitud significó

---

concepto es insostenible frente a los postulados de nuestra conciencia moral que, en sustancia, son los mismos principios del cristianismo». RUDOLF STAMMLER, *Lehrbuch der Rechtsphilosophie,* págs. 230 y sigtes. (el derecho del derecho).

(59) FRANCESCO CARNELUTTI, *Arte del diritto,* pág. 94, manifiesta sobre la pena de privación de libertad: «la pena no está destinada a quitar la libertad, sino a darla». En este caso la «libertad» está concebida como una libertad interna, metafísica, del hombre. AXEL HÄGERSTRÖM, *Socialfilosofiska uppsatser,* págs. 247-248.

(60) FRANCESCO CARNELUTTI, *Teoria generale del diritto,* pág. 22: «... la función del derecho es secular, pero caduca. El derecho siempre ha existido porque la humanidad, después de la caída, ha debido empezar desde abajo; pero no siempre existirá porque se dirige hacia lo alto. A medida que el orden ético va adquiriendo fuerza, el derecho pierde poco a poco su razón. Compárese con la escatología marxista, que en tantos puntos recuerda a la cristiana. LUIS LEGAZ Y LACAMBRA, *La triple misión de la filosofía del derecho,* págs. 214 y sigtes. Sobre la posición del hombre según la concepción jurídica medieval, FRANCESCO CALASSO, *Introduzione al diritto comune,* págs. 203-205.

(61) OSWALD SPENGLER, *Der Untergang des Abendlandes* (Münich, 1923), I, pág. 470: «Al principio, en toda época primitiva... la filosofía... es el eco espiritual de una experiencia íntima, profundamente metafísica, y su fin es confirmar por manera crítica la sagrada causalidad del cuadro cósmico, tal como lo contemplan los ojos de los fieles».

una radical repudiación de toda metafísica. Los elementos metafísicos debían ser alejados de donde siempre se encontraban para no tener que preocuparse más por ellos. En Suecia, la escuela de Hägerström parece representar esta actitud antitética frente a la metafísica. Pero también cabe aspirar a una síntesis: los elementos metafísicos son alejados de la construcción teórica y a los problemas metafísicos se les da una interpretación antropológica[(62)]. Como tales, son reconocidos como factores anímicos eternamente humanos[(63)]. El *planteamiento de problemas* metafísicos puede aparecer desprovisto de sentido bajo el aspecto de una construcción teórica racional: las *vivencias* metafísicas no lo son nunca[(64)].

Para el investigador representa una empresa vana luchar contra la aparición de vivencias metafísicas[(65)]. Pero debe adoptar precauciones contra su utilización en la construcción de teorías científicas.

Por ejemplo[(66)], no conseguirá aclarar nada respecto de la validez del derecho con una referencia a Dios[(67)]. Pues Dios, en este caso, significaría su

---

(62) Karl Jaspers, *Philosophie* (Berlin, 1932), III, pág. 10: «...este *saber* de metafísica como realidad *empírica* del ser humano no es ella misma metafisica. Puede existir incluso cuando se cree que es la histeria de los errores humanos».

(63) Arthur Liebert, *Der Universale Humanismus* (Zürich, 1946), I, pág. 52: «De ser un sostén de la vida, la religión se ha convertido en un objeto de la investigación». Pág. 127: «La fundamentación de la religión desde lo más profundo de la naturaleza humana...». Pág. 201: «Esta creación fundamental del espíritu humano, esta aptitud metafísica...». Max Scheler, *Die Stellung des Menschen im Kosmos* (Darmstadt, 1930), pág. 105: «Es una tarea que incumbe a una antropología filosófica demostrar con precisión cómo de la estructura fundamental del hombre... dimanan *todos* los monopolios, rendimientos y obras específicamente humanas, como el lenguaje, la conciencia, instrumentos, armas, ideas de lo justo y de lo injusto, Estado, caudillaje, las funciones representativas de las artes, mitos, religión, ciencia, historicidad y sociabilidad...».

(64) Oswald Spengler, *Der Untergang des Abandlandes*, I, pág. 457, manifiesta sobre el «hombre de la civilización»: Le falta la profundidad de lo que el hombre más primitivo llamaba Dios».

(65) Miguel de Unamuno, *Del sentimiento trágico de la vida* (8ª ed., Buenos Aires, 1947), pág. 122: «La lengua, sustancia del pensamiento, es un sistema de metáforas a base mítica y antropomórfica».

(66) En este sentido entenderíamos las orgullosas palabras del filósofo del derecho belga, J. J. von Schmid (*Rechtsphilosophie*, palabras finales): *Scientia vincere tenebras.* J. N. Lehtinen, *Mita oikeus on?*, Introducción y págs. 23 y sigtes. y 78: una radical separación entre el enfoque científico y religioso que es tanto más significativo si se tiene en cuenta que Lehtinen es personalmente de fe cristiana. M. Osvi Lahtinen, *Till läran om juridiska personer (Tilsskrift for rettsvitenskap,* 1949), pág. 50: frente a una manera de pensar ontológica ha de ponerse otra de funcional. «... la estructura de la aparición, la pregunta acerca de cómo 'funciona' una aparición, interesa a la moderna ciencia... lo que una aparición es por sí misma, es indiferente; solo tiene importancia saber qué leyes sigue la aparición, pues tal conocimiento basta para dominarla» (traducido del sueco al alemán por el autor). Una muestra crítica de la manera de pensar empírica y no empírica, en M. Osvi Lahtinen, *Auffassung über die rechtliche Forschung.*

(67) También así Giorgio Del Vecchio, *Lezioni di filosofía del diritto,* págs. 321 y sigtes. Después de una crítica de las teorías jurídicas teológicas, Del Vecchio sigue diciendo: «Está claro que

vivencia más profundamente personal; por tanto, algo no susceptible de comprobación objetiva[(68)]. Otro investigador que no participara de la misma vivencia[(69)] no podría reconocer a tal declaración ningún valor científico objetivo. Es comprensible que un investigador religioso en cuya vida personal la vivencia de Dios represente algo central, considere que esta vivencia también constituye una base objetiva segura de una declaración científica. Para él, ¿qué puede haber en el mundo más seguro que Dios?[(70)]. Pero, en la ciencia, es preciso mantenerse firme en un «ateísmo metodológico»[(71)]. Desde el punto de vista de la personalidad total del investigador esto significa una premeditada autolimitación[(72)]. Un metafísico religioso —tanto si pertenece a una determi-

---

estas consideraciones críticas, destinadas a plantear el problema del derecho en sus propios términos, no vulneran ni perjudican las exigencias mismas de la religión. En realidad permanecen absolutamente libres e íntegras las supremas aspiraciones del alma, sin ninguna contradicción con la razón». LUIS LEGAZ Y LACAMBRA, *La triple misión de la filosofía del derecho*, pág. 195: «La misma metafísica, la más elevada forma del pensar filosófico...»; págs. 201-202; J. N. LEHTINEN, *Mita oikeus on? (¿Qué es el derecho?)*, pág. 127. Resumen publicado en inglés: Este autor opina que el derecho, como un sistema llamado sagrado, está fundado en una consideración religiosa, y que el derecho como un deber es un concepto moral, pero que el derecho como parte del orden social es algo más que religión o moralidad. El derecho es un orden externo, algo completamente aparte de nuestro sentido íntimo de deber y de convicción religiosa. JEROME FRANK, *Law and the Modern Mind*, págs. 196-203.

(68) AXEL HÄGERSTRÖM, *Lectures on so-called Spiritual Religion (Theoria*, XIV/1948), pág. 57: «... puesto que la santidad en uno de sus aspectos es una reflexión de nuestros sentimientos, resulta algo imposible de concebir, imposible de captar con el pensamiento... Por esto lo divino aparece como lo completamente incomprensible. Solo se da en la experiencia religiosa, cuyo contenido no puede quedar reducido a conceptos porque le falta objetividad». GABRIEL MARCEL, *Journal métaphysique* (Paris, 1935), pág. 96: «... el valor y suprema significación de las afirmaciones religiosas radican precisamente *en que trascienden de toda reflexión*; *Homo viator* (Paris, 1944), pág. 194: «*...la verdad* de que ahora se trata no tiene ninguna medida común con *las verdades* que el sabio puede esclarecer como final de pacientes investigaciones».

(69) En la atmósfera espiritual de la Edad Media apenas han existido tales investigadores. Para TOMÁS DE AQUINO la existencia de Dios era la más evidente de las verdades: *Summa theologica*, II, 1-3.

(70) F. B. CICALA, *Il rapporto giuridico*, pág. 597: «...el hombre, criatura de Dios, no puede hacer más que aspirar a Dios, incluso en las realizaciones particulares y finitas que le es dado cumplir, con la fuerza de su pensamiento y de su libre voluntad: y especialmente en aquella suprema y admirable entre todas las realizaciones, que es el mundo de la justicia y del derecho». AATOS ALANEN, *Yleinen oikeustiede*, pág. 21.

(71) INGEMAR HEDENIUS, *Tro och vetande*, pág. 129. En un espíritu completamente diferente, F. B. CICALA, *Corso di sociologia* (Firenze, 1950), págs. 7 y sigtes.; *Sociología* (Firenze, 1948-1949), págs. 3 y sigtes.; *Corso di filosofía del diritto*, pág. 274. El gran pensador católico escribe: «...el pensamiento jurídico. . . se manifiesta como uno de los logros más nobles y altos del pensamiento humano que, escrutando la esencia ética del individuo, su función y su finalidad en la vida social y en la historia, investiga las normas que deben disciplinar tal finalidad, la cual se identifica con los fines supremos de la realización progresiva del ideal de justicia».

(72) CERNER SOMBART, *Vom Menscben*, XX: «...para dedicarse a la ciencia en sentido moderno hace falta cierto ascetismo: debemos. . . dejar que nos tachen de positivistas y hemos de

nada Iglesia como si solo es un filósofo idealista— sin duda puede sentir que su pensamiento le proporciona una satisfacción emocional mucho más profunda, esto es, *humana,* y tal vez, incluso, una vivencia de lo que es definitivo y de la más consistente seguridad[73]. Es el gran .misterio del hombre que, por encima de su vida condicionada biológicamente, pueda elevarse a una nueva fase de la existencia[74]. O como tan bellamente lo ha expresado Francesco CARNELUTTI: «Puede ser que el problema del arte, como el problema del derecho... se haya convertido en un misterio; pero mi espíritu logró, finalmente, la paz»[75].

contentarnos con poder reunir nuestro saber dentro de los límites de la experiencia y de la evidencia lógica para que con ello podamos convencer a cualquier ser racional, con independencia de su concepción del mundo; por tanto, de sus puntos de vista religiosos, filosóficos o políticos; Franz *W.* JERUSALEM, *Kritik der Rechtswissenschaft, pág. 183: «Al* manifestarse el positivismo contrario a la metafísica *y* a los dogmas religiosos en el dominio de la labor científica, no los niega ni puede negarlas»; FÉLIX KAUFMANN, *Metbodology of the Social Sciences* (New York, 1944), págs. 3 3-76.

(73) INGEMAR HEDENIUS, *Tro och vetande,* pág. 87: "... la infinita certidumbre que es alcanzada de un salto, que atraviesa los límites del saber profano *y* adapta el alma a la eternidad» (traducción del sueco al alemán por el autor); KARL JASPERS, *Philosophie,* III, pág. 235: «El salto de la angustia a la *calma* es el más prodigioso que el hombre puede hacer... *Solo el* temor que sabe saltar hacia la calma, puede también *ver sin reservas la realidad del mundo».*

(74) BERTRAND RUSSELL, *Authority and the Individual,* pág. 63: «El hombre se distingue de los demás animales de muchas maneras...».

(75) *Arte del diritto,* palabras finales.

EL PENSAMIENTO JURÍDICO,
de OTTO BRUSIIN, se imprimió
en la República Argentina en marzo de 2019.

www.ingramcontent.com/pod-product-compliance
Lightning Source LLC
LaVergne TN
LVHW082239051026
849532LV00012B/4042
* 9 7 8 9 5 6 3 9 2 4 2 6 8 *